中国近代史纲要
PBL教学体系

杜志章 编著

中国社会科学出版社

图书在版编目(CIP)数据

中国近代史纲要 PBL 教学体系／杜志章编著 .—北京：中国社会科学出版社，2017.8
ISBN 978-7-5203-0929-5

Ⅰ.①中… Ⅱ.①杜… Ⅲ.①中国历史—近代史—高等学校—教学参考资料 Ⅳ.①K25

中国版本图书馆 CIP 数据核字（2017）第 221005 号

出 版 人	赵剑英
责任编辑	喻 苗
责任校对	冯英爽
责任印制	王 超
出　　版	中国社会科学出版社
社　　址	北京鼓楼西大街甲 158 号
邮　　编	100720
网　　址	http://www.csspw.cn
发 行 部	010-84083685
门 市 部	010-84029450
经　　销	新华书店及其他书店
印　　刷	北京君升印刷有限公司
装　　订	廊坊市广阳区广增装订厂
版　　次	2017 年 8 月第 1 版
印　　次	2017 年 8 月第 1 次印刷
开　　本	710×1000　1/16
印　　张	19
插　　页	2
字　　数	292 千字
定　　价	78.00 元

凡购买中国社会科学出版社图书，如有质量问题请与本社营销中心联系调换
电话：010-84083683
版权所有　　侵权必究

序

PBL 教学法在中国近现代史纲要教学中的应用

长期以来，中国高校思想政治理论课主要采用传统的 LBL (Lecture-Based Learning) 教学模式。教师重视理论讲解，忽视与学生的互动；大部分学生也习惯于"听课、记笔记、背笔记、考试"的学习方式，很少是出于兴趣而自主地学习。然而，随着社会进步和学生思想的变化，这种传统的"灌输式"教学模式的弊端日益暴露，不能真正调动学生的积极性和主动性，因而学生对思想政治理论课缺乏兴趣，教学效果较差。如何增强高校思想政治理论课的吸引力和实效性，成为思想政治理论课教育教学改革需要探讨的重要课题。一些教师试图把广泛适合于医学教育的 PBL 教学法引入到思想政治理论课的教学中，就是一种积极的尝试。[①] 他们介绍了 PBL 教学法以及在思想政治理论课中的运用价值，是高校思想政治理论课教育教学改革的有益探索。然而，作者没能就如何在思想政治理论课中运用 PBL 教学法作深入探讨，更没有用具体的实践来检验。因此，有必要对

---

① 例如杜长林、张伟的《PBL 教学法对高校思想政治理论课改革的应用价值》(《首都医科大学学报》2007 年增刊，第 52 页)；李晓潇、刘海燕的《PBL 教学模式在高校思想政治理论课教学中的运用》(《中国科教创新导刊》2009 年第 8 期，第 73 页)。

PBL教学法何以适用于思想政治理论课作理论分析，并以"中国近现代史纲要"为例对如何在思想政治理论课中运用PBL教学法进行探讨。

一 PBL教学法适用于思想政治理论课的理论分析

PBL（Problem-Based Learning）教学法，又叫"以问题为导向"的教学方法，或"基于问题"的教学法。PBL教学法于1969年由美国神经病理教授Barrows在加拿大的麦克马斯特大学最先提出，之后被广泛应用于医学教育之中，目前成为世界最流行的教学方法之一。与传统的LBL教学法比较，PBL教学法更有利于学生掌握知识和技能。如下表：

比较项目	传统的LBL教学法	PBL教学法	结论：PBL教学法的优点
教学主体	以教师为中心	以学生为中心	调动学生的主动性
教学内容	以学科理论为中心	以现实问题为中心	理论联系实际，学以致用
教学方法	以教师讲授为主	以学生自主探究为主	变被动接受为主动探究
学习方式	个人阅读和思考	群体讨论与合作	开放思维和团队意识
教学目标	掌握知识	培养能力	变知识灌输为能力培养

从该表中不难发现，PBL教学法与传统的LBL教学法相比有明显的优势。这也正是PBL教学法广泛应用于医学教育并成为当今世界最流行的教学方法之一的原因。那么，为什么PBL教学法也适用于思想政治理论课的教育教学呢？这是因为：

第一，PBL教学法体现的"问题意识"是思维的动力，是创新的基石，这种"问题探究"式的教学符合人的认知规律。PBL教学法的一个重要前提性环节就是提问，教学中的有效提问可以增强学生在学习过程中的主体意识，增进教师与学生的互动，促进学生思维能力尤其是批判性思维能力的提高，并使学生在能阐释理由的基础上真正理解教学内容。[①] PBL

---

① 洪明：《试析提问式教学方法在"思想道德修养与法律基础"课中的运用》，《学校党建与思想教育》2010年第5期，第51页。

教学法也是中外思想家、教育家认同和推崇的教学方法。怀特海、雅斯贝尔斯等教育哲学家都对此方法进行过学理上的论证；提问式教学法自古以来也一直运用于教育实践，柏拉图、孔子等都是提问式教学法的杰出代表。思想政治理论课的重要功能在于对学生进行意识形态教育，灌输是其重要的方法，但这一教育过程必须符合教育的一般规律。体现教育活动一般规律的PBL教学法也能广泛适用于思想政治理论课的教育和教学。

第二，PBL教学法强调的"以学生为中心"理念能充分调动学生的积极性、主动性和创造性，更有利于提高思想政治理论课的实效性。思想政治理论课的理论是平淡的，甚至是枯燥的，但这类课程所关注的问题却是鲜活的社会现实问题，也是学生普遍关注并时刻困扰学生的问题，如果只注重理论灌输，是很难吸引学生的；但PBL教学法以学生所关心的问题入手，一开始就能抓住学生，使其自始至终参与到认识问题、分析问题并解决问题的过程之中。当问题解决的时候，学生的知识和能力也就达到了认识和解决这些现实问题所要求的水平。这种将学习隐含在问题背后的做法，往往能收到事半功倍的实效，正所谓"得来全不费功夫"。

第三，PBL教学法关照"现实问题"的理念恰好与思想政治理论课的"现实关怀"高度一致。PBL教学法中的"Problem"必须是学生现在或将来在现实生活中可能面对的"真实世界"而非结构化的问题，因此其出发点和归属都在于解决现实问题。这一理念与思想政治理论课"现实关怀"的使命是一致的。"中央十六号文件"指出要"坚持理论联系实际，贴近实际、贴近生活、贴近学生，努力提高思想政治教育的针对性、实效性和吸引力、感染力"[1]。即思想政治理论课的教育教学要立于世情、国情和学生的实践，把回答和解决实践中提出的重大课题作为教学的重要任务，让大学生了解世界的发展动态，知晓国家的发展状况，把握自己的发展环境和存在价值，从而使高校思想政治理论课教学更好地体现时代性，[2]这也是培养中国特色社会主义事业的合格的建设者和可靠的接班人的基本要

---

[1] 《中共中央宣传部、教育部关于进一步加强和改进高等学校思想政治理论课的意见》（中发〔2004〕16）。

[2] 岳柏冰、李军生：《高校思想政治理论课教学"三贴近"的思考》，《安徽理工大学学报》（社会科学版）2006年第2期，第82页。

求。思想政治理论课的这种"现实关怀"与PBL教学法以"现实问题为前提"的一致性表明PBL教学法能适用于思想政治理论课的教育教学。

二 PBL教学法运用于思想政治理论课的探索实践

对于一门课程而言,实施PBL教学法的前提是提出问题。问题的提出通常有多个途径,可以是社会中的现实问题,可以是书本中的理论问题,也可以是来自学生的疑惑。提出问题之后,便是在教师的引导下由学生自主解决问题。在这一过程中,教师可以给学生提供资料和获取资料的途径,也可以给学生介绍一些解决问题的方法和手段等,但不直接参与学生解决问题的过程。问题的解决主要依赖学生通过查阅资料、小组讨论、调查研究、社会实践、经典阅读、专题报告、团队合作等方式自主解决。概言之,在教师的引导下,以解决问题为出发点和归属,由学生通过团队合作的方式自主解决问题。PBL教学法的操作模式可用下图表示:

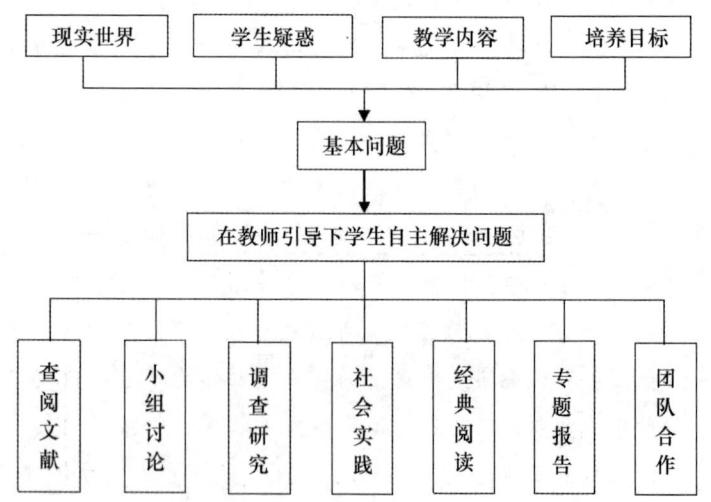

1. 提出课程的基本问题

中国近现代史纲要是一门与现实联系相当紧密的历史课程,其中的每个章节都蕴含着一些重大现实问题或理论问题。通过PBL教学实践,提出了一系列的基本问题。现将这些问题以章节为序列举如下:

序

  课程导论:"中国近现代史纲要"课程的性质是什么?学习"中国近现代史纲要"课程的目的何在?如何才能学好"中国近现代史纲要"?

  上篇综述风云变幻八十年:为什么说鸦片战争是近代中国社会的起点?近代中国沦为半殖民地半封建社会的原因和过程如何?中国半殖民地半封建社会的基本特征是什么?近代中国社会的主要矛盾和中国人民的历史任务是什么?

  第一章反对外国侵略的斗争:鸦片战争前中西方产生落差的根源是什么?西方国家为什么要用武力叩开中国的大门?西方国家的侵略给中国带来了什么,是现代化还是灾难?为什么说鸦片战争揭开了中国近现代历史的序幕?近代中国反侵略战争失败的原因是什么?

  第二章对国家出路的早期探索:为什么农民阶级、地主阶级和资产阶级的革命或改良举措不能救中国?中国的出路何在?为什么说洋务运动开启了中国的现代化?如何正确认识和评价洋务运动在中国历史上的地位和作用?戊戌维新运动的意义和失败的原因教训是什么?

  第三章辛亥革命与君主专制制度的终结:中国资产阶级革命为什么会发生("告别革命论"批判)?为什么辛亥革命是20世纪中国的一次历史性巨变?辛亥革命失败的原因是什么?如何认识和评价袁世凯及北洋军阀统治?

  中篇综述翻天覆地三十年:为什么鸦片战争以来中国的"师夷"接连受挫?为什么说由民主主义革命向新民主主义革命转变是历史的必然?为什么资本主义的建国方略在中国行不通?

  第四章开天辟地的大事变:五四新文化运动在中国现代化进程中的地位是什么?中国为什么选择了马克思主义?为什么说中国共产党的诞生是中国开天辟地的大事变?

  第五章中国革命的新道路:中国共产党诞生初期领导革命屡屡受挫的原因是什么?南京国民政府的本质是什么共产党为什么要以推翻南京国民政府为目标?中国革命新道路的开辟有何重大的历史意义和现实意义?

  第六章中华民族的抗日战争:日本大陆政策是如何产生和发展的?国民党正面战场和共产党敌后战场在抗日战争中的地位和作用如何?抗日战争胜利有何重大意义?

第七章为新中国而奋斗：为什么抗日战争胜利后中国没能进入到和平建国的新时期？在国共实力存在极大悬殊的情况下为什么共产党却能以少胜多最终赢得了胜利？为什么说没有共产党就没有新中国？

下篇综述辉煌的历程征程：新中国为什么选择社会主义道路？在中国特色社会主义道路探索初期为什么遭受了严重挫折？在中国特色社会主义道路探索的曲折历程中有哪些经验教训？

第八章社会主义制度在中国的确立：为什么说从新民主主义社会过渡到社会主义社会是中国历史发展的必然？中国的社会主义改造和社会主义改革有何区别和联系？

第九章社会主义建设在探索中曲折发展：如何正确认识和评价中国社会主义道路探索初期出现的挫折？在社会主义建设道路探索过程中如何避免"左"倾或右倾错误？如何正确评价毛泽东在中国社会主义道路探索过程中的功绩和失误？

第十章改革开放与现代化建设：为什么说改革开放是中国社会主义道路发展的历史必然？改革开放以来中国社会主义建设取得了哪些巨大的成就？"中国道路"的探索成功对于中国乃至整个世界的发展有何重大的意义？

2. PBL 教学法的教学实践

自大学生思想政治理论课 05 方案实施以来，华中科技大学中国近现代史纲要教研室便开始探索以 PBL 方式实施教学，经过 5 年多的实践，积累了一些经验。现将一个较经典的 PBL 教学案例列举如下：

问题：近代西方殖民主义的征服到底给中国带来了什么？是推动了中国的现代化，还是阻碍了中国的现代化？

这是第一章"反对外国侵略的斗争"的思考题，也是长期困扰学生的一个重要问题。因为，当西方国家用武力叩开中国大门的这一天也正是近代中国的开端，也就是中国开始步入现代化道路的起点。在近代一百多年时间里，西方国家对中国的武力的确给中国带来了巨大的灾难，可谓数千年未有之大耻辱，数千年未有之大变局。然而，在西方国家的大炮中又裹挟着一些现代化因素，恰恰正是这些现代化因素又催生了中国的现代化。上述正反两个方面的结局，给今天的人们认识近代西方国家对东方世界的殖民主义征服带来了困难。即使在大学生这一较高素质的群体中，也存在明显的两种观点：一是西方国家的侵略给中国带来了灾难，二是西方势力的东来，给中国送来了现代化。面对这样争议性较突出的问题，教师不给出明确的答案，而是采用课堂辩论的方式，让学生在全面掌握资料的基础上作更深入的认识。

具体步骤如下：①在讲完第一章的内容之后，安排此次辩论，提出具体要求。②利用一周的时间准备，包括查阅资料，组织辩论队员，台下演练，撰写综述等事项。③辩论：严格按照国际大专辩论赛的规程执行。④考核：由辩论赛评委打分决出胜负。辩论赛结束后，正反双方将己方观点写成文章材料提交。教师根据辩论及赛后提交的材料评定小组成绩。⑤教师总结，发表对该问题的正确观点，对学生的表现予以评价，纠正同学们的认识偏差。

在中国近现代史纲要课程中，适合以辩论方式开展教学的主要问题还有许多，如"近代中华民族的使命究竟是革命还是启蒙？""国共两党在中国抗日战争中谁的贡献更大？""今天中国的改革是否是对建国初期中国社会主义改造的否定？"等问题。总之，通过小班辩论，不仅能让每个同学都参与到这一主动学习过程中来，而且通过正反双方的辩驳以及教师的点评和总结，能澄清学生对近代中国的一些基本问题的模糊甚至错误的认识。

在中国近现代史纲要中，针对与现实联系紧密的一些问题，都可以采取小组讨论，课堂发言的形式进行。如关于"如何正确认识和评价五四新文化运动？""怎样认识'文化大革命'？""今天的中国为什么要坚持马克思主义在意识形态领域中的指导地位，坚持共产党的领导，坚持走有中国特色社会主义道路？"等。只有当学生真正理解了，他们才会发自内心地支持，才会自觉地用这些正确的理论观点指导自己的实际行动。

3. PBL 教学效果反馈

把广泛应用于医学教育中的 PBL 教学法运用于思想政治理论课的教育教学中是一种大胆的尝试。几年的摸索，我们不仅积累了一些经验，而且也收获了良好的效果。华中科技大学的思想政治理论课的教育教学的做法和成绩得到了教育部领导和国内同行的认可。新华网、人民网、《中国教育报》等媒体对此曾作了相关报道。这些成绩的获得，在很大程度上归因于 PBL 教学法在思想政治理论课教育教学中的运用。

PBL 教学法应用于思想政治理论课的效果，也通过学生的反映体现出来。近年来我校中国近现代史纲要课程的考试均有这样一道题——"谈谈你学习中国近现代史纲要这门课程之后的新收获以及对进一步上好这门课程的建议"。通过学生的答卷，我们不难发现凡采用 PBL 教学法的部分，同学们印象更深刻，认识也更正确。其中一位同学在谈到最大的收获时指出"殖民化在世界范围内推动了现代化进程"和"国共两党在抗日战争中谁的贡献更大"这两个问题印象最深刻，改变了他原来的看法。有同学认为"在探讨殖民化与现代化关系这个问题之前，我是比较倾向于认可殖民化在世界范围内推动了现代化进程的观点，我的依据是香港、新加坡等成功的例子，以及《大国崛起》所反映的资本主义大国在资本扩张过程中推动世界现代化的事实。但是，在学习这个部分之后，我才发现香港的迅速发展不是在殖民主义统治之下实现的，而是在后殖民主义时代才发展起来的；西方资本主义国家的现代化是以牺牲亚非拉殖民地国家利益为代价的。因此，在认识和评价历史的时候，不能只依据某一方面的资料，而要在全面掌握资料的基础上，结合当时的历史背景，做出客观的评价。"透过学生对课程的评价，我们可以了解 PBL 教学法在思想政治理论课的教育教学中有非常显著的效果。

当然，对于 PBL 教学法在思想政治理论课中的应用还未能成为学界的共识，在思想政治理论课中如何运用 PBL 教学法也没有形成较成熟的模式。这些都有待我们在更多的实践中作更深入的探讨。

目录

课程导论 ……………………………………………………… (1)
  一　"中国近现代史纲要"课的性质 ………………………… (2)
  二　学习"中国近现代史纲要"的目的 …………………… (8)
  三　"中国近现代史纲要"的主要内容 …………………… (13)
  四　主要参考书简介 ………………………………………… (15)

上篇综述：风云变幻的八十年 ……………………………… (19)
  一　鸦片战争前的中国与世界 ……………………………… (21)
  二　半殖民地半封建中国社会的基本特征 ………………… (27)
  三　近代中国的主要矛盾和历史任务 ……………………… (29)
  四　教学小结 ………………………………………………… (35)

第一章　反对外国侵略的斗争 ……………………………… (36)
  一　资本—帝国主义对中国的侵略 ………………………… (38)
  二　反侵略战争的失败和民族意识的觉醒 ………………… (42)
  三　PBL案例教学：如何看待帝国主义在世界范围内的
    作用？ …………………………………………………… (51)
  四　教学小结 ………………………………………………… (57)

第二章　对国家出路的早期探索 (58)
　　一　太平天国运动 (60)
　　二　洋务运动 (68)
　　三　戊戌变法 (74)
　　四　教学小结 (81)

第三章　辛亥革命与君主专制制度的终结 (82)
　　一　资产阶级民主革命运动兴起的历史背景 (84)
　　二　辛亥革命的大致经过 (91)
　　三　辛亥革命的伟大意义及失败的根源 (96)
　　四　教学小结 (101)

中篇综述：翻天覆地的三十年 (103)
　　一　辛亥革命后中国所处的国际环境 (105)
　　二　中国人民的现实遭遇 (108)
　　三　"两个中国"之命运 (114)
　　四　教学小结 (118)

第四章　开天辟地的大事变 (119)
　　一　新文化运动和五四运动 (121)
　　二　马克思主义在中国的传播 (128)
　　三　中国共产党的诞生及伟大意义 (135)
　　四　中国革命的新局面 (140)
　　五　教学小结 (146)

第五章　中国革命的新道路 (147)
　　一　南京国民政府的性质 (149)
　　二　中国革命新道路的探索实践 (156)
　　三　新道路理论及其伟大意义——实事求是 (164)
　　四　教学小结 (166)

目 录

第六章 中华民族的抗日战争 (167)
    一 日本对华政策的由来 (169)
    二 国共两党在抗日战争中的地位和作用 (175)
    三 抗日战争与中国国际地位的提升 (179)
    四 中国为何放弃日本战争赔款 (182)
    五 教学小结 (184)

第七章 为新中国而奋斗 (185)
    一 抗战胜利后中国的形势及其变化 (187)
    二 共产党为何能以少胜多、以弱胜强？ (192)
    三 教学小结 (201)

下篇综述：辉煌的历史征程 (203)
    一 中华人民共和国的成立 (205)
    二 新中国成立后的发展历程 (208)
    三 新中国成立以来的历史性成就 (216)
    四 教学小结 (218)

第八章 社会主义基本制度在中国的确立 (219)
    一 从新民主主义向社会主义过渡的开始 (221)
    二 社会主义道路：历史和人民的选择 (224)
    三 有中国特色的向社会主义过渡的道路 (228)
    四 社会主义基本制度在中国的全面确立 (234)
    五 教学小结 (236)

第九章 社会主义建设在探索中曲折发展 (237)
    一 良好的开局 (239)
    二 探索中的严重曲折 (245)

三　建设的成就，探索的成果 …………………………………（256）
　　四　教学小结 …………………………………………………（259）

第十章　改革开放与现代化建设 ……………………………（260）
　　一　历史性的伟大转折和改革开放的起步 …………………（262）
　　二　改革开放和现代化建设新局面的展开 …………………（268）
　　三　改革开放和现代化建设发展的新阶段 …………………（276）
　　四　全面建设小康社会 ………………………………………（282）
　　五　改革开放和社会主义现代化建设的成就 ………………（289）
　　六　教学小结 …………………………………………………（290）

课程导论

中国近现代史纲要是中国大学思想政治理论课"05课程体系"的核心课程之一，是每一个中国大学生都必须学习的思想政治理论课。主要讲授中国近代以来抵御外来侵略、争取民族独立、推翻反动统治、实现人民解放、建设新中国和全面推进改革开放的历史，帮助学生了解国史、国情，深刻领会历史和人民怎样选择了马克思主义，怎样选择了中国共产党，怎样选择了社会主义道路，怎样选择了改革开放。

一 "中国近现代史纲要"课的性质

(一) 它是一门基础课(历史课),是一门做人之学

华中科技大学老校长杨叔子院士关于人才有一个精辟的定义:"人才,不仅要有知识、能力,而且还要有知识和能力正确而充分发挥作用的素质。"在现实生活中有很多的例子,一些人很有知识,也很有能力,但就不一定具备让他的知识和能力正确而充分发挥作用的良好素质。例如:同学们所熟知的汪精卫,很了不起,有知识,有能力,既聪明,又能干(被誉为近代中国四大美男子之一)。而且在年轻的时候,富有一股革命热情,英勇果敢。1910年4月,辛亥革命前夕,作为同盟会会员的汪精卫潜入北京,准备刺杀溥仪的父亲摄政王载沣,行刺不成,却被捕入狱,在狱中汪精卫写了一首慷慨激昂的诗篇《被逮口占》,如下:"啣石成痴绝,沧波万里愁;孤飞终不倦,羞逐海鸥浮。姹紫嫣红色,从知渲染难;他时好花发,认取血痕斑。慷慨歌燕市,从容作楚囚;引刀成一快,不负少年头。留得心魂在,残躯付劫灰;青磷光不灭,夜夜照燕台。"[①] 然而,到抗日战争时期,他却成了中国最大的汉奸。当他公开投降日本帝国主义而成立伪国民党中央政府时,有人曾送他这样一副对联:"昔具盖世之德,今有罕

---

① 闻少华:《汪精卫传》,团结出版社2007年版,第19页。

见之才。"当汪精卫收到这副对联时，十分得意，认为自己德才兼备、盖世罕见，做国民政府主席是民心所向、众望所归。然而，他毕竟是个聪明人，很快就明白上当了，这是人们利用中国汉字的谐音骂他是"该死的汉奸"。这虽然只是一个故事，但它却说明了一个道理：一个人到底是流芳百世，还是遗臭万年，不是取决于他的知识和能力，而是取决于他的价值和贡献。此类例子不胜枚举。

这些例子表明，一个人仅有知识和能力，而没有让其知识和能力正确而充分发挥作用的素质，不能说是对社会有用的人才。与那些庸才比较，后者更为可怕。庸才无益于社会，但至少无害于社会，而坏才则对社会有极大的危害。对此，杨叔子院士又作了如下论述："先成人，后成才；不成人，宁无才。"也就是说，一个人如果连人都做不好，那他做的事就一定不是人事。

杨叔子院士关于人才的界定告诉我们，我们来到高等学府，不仅仅要学会一些专业知识或技能，更为重要的是使自己成为一个有独立而完善人格的人。在大学教育中，人格的完善主要是通过学习各门课程的知识来实现的。在大学课程中除了专业课、专业基础课以外，还有很多的基础课。如果说专业课是成才之学的话，那么基础课就是做人之学。这些基础课包括英语、高等数学、物理、化学、计算机、大学语文以及所有的思想政治理论课和其他人文社会科学类选修课等。从某种意义上说，这些课程甚至比专业课更为重要，因为它们的价值在于教育我们如何做人，这是人才培养的基础。因此，同学们不要忽视、轻视或蔑视任何一门课程。

（二）它是一门思想政治理论课，是中国意识形态教育的重要组成部分

要理解这一命题，我们必须先弄清两个问题：什么是意识形态教育？为什么要进行意识形态教育？

意识是指客观世界在人们大脑中的反映。既然意识是人的大脑对客观世界的反映，就一定具有主观性，即针对同一客观世界，不同的人由于所处的环境不同、所受的教育不同、思维方式不同、价值取向不同而有不同的反映。这是就个体而言的，如果就一个群体而言，也是如此。一个群体与另一个群体之间，针对某一客观世界也有不同的认识，这就是意识的阶级性（或群体差异性）。事物是相对的，一个群体与另一个群体有意识的差异，但在同一个群体中就一定有某些共同的意识。因为，共同的对象世界，共同的生命历程，产生了共同的思想和观念。这些思想观念通过语言文字、风俗习惯、规章制度、文学艺术乃至思维方式等形态表现出来，这些反映某一群体共同思想观念的各种表现形态就是意识形态。意识形态一经形成，就具有一定的稳定性，是该群体区别于他群体的标志；同样，意识形态一经形成，就会发挥其反作用，即对群体成员的思想和行为具有约束或引领的作用，使其思想和行为有利于群体的共同利益，这便是意识形态的功能。也就是说，一个阶级与另一个阶级，一个国家与另一个国家，因有不同的利益，因而也有不同的意识形态以维护各自不同的利益。在马克思看来，任何意识形态不过是一种解决人们的社会矛盾与利益之间冲突的手段，它总是要去维护些什么，反对些什么，为现实政治提供"合法性"的依据，在社会共同体成员中起到一种凝聚作用、统一作用，并为社会活动提供某种价值导向，起思想先导作用，成为社会或政治共同体成员前进的一面思想旗帜。简单地说：意识形态最大的功能便是"社会整合"的功能，即按照其所属阶级的意志来整合社会。

意识形态的阶级性决定了意识形态在国家间的差异，即不同的国家有不同的意识形态和意识形态教育。有些同学可能会认为："只有中国的大学生才学习思想政治理论课，而美国、日本、欧洲等其他国家的大学生没有这一类课程。"事实上，这种看法是错误的，因为并不只是中国在对其大学生进行意识形态教育，世界上任何一个国家都十分重视意识形态教育，只不过是意识形态教育的形式和内容有所不同而已。也就是说"重视意识形态教育是一个世界普遍性的现象"。我们不妨就美国和中国在意识形态教育方面作如下对比：

就美国而言，表面上看似乎不重视意识形态教育，也没有思想政治教育的提法。其实则不然，美国的意识形态教育无时不在，无处不有，而且效果显著。我们从三个方面考察得到这个结论：第一，课程设置当中包含了意识形态教育的成分。美国高等学校大多开设美国历史、美国政治学、美国公民学等课程，这些课程都是宣传西方国家的政治体制和资产阶级的价值观念。第二，通过宗教来实现意识形态教育的职能。在西方国家，宗教既是意识形态教育的重要形式也是意识形态教育的重要内容。在美国的中小学，神学是必修课，在有些学校每天早上还要做礼拜。在大学，也开设有神学选修课。而且信奉基督教的大学生和教授占很大比重，校园里经常有一些宗教活动。基督教对学生的思想、道德以及价值观念都会产生重大影响。如《旧约全书》的基督教"十戒"对社会就有极大的规训作用：耶和华是唯一的真神，除了耶和华外，不可以有别的神；不可拜偶像；不可妄称耶和华的名；要纪念安息日，守为圣日；要孝敬父母；不可杀人（谋杀）；不可奸淫；不可偷盗；不可做假证陷害你的邻居；不可贪爱你邻居的房屋，不可贪爱你邻居的妻子，仆婢，牛驴和他的任何东西。由此可见，宗教的教条起着规范教徒言行的作用。第三，美国十分重视爱国主义教育。美国校园内到处飘扬着美国的国旗；美国小孩子从小就有一种"我自豪，因为我是美国人"的信念等。除美国之外，日本、欧洲一些国家也都非常重视意识形态教育。这表明，世界上任何一个国家都很重视意识形态教育，只不过是意识形态教育的形式和内容有所不同而已。

在当前中国，加强意识形态教育不仅是必要的，而且十分紧迫。同学们可以思考一个问题：如果中国没有人人遵守的宪法、法律及其他行为规范；如果中国没有形成共有的核心价值观念；如果中国人没有形成一致的民族心理或民族认同感。中国会是什么样？笔者认为，其结果必须是一盘散沙，国将不国。

在中国强调意识形态教育有其特殊原因。一个方面，从国内环境来看，今天中国的社会主义建设已取得了巨大成就，但由于我国还处于社会主义初级阶段，社会制度还有许多不完善的地方，经济水平不高而且发展极不平衡，又由于党内以及政府机关一些工作人员放松了对自己的党性或人性的要求，因而出现了许多的社会问题。例如，党的十八大报告在充分肯定中国建设成就的同时，这样描述当前中国所存在的问题：必须清醒看到，我们工作中还存在许多不足，前进道路上还有不少困难和问题。主要是：发展中不平衡、不协调、不可持续问题依然突出……城乡区域发展差距和居民收入分配差距依然较大；社会矛盾明显增多，教育、就业、社会保障、医疗、住房、生态环境、食品药品安全、社会治安、执法司法等关系群众切身利益的问题较多，部分群众生活比较困难；一些领域道德失范、诚信缺失；少数党员干部理想信念动摇、宗旨意识淡薄，形式主义、官僚主义问题突出，奢侈浪费现象严重；一些领域消极腐败现象易发多发，反腐败斗争形势依然严峻。因为这些问题的存在，导致广大群众失去了对党和政府的信任，对中国的前途和未来丧失了信心，这严重影响到国家的稳定和持续发展。要解决这些问题，除了大力发展经济提高人们的生活水平、大力加强党的建设提高党的执政能力、大力开展反腐败斗争改善党群关系以外，还必须加强意识形态教育。其意义在于：一是通过意识形态教育使广大人民群众通过对国情的认识来理解这些现象，因为这是改革道路上必然会出现的问题。根据"过渡期理论"，新旧因素交替存在，此消彼长，必然会出现社会的混乱。例子：春秋战国的"礼崩乐坏"、资本主义早期"从头到脚都滴着血和肮脏的东西"、改革开放后的中国"道德滑坡"等现象。另一方面通过意识形态教育鼓励他们努力学习提高自身素质，再充分发挥大学生正能量社会辐射源的作用，从量的积累到最终质的改变，从而根本解决这些问题。从国际环境来看，在当前全球化、多元化的世界大背景当中，国际竞争相当激烈。除了国际正常的经济竞争以外，一些国家还在企图以意识形态为突破口来达到分化、削弱中国的目的。例如，1999年6月，美国中央情报局向美国政府提出对付中国的建议报告。声称美国的对华战略应该分三步走：第一步是西化、分化中国，使中国的意识形态西方化，从而失去与美国对抗的可能性；第二步是对中国进行全面的遏制，并形成对中国战略上的合围；第三步就是不惜与中国一战，当然作战的最好形式不是美国的直接参战，而是支持中国内部谋求独立的地区或与中国有重大利益冲突的周边国家。可见，以美国为代表的西方国家一刻也没有放弃对中国的敌意。大量的事实证明，当今的世界并不太平，国家间、民族间的竞争仍然异常激烈。在这些竞争中，各方争夺的焦点便是争取下一代。英国著名哲学家洛克在《人类理解论》中提出了著名的"白板说"，他指出：能力是天赋的，知识是后得的。人的心灵如同一块白板，上面原本没有任何标记，后来，通过经验在上面印上了印痕，形成了观念和知识。也就是说，"人的心中没有天赋的原则"，这表明人的知识和观念是后天养成的。在这个白板上，如果不写上中国的意识形态、不写上中华民族的意识形态、不写上社会主义的意识形态，就会被写上西方国家的意识形态，就会被写上资本主义的意识形态。因而，意识形态教育就是与西方国家"争夺下一代"的重要战略。

基于上述认识，党中央高度重视中国的意识形态教育。今天我国大学生思想政治理论课的课程体系"05方案"是经过中共中央政治局常委讨论，由党和国家领导确定的。由此可见，党中央对高等学校意识形态教育十分重视，这一方面表明了他们对我们这一代人寄予了厚望，把国家的繁荣富强和中华民族振兴的重任寄托在咱们青年一代身上，但另一方面也表明他们心中的忧虑，他们对我们这一代人还不太放心。因为在全球化、信息化和市场经济大背景下，中国大学生思想政治理念素质还存在诸多问题。例如：政治信仰迷茫，理想信念模糊，价值取向扭曲，诚信意识淡薄，社会责任感缺乏，艰苦奋斗精神淡化，团结协作观念较差，心理素质欠佳等。大学生心理咨询中心、大学生就业指导中心、贫困大学生帮扶中心等在大部分高校相继成立，全方位为大学生的成长服务。2016年12月，习近平总书记在全国高校思想政治工作会议上发表讲话，要求把思想政治教育贯穿到大学教育教学的全过程。

既然党和国家领导人都如此重视意识形态教育，我们就不应当辜负他们对我们的期望和重托，就应当把接受有利于中国、有利于中华民族的意识形态教育作为自己的责任和义务。也就是说，作为中国的大学生有责任有义务接受中国意识形态教育。具体到这门课程来说，学习《中国近现代史纲要》是中国大学生的责任和义务。

二 学习"中国近现代史纲要"的目的

与这门课程的性质一致,其教学目的也包括两个方面:一个方面在于做人;另外一个方面在于资政。即:有利于大学生形成独立而完善的人格,有利于大学生成长为社会主义事业的合格的建设者和接班人。

(一) 育人:有利于大学生形成独立而完善的人格

作为一门历史课,其价值当然是从"历史"的价值体现出来。关于历史的价值,古今中外文人学者曾有过精辟论述。例如:《旧唐书》里记载了唐太宗曾对魏徵的评价:"以铜为镜,可以正衣冠;以古为镜,可以知兴衰;以人为镜,可以知得失。"其中的"以古为镜,可以知兴衰"正是对历史的现实作用所做的高度概括。英国著名哲学家、作家培根也曾说:"读史使人明智,读诗使人聪慧,演算使人精密,哲理使人深刻,道德使人高尚,逻辑修辞使人善辩。总之,知识能塑造人的性格。不仅如此,精神上的各种缺陷,都可以通过求知来改善。"这是对历史价值的论述。除了这些论述之外,上自汉代的司马迁、唐代的刘知幾、宋代的司马光、晚清的龚自珍等,以及近来的毛泽东、邓小平、江泽民、胡锦涛、习近平等,都强调过历史的重要性,都充分肯定了历史的现实价值,无论是对执政者还是对国民个人都提倡多学习历史。

课程导论

要了解"历史""历史学",有几本书是需同学们阅读的。中国著名学者钱穆先生的《中国历史研究法》(生活·读书·新知三联书店2001年版);厦门大学历史系陈支平教授的《历史学的困惑》(中华书局2004年版);复旦大学历史地理研究所葛剑雄的《历史学是什么》(北京大学出版社2002年版)。在这三本书中对什么是历史、什么是历史学、历史学的价值是什么等问题进行了颇有见地的论述。

具体而言,学习《中国近现代史纲要》这门课程对完善人格有什么意义呢?可以从三个层面来理解:历史知识、历史感、历史观。

第一,历史知识。通过学习这门课程,可以进一步巩固、加深或者拓展同学们在小学、中学期间所掌握的历史知识。有人这样评价,在小学学历史是讲故事,在中学学历史是记忆历史知识,而唯有在大学学历史才是真正的历史。这句话表明了今天学习《中国近现代史纲要》与中小学学历史的不同之处。它不同于小学时的历史故事,也不同于中学时的简单历史知识的罗列,而是在一定历史理论统摄下的更加丰富、更加深刻的历史知识。这种历史知识的获得,不仅仅局限于《中国近现代史纲要》这本教材,同学们要理解某些重要的历史人物或历史事件,历史理论或历史评价,不得不阅读大量的历史著作,在这个广泛阅读过程中,实现历史知识的拓展和加深。举一个例子:"辛亥革命结束了中国两千多年的君主专制政体"(高中历史课本);"辛亥革命结束了中国两千多年的封建帝制"(大学中国近现代史纲要教材)。这两句话哪一句更合理一些?要对这两句话进行比较,就涉及一个重要的历史命题:"历史叙事"与"历史真实"的关系。历史叙事虽然不完全等同于历史真实,但有一种追求是肯定的,那就是要求历史工作者做到"历史叙事力求接近历史的真实"。关于上述历史叙事,早在20世纪50年代至60年代著名历史学家钱穆先生就提出来过。他说:自秦始皇以来中国的确是君主制,但并不意味着这两千多年一直是专制统治。因为自隋朝便开始确立起来的"三省六部制"一直到唐宋元明时期更加完善,这种制度实现了相当精密而完整的政权分配,三省六部之间、皇帝与宰相集团之间相互制衡。在明代以前,所有皇帝的诏令,非经宰相副署,即不能生效。这与当今法国、美国的总统与内阁之间的关系颇为相似。当然我们不能说"三省六部制"就是今天西方的分权制,但至少可以明白一点，在中国历史上自秦以来两千多年并不完全是绝对的君主专制体制。如果说，自明太祖废除宰相制度以后至清朝末年这六百年间中国实行的是"君主专制"政体倒比较符合历史的真实。举这个例子的目的，是让同学们明白，要理解这样的一个历史命题，我们必须大量阅读，在这个过程中自然就拓展和加深了我们的历史知识。

第二，历史感。历史感是指什么呢？关于历史感，朱学勤曾这样描述："什么叫历史感呢？就是你能够敏锐地感觉到如今自己眼前的日常生活哪些会在时光的过滤器当中被无情地过滤掉，哪些有可能成为将来的历史；当你读以往的历史的时候，你能够把它还原成像今天的日常生活里面的具体内容，这两者结合起来就是你的历史感。"著名社会学家费孝通也有类似的认识，他指出："研究历史可以把遥远过去的考古遗迹和最早的记载作为起点，推向后世；同样，亦可把现状作为活的历史，来追溯过去。"具体说来，笔者把历史感理解为如下几个方面：首先，在学习和研究历史的过程中，能够自觉地理解现实的历史原因，也能够自觉地理解历史事件的现实后果；其次，能够自觉地总结历史的经验、历史规律，并能够根据历史经验和历史规律做出现实的历史决策；再次，在人格修养、思维方式、处世态度及处世方法等方面，能够自觉地从历史事件、历史人物当中受到启发。关于历史感的第一个方面——能够自觉地理解现实的历史原因，现通过一个例子加以说明：有同学问"今天的中国的执政党为什么是共产党，为什么不实行西方社会的两党制或多党制？"这个问题很普遍，也很尖锐，涉及"中国共产党执政地位合法性"的问题。合法性从何而来，源于历史，源于人民。要回答这个问题，就得从中国历史当中寻找根源，就必须从中国共产党为什么在近代有资格领导中国革命并取得革命成功去寻找根源。因为到底哪个党执政，不是某个领导人说了算，而是历史的选择。在近代中国，面临资本帝国主义的侵略以及国内封建专制主义的统治，实现民族独立、自主以及国家富强，是包括资产阶级在内的各阶层人民群众的共同愿望。为了实现这一愿望，在1840年以后100多年时间内，各个阶级都发挥过积极的作用。可以这样认为，近代中国历史是一个大舞台，各个阶级都曾登上这个历史舞台。最终由谁来领导中国的革命和建设事业，实际上就是一个"历史选秀"的问题。谁表演得好让人民满意，历史就选择谁，人民就选择谁。地主阶级因受到国外政治势力的逼迫和先进技术的刺激，曾发起以"求富自强"为目的的洋务运动和所谓"新政"的政治革新运动，农民阶级也曾经发起了中国历史上最大规模的革命运动——太平天国运动和包括义和团运动在内的一系列的反帝斗争；资产阶级为实现民主也曾经发起了以建立资产阶级国家为目的的"戊戌变法"和"辛亥革命"等。纵观中国近代史，从晚清王朝到蒋介石政权都未能有效地维护或实现国家的统一和民族的独立，都未能从根本上改变中国半殖民地化的社会状况，都未能给国家的富强和民众的富裕创造良好的环境。民众长期遭受战乱之苦，这也是他们逐渐失去民众支持，失去执政合法性，最终被历史淘汰出局的主要原因。正当上述各阶级处于失败困顿而束手无策的时候，中国的无产阶级慢慢地壮大起来并走上了中国的革命舞台。在马克思主义的指导下，中国无产阶级及其政党提出了一系列符合广大人民群众利益的主张，并在一定程度上把这些主张变成现实，从根本上改变了中国人民的生存状况，所以最终赢得了人民的支持。因此，在革命胜利以后，人民群众选择了无产阶级的代表中国共产党作为新中国事业的领导者。这就是今天的中国为什么由共产党来领导的历史原因。同样的道理，中国共产党能否在中国长期执政，也需要交给历史和人民来选择。

第三，历史观。历史观又叫历史理性，是对历史的哲学式思考，是对待历史的观念或态度。通过对《中国近现代史纲要》的学习，可以让同学们更深刻地理解马克思主义历史观（唯物史观）。马克思主义历史观，是马克思和恩格斯创立的关于认识和改造人类社会的认识论和方法论的总和。唯物史观有两个基本观点：生产力观点和群众观点。其中生产力观点就是揭示生产力与生产关系、经济基础与上层建筑之间的矛盾及发展规律；群众观点就是揭示人民群众的实践活动是推动社会基本矛盾相互作用及其解决的主要动因。中国近现代历史，尤其是1919年以后的中国历史，事实上就是马克思主义唯物史观在中国实践并不断发展完善的历史。例如毛泽东时代提出来的群众史观和群众路线；邓小平时代提出来的发展就是硬道理的观点；后邓小平时代提出的"三个代表"重要思想、科学发展观以及习近平系列重要讲话精神，无不是马克思主义唯物史观在中国的运用和发展。学习这段历史有利于我们理解马克思主历史观，也有助于我们用马克思主义历史观来认识和改造中国社会。当然，长期以来由于人们对马克思主义史观的片面化理解，也曾出现一些误区，需要我们超越。（1）强调"历史决定论"，排斥"历史选择论"。人并不只是被动地顺应历史，在一些重要的历史关头，人为的理性决策往往会改变人类历史的方向。也就是说，"历史决定论"与"历史选择论"都应当被看作是认识和改造人类社会的理论和方法。（2）强调"人民群众是历史的主人"，否认英雄人物的历史地位。英雄人物往往在关键时候发挥重要的左右历史的作用，而且英雄人物往往是从人民群众中脱颖而出的。（3）视"阶级分析"方法和"阶级斗争"为人类认识和改造社会的唯一动力和方法，忽视了其他方法、力量在历史发展中的作用。（4）强调历史的规律性、一元化，而忽视了历史的复杂性和多样性。这就要求我们做到两个方面：一是树立正确的马克思主义历史观；二是在马克思主义历史观的指导下，广泛吸纳其他历史学家的历史理论和历史方法。

（二）资政：有利于大学生成长为社会主义事业的合格的建设者和接班人

宋神宗十分注重历史研究，把历史研究的价值概括为"鉴于往事，有资于治道"，并把司马光编写的历史著作命名为《资治通鉴》，这是对历史的资政功能的充分肯定。

《中国近现代史纲要》就是通过培养社会主义事业的合格的建设者和接班人的方式来达到其资政的目的。在中宣部、教育部《关于进一步加强和改进高等学校思想政治理论课的意见》及其实施方案中明确规定："中国近现代史纲要"课程"主要讲授中国近代以来抵御外来侵略、争取民族独立、推翻反动统治、实现人民解放的历史，帮助学生了解国史、国情，深刻领会历史和人民怎样选择了马克思主义，怎样选择了中国共产党，怎样选择了社会主义道路"。作为未来中国社会主义事业的建设者和接班人，只有充分了解了中国的国情、充分了解了中国的历史和现状，才能很好地决策未来；只有理解了中国为什么选择马克思主义、为什么选择中国共产党、为什么选择社会主义、为什么选择改革开放等问题，才能够坚定不移地在中国共产党的领导下，努力地学习和工作，不断把有中国特色的社会主义事业向前推进。

三 "中国近现代史纲要"的主要内容

（一）上篇：风云变幻的八十年

1840年鸦片战争以来至1919年五四运动前夜的历史。其中包括综述：鸦片战争前的中国与世界；半殖民地半封建中国社会的基本特征；近代中国的主要矛盾和历史任务。第一章，反对外国侵略的斗争：资本—帝国主义对中国的侵略；反侵略斗争的失败和民族意识的觉醒。第二章，对国家出路的早期探索：太平天国运动；洋务运动；戊戌变法。第三章，辛亥革命与君主专制制度的终结：资产阶级民主革命运动兴起的历史背景；辛亥革命的大致经过；辛亥革命的伟大意义及失败的根源。

（二）中篇：翻天覆地的三十年

从1919年五四运动爆发到1949年中华人民共和国诞生。其中包括中篇综述：辛亥革命后中国所处的国际环境；中国人民的现实遭遇；"两个中国"之命运。第四章，开天辟地的大事变：新文化运动和五四运动；马克思主义在中国的传播；中国共产党的诞生及伟大意义。第五章，中国革命的新道路：南京国民政府的性质；中国革命新道路的探索实践；新道路理论及其伟大意义——实事求是。第六章，中华民族的抗日战争：日本对华政策的由来;国共两党在抗日战争中的地位和作用;抗日战争与中国国际地位的提升;中国为何放弃日本战争赔款。第七章,为新中国而奋斗:抗战胜利后中国的形势及其变化;共产党为何能以少胜多、以弱胜强。

(三)下篇:辉煌的历史征程

从1949年新中国诞生一直到今天的历史。包括下篇综述:中华人民共和国成立;新中国成立后的发展历程;新中国成立以来的历史性成就。第八章,社会主义基本制度在中国的确立:从新民主主义向社会主义过渡的开始;社会主义道路:历史和人民的选择;有中国特色的社会主义过渡的道路;社会主义基本制度在中国的全面确立。第九章,社会主义建设在探索中曲折发展:良好的开局;探索中的严重曲折;建设的成就,探索的成果。第十章,改革开放与现代化建设:历史性的伟大转折和改革开放的起步;改革开放和现代化建设新局面的展开;改革开放与现代化建设发展的新阶段;全面建设小康社会;改革开放和社会主义现代化建设的成就。

四 主要参考书简介

1. 蒋廷黻的《中国近现代史》

成书于1938年，可以说是中国最早的一部近代史著作。他早年留学美国，在哥伦比亚大学攻读博士期间主攻历史学，师从美国新史学创始人詹姆斯·鲁滨逊。回国后先后任南开大学和清华大学历史系主任，从事中国近代外交史研究。1938年，抗日战争期间他在多年研究基础上完成了《中国近代史》这部著作。日后，蒋廷黻从政，历任南京国民政府行政院政务处处长、驻苏联大使、常驻联合国代表、驻美国大使，直到1965年去世于纽约。这部著作是典型的新史学著作，其特点是：以实证主义的科学方法研究历史，建构了一套新史学的历史叙事体例。例如，他认为中国面对西方的冲击，必须走向近代化，而近代化又包括学习西方科学知识、学习西方的器械制作技术并以民族主义取代家族或乡土观念，即提出了从器物、制度及观念三个层面实现近代化的叙事框架。提出了许多独到的观点，如：他认为租界的产生，并不是完全因为外国强权，而是因为当时中国的卫生状况不好，外国人不习惯而在城外另建居住区。事实证明，租界的确是近代中国公共卫生的发端。又如《南京条约》在今天看来最损害国家主权的两项内容"治外法权""协定关税"，他认为在当时这两项正是清政府最不看重的，认为"治外法权不过是让夷人管夷人，那样更方便，更省事"，至于"协定关税"问题，清政府认为广东地方官吏的苛捐杂税是引起战争的原因之一,现把关税明文规定下来,就可以避免战争,而且新税率比自主关税时还高一个百分点,所以当时负责条约交涉的大员伊里布等人认为"协定关税"恰恰是外交的胜利,而不是失败。但该著作也存在许多缺陷,比如:限于篇幅,深刻但不深入,很多观点需要读者通过读更多的著作方能理解;另外,叙事过于简单,把复杂的历史简单化,而且完全承袭了汤因比、费正清等西方中心论者的"冲击—回应"学说。总的说来,这本书值得一读。

2. 陈旭麓的《近代中国社会的新陈代谢》

被公认为是中国近代史领域最好的导论性著作。因为,该著作在理论与方法上实现了对中国传统考据史学和精英政治史的两次超越,第一次提出"通史应该是社会史"的论断,并试图把中国近代史书写成既有政治斗争及相关重大事件的历史,又包括社会经济结构、社会意识或社会思潮、风俗习惯、社会生活样态等在内的丰满的中国近代史。不仅如此,陈旭麓先生的著作语言丰富而生动、犀利而深刻。例如,把近代西方影响中国的因素称作"欧风美雨",指出既有狂风暴雨,又有和风细雨;狂风暴雨给中国带来了巨大的损失,而和风细雨却又滋润了古老的中华文明;又如在谈到辛亥革命的影响时,他引用了青年瞿秋白的认识"皇帝倒了,辫子没了",前者从政治角度讲,后者却是从社会风貌角度讲,都揭示了辛亥革命后中国的变化。语言生动而深刻,既有思想性又有可读性,是一部难得的好书。

3. 美国人吉尔伯特·罗兹曼主编的《中国的现代化》

以旁观者的角度,从国际环境、政治结构、经济发展、社会整合、科技进步五个方面,讲述了中国从晚清与西方交手并着手现代化一直到十一届三中全会的艰难而曲折的现代化历程,是一部重要的了解近现代中国历史的著作。

4. 美国人柯文的《在中国发现历史》

在历史观上可以说是一次颠覆。自19世纪后期新史学诞生以来,世界历史的话语权都是以西方为中心,前面提及的"冲击—回应"学说就是典型的西方中心史观,认为非西方社会的发展动因源于西方的"冲击",或者对西方冲击的"回应",而柯文在充分研究中国历史、中国文化之后,提出了一个重要的观点：中国的现代化绝对不只是简单的西方化，在中国社会内部也存在现代化因素，而且这些内生性的现代化因素在中国现代化进程中发挥了不可替代的作用，因而他提出了"中国中心观"，对上述"西方中心观"予以批判。读这部著作，在同学们读腻了那些"西方中心论"的传统史学著作之后，会有一种耳目一新的感觉。即变换一个角度研究中国历史，会更全面，更真实。

5. 茅海建的《天朝的崩溃》

详尽考订了与战争相关的一系列重要史实，力图以当时的道德观念、思维方式与行为规范去理解历史，使许多在今人看来是荒谬的现象得以显示其在当时环境中的"合理性"。同时，通过对有关人物及其言行活动分析，观察清王朝在历史转折关头的作为，揭示历史进程中的偶然与必然。鸦片战争在中国近代史上影响重大，有关著述已出版不少。该书的研究可谓推陈出新，作者一系列创见可能在学术界引起争议，相信这种争议将有助于深化中国近代史研究。

上篇综述：风云变幻的八十年

授课对象

全日制普通本科生

学时安排

2 学时

教学目的

①认识中国近代沦入半殖民地半封建社会的原因和过程，把握中国近代半殖民地半封建社会的基本特征。

②认识中国半殖民地半封建社会的主要矛盾和历史任务，并进一步明确国家独立与富强、革命与现代化之间的关系。

PBL 重点

①了解中国近代半殖民地半封建社会的基本性质和特征。

②认识近代中国的主要矛盾及其关系，并进一步认识近代中国的两大历史任务及其关系。

教学难点

①近代中国的主要矛盾、历史任务及其关系。

②对"告别革命论"的批判。

课后作业

①为什么说鸦片战争是中国近代史的起点？

②怎样认识近代中国的主要矛盾、社会性质及基本特征？

③如何理解近代中国的两大历史任务及其相互关系？

上篇综述：风云变幻的八十年

一 鸦片战争前的中国与世界

对人类文明的研究有多种视角：从西方中心观看，世界分为西方和非西方，中国是非西方的最重要国家之一；从塞缪尔·亨廷顿的"文明冲突论"（《文明的冲突与世界秩序的重建》）看，世界分为八大文明：中华文明、日本文明、印度文明、伊斯兰文明、西方文明、东正教文明、拉美文明、非洲文明；从汤因比的"文明兴衰论"（《历史研究》）看，在6000多年的人类历史上先后出现了28个文明，其中18个文明已经死亡和消失了，其余尚存的有10个文明，中华文明是其中至今尚存仍充满生机的文明。综观上述研究视角，无论用何种理论来研究世界，无论用什么观点来观察世界，中国及中华文明始终是世界文明不可忽视的重要组成部分，这表明中华民族在人类文明史上发挥了重要的作用。

中国自汉唐以来直至明清，在世界上独领风骚长达1000多年之久；中国创造了灿烂的古代中华文明，因而被誉为四大文明古国之一；中华文明又是世界几大古代文明中唯一延续至今的文明。中华民族给人类文明的贡献以及中华文明的生命力都是世界其他文明所不能比拟的。这些都是我们作为中华民族成员引以为自豪的一面。但我们又不得不面对这样的事实——如此灿烂辉煌的中华文明为什么到了近代却落到了贫穷落后、任人宰割的地步呢？

要回答这个问题，就有必要对鸦片战争前几百年中国与西方不同的发展趋势做简要分析。在15世纪之前，中国的发展一直领先于世界；即使在西方"文艺复兴"时期，中国也并不落后于西方，例如当西方出现资本主义的萌芽的时候，在东方的明朝也有了资本主义的孕育。而东西方真正的差距是自明朝中后期以后逐渐拉开的，究其原因，主要有以下几个方面。

第一，对待科学的不同态度和方法。马克思曾评论："火药、指南针、印刷术——这是预告资产阶级社会到来的三大发明。火药把骑士阶层炸得粉碎，指南针打开了世界市场并建立了殖民地，而印刷术则变成了新教的工具。总的来说变成科学复兴的手段，变成对精神发展创造必要前提的最大杠杆。"鲁迅在《电的利弊》一文中说："外国用火药制造子弹御敌，中国却用它做爆竹敬神；外国用罗盘针航海，中国却用它看风水；外国用鸦片医病，中国却拿来当饭吃。同是一种东西，而中外用法之不同有如此，盖不但电气而已。"讨论：同样的科技发明，为什么在东西方会产生如此不同的后果？笔者认为有如下几个方面的原因：一是在学术氛围上，中国的独尊儒术与西方的文艺复兴，即教条化的经学思维和反传统的创新思维；二是在哲学思维上，东西方存在理性主义与神秘主义、关注自然主客体二分与关注天人合一、学与术、实与虚、批判与诠释、思与悟的区别。

第二，不同的发展轨迹。西方资本主义萌芽之后，接踵而来的是"文艺复兴运动"为资本主义进行理论鼓吹（文化）；自17世纪之后，西方国家发生了一系列的资产阶级性质的革命运动，相继诞生了一系列资本主义国家（政治）；自18世纪中期以后，英法等西方国家又通过工业革命，极大地发展了社会生产力，创造了前所未有的丰富的物质财富（经济）。而中国呢？其轨迹全然不同。在明代虽然就出现了资本主义萌芽，但继此之后却是长达600余年的明清两个封建王朝。西方早在14世纪到16世纪就有了资本主义性质的思想解放运动"文艺复兴"，而中国类似的思想解放运动是20世纪初的"新文化运动"；西方国家在17世纪相继进行资产阶级革命建立资产阶级政权，中国的资产阶级革命直到20世纪初才发生；西方国家在18世纪就开始了工业革命，而中国直到19世纪60年代到70年代的洋务运动才真正开启了工业革命之门。正是因为东西方不同的轨迹，在鸦片战争前四五百年的时间里，中西方已出现了明显的落差，即西方沿着工业文明的道路阔步前进，中国却沿着农业文明的轨迹缓慢前行。

第三，不同的对外政策。从"封闭"与"开放"这一对范畴来看，资本主义国家的基本取向是"开放"。首先，从经济上看，西方资本主义国家在工业革命的推动下必然走向对外扩张的道路；其次，从文化上看，孕育于海洋文明的西方资本主义国家大多具有开放的心态；从政治上看，经济的发达以及文化上的强势，必然助长政治上的开放。综上所述，近代西方资本主义国家大多能以开放的心态吸收其他民族、其他文明的先进成果，在经济强盛以后又大多走向了对外扩张的道路。而中国，如前所述曾经作为世界上最强大的国家，在世界上独领风骚长达1000多年，在这期间，中国是开放的，而且开放得是那样的大度、那样的自信；只是到了明清时期，当中国日益感到来自海上力量威胁的时候，才逐步走上封闭道路的。早在汉代就有张骞、班超、甘英等出使西域，最远的到达波斯湾；唐代有鉴真东渡日本、玄奘西行印度等；在明代早期有郑和下西洋，曾到达非洲东海岸。当然也有大量的海外使者来到中国。那时，中国是一个富足的大国，对外开放大多是为了施布恩威，也就是造成一种"四面宾服，八方来朝"的巍巍大国的形象。然而，在明成祖之后开始实行严格的海禁（海防倭寇）、清朝康熙年间实行海禁（郑氏反清）、清代乾嘉以后再次实行海禁（葡萄牙、荷兰、英国等海外势力的影响和破坏）。总的说来，自明代以后，中国逐渐实行了海禁政策，具体说来在鸦片战争前的一个世纪左右的时间里中国基本上是闭关自守。心态的"封闭"，必然导致对外域文化、其他文明先进成果的排斥；国门的"封闭"，又必然导致其他国家的先进科技成果无法传入中国。可以用这样一段话来概括明清以来中国的对外交往心态：一方面，中国以"天朝上国"自居不屑于与西方国家交往，另一方面因为海防空虚，又不敢与西方国家交往。明清以后的中国就在这样一种矛盾的心情下，小心翼翼地与西方国家交往。

上述三个方面的原因，导致了明清以后的中国与西方国家之间产生了巨大的落差。正如马克思所说的："一个是相对停滞的，按照蜗牛爬行的速度，缓慢行进的封建主义的中国，一个是迅猛发展的而且极力向外扩张的资本主义的西方世界。"资本主义的发展规律决定了二者必然会在一个特定的历史时刻相遇，而且会发生矛盾、冲突甚至战争。鸦片战争正是在这种背景下发生的。

这便是鸦片战争以前的中国和世界。关于这个部分,有两个问题需要进一步澄清:

第一,帝国主义侵华战争加速了中国的落后,但不能说因为帝国主义的入侵中国才落后;

第二,与西方近代文明相比较中国传统文明的确落后,但不能因此否定整个中华文明。

关于第一个问题讲解。

首先,中国在鸦片战争之前就已落后于西方资本主义国家。我们可以通过西方人的中国观的变化得到较清晰的认识(第三者的观察和评价)。16世纪到18世纪,欧洲人普遍认为,中国是一个幅员辽阔、繁荣富强、物产丰富、政治清明的,拥有古老而优秀的文化、优雅的艺术、先进的科学技术的东方帝国。但是,到了18世纪末19世纪初,情况就完全变化了,"越来越多的西方人士,对一度被视为'样板'的中华帝国产生了轻蔑和敌视的态度,以侮辱和谩骂取代了以前的尊敬和颂扬,贫穷而野蛮,落后而停滞,闭塞而傲慢,道德败坏,极度虚弱,再加上腐败的专制主义政治制度,构成了新的、但显然是否定性的西方人的中国观"[1]。除了某些带有偏见的侮辱性的语言,不能不说这种西方人的中国观的变化,在相当程度上又反映了客观现实。这是第一方面,鸦片战争前中国已经落后于西方。

其次,鸦片战争及以后的一系列帝国主义侵华战争的确加剧了中国的贫穷与落后。我们同样可以通过外国观察家的表述来说明。如美国前政要布热津斯基曾说:"19世纪强加给中国的一系列的条约、协定和治外法权条款,使人们清清楚楚地看到:不仅中国作为一个国家地位低下,而且中国人作为一个民族同样地位低下。……事实上,中国在经济和政治上发生大滑坡只是近代的事。"[2] 布热津斯基的这本书是以预言20世纪共产主义大失败为主旨的,连他都这样说,可见这是一个不可否认的事实。

---

[1] 吴义雄:《在宗教与世俗之间——基督教新教传教士在华南沿海的早期活动研究》,广东教育出版社2000年版,第454页。

[2] [美]布热津斯基:《大失败——20世纪共产主义的兴亡》,军事科学出版社1989年版,第179页。

上篇综述：风云变幻的八十年

关于第二个问题讲解。

的确作为农业文明典型代表的传统中华文明相对于西方近代工业文明而言，其落后性是显然的。然而，我们却不能因此全面否定传统的中华文明。那样做既违背了历史的客观性原则，又将导致民族虚无主义的发生。关于这个问题，有必要介绍一下在20世纪80年代至90年代在中国曾出现的一股民族虚无主义思潮及其严重危害。

在20世纪80年代，曾经泛滥过一阵民族虚无主义思潮，这个思潮极力地诋毁和丑化中华民族，全盘否定中国传统文化，造成了非常恶劣的影响。当时有一部电视政论片，名字叫《河殇》，就是民族虚无主义的代表，它宣传黄河文明是一种失败的文明。由于黄土地、黄河水养育了黄皮肤的中国人，中国人的死又叫"赴黄泉"，因此黄色是中华民族色彩的标记。极力渲染黄色文明的落后、封闭和保守，声称只有用西方的蓝色文明来取代黄色文明，才是中国的唯一出路。1988年《河殇》在中央电视台播放之后，全国各地方电视台竞相播放，风行一时，在其影响下，当时的报刊上，一时间充斥着形容和描述我们祖国和民族丑陋和愚昧的文章。有的说：中国是一个没有个性的国家，积淀在我们民族血管里面的只是奴性，缺乏创造力、安于现状，畏惧斗争、逃避现实，这些都构成了中华民族的性格；也有人说：中国的传统文化是一堆糟粕和垃圾，要给予整体打破和全面否定；还有人直截了当地公开表示对于爱国主义的轻蔑："如果要我彻底说，我不赞成爱国主义的口号，至少不是完全赞成。我无所谓爱国叛国，你要说我叛国我就叛国，就承认自己是挖祖坟的不肖子孙。"[①] 当时这些东西都是在报刊上公开发表的言论，产生了极恶劣的影响。

诚然，作为古代文明代表的中华文明，其中的糟粕或垃圾是肯定存在的。但其中也有许多合理的成分，而这些合理的成分将会成为中国"现代化"的重要因素。例如中华文明长期发展过程中形成的中华民族精神将是今后中华民族走向复兴的重要的精神力量。

江泽民曾说过这样一段话："中华民族有着自己的伟大民族精神。这

---

① 李文海：《讲授〈中国近现代史纲要〉上编"综述"的几个问题》，《思想理论导刊》2008年第8期，第35页。

个民族精神，积千年之精华，博大精深，根深蒂固，是中华民族生命机体中不可分割的重要成分。中华民族在五千年的发展中，历经磨难而信念愈坚，饱尝艰辛而斗志更强，开发建设了祖国的大好河山，创造了灿烂的中华文明，为人类文明进步作出了不可磨灭的贡献。"[1] 强调这些就是要告诉同学们，"现代化不等同于西方化"。今天的中国正快速和平崛起，然而中国的崛起之路，绝对不是照搬西方任何一个国家的发展道路，而是在充分继承中华传统的合理因素基础上，广泛借鉴人类文明的积极成果，并结合时代和实践的需要而不断推陈出新。

---

[1] 中共中央宣传部：《毛泽东邓小平江泽民论弘扬和培育民族精神》，学习出版社2003年版，第277页。

二 半殖民地半封建中国社会的基本特征

关于近代中国社会的基本特征，毛泽东在《中国革命和中国共产党》这篇文章有详细论述。在这篇文章里，毛泽东首先从10个方面描绘了帝国主义列强怎样采取军事的、政治的、经济的和文化的种种压迫手段，一步一步地把一个封建的中国变成半殖民地半封建中国的血迹斑斑的图画。这10个方面是：向中国举行多次侵略战争；强迫中国订立一系列不平等条约，攫取侵略特权；控制中国的通商口岸，设立租界；在中国经营轻重工业，直接进行经济压迫；垄断中国的金融和财政；造成一个买办的和商业高利贷的剥削网，培植买办阶级和高利贷阶级；使地主阶级成为它们统治中国的支柱；造成军阀割据和军阀混战；实行文化侵略政策；在一定条件下，把一部分地区沦为直接统治的殖民地。前面提到过，殖民主义侵略带来了资本主义文明是一方面，但是更主要、更本质的一方面，是阻碍被侵略国家的经济发展和社会进步。毛泽东在这里描绘的10个方面，就是对这个问题进行的具体的无可辩驳的说明，这10条没有一条不是明明白白的客观存在，也没有一条不对中国社会的发展起着阻碍作用。关于半殖民地半封建社会的基本特征，在教材里已经作了很好的概括，一共讲了6条。不难发现第一个、第二个方面是从政治上讲的；第三个、第四个方面主要是从经济上讲的；第五个、第六个方面是综合讲的中国状况。这六个方面很好地反映了近代中国社会的面貌。如下表所示：

领域	要素	过程	结果
经济	经济自给自足	帝，侵略，破坏	主导地位
	资本主义经济	帝，资本输出，发展	弱小
政治	封建主义	帝，削弱，勾结	更加残暴
	帝国主义	侵略，不平等条约	控制了中国
综合	中国	多个帝国主义国家	极不平衡
	中国人民	帝、官、封	不自由、贫困

上篇综述：风云变幻的八十年

三　近代中国的主要矛盾和历史任务

（一）近代中国的矛盾

在半殖民地半封建社会的旧中国，社会矛盾是错综复杂的，教材里列举了种种矛盾。从哲学层面上讲，矛盾是无时不在、无处不有的，在错综复杂的矛盾当中，有一种或者两种矛盾是最主要的矛盾，由于这些主要矛盾的存在和发展，规定着或者影响着其他矛盾的发展。在半殖民地半封建社会里面占支配地位的矛盾有两个：帝国主义与中华民族的矛盾；封建主义和人民大众的矛盾。这两大主要矛盾互相交织在一起，而帝国主义与中华民族的矛盾又是其中最主要的矛盾。

需要指出的是，我们究竟应当如何对待矛盾？研究近代历史虽然要抓住主要矛盾，但对于非主要矛盾也是不能忽视的，因为非主要矛盾在历史上也产生过相当重要的影响，忽略了非主要矛盾，历史的丰富性和生动性就会受到削弱，就会变成干巴巴的东西。过去研究历史就存在这样的问题，把历史简单化、概念化，在一定程度上忽略了非主要矛盾。梁启超对传统中国的精英政治史进行了批判："有君史而无民史"；他痛斥"二十四史就是二十四家谱，充塞其间的是宫廷政事、帝王将相和英雄豪杰"，"历史者，英雄之舞台也，舍英雄几无历史"。但是我们又要看到，非主要矛盾毕竟是受主要矛盾影响、制约和支配的。决不能脱离了主要矛盾而孤立地去谈非主要矛盾,更不能主次颠倒,把非主要矛盾误认为是主要矛盾。如果那样,就会对历史做出错误的判断。举两个例子,在近代历史上学习西方是一个重要命题,因为要自强救亡,就得学习西方先进的东西,西方文化进入中国之后,同中国传统文化必然要产生碰撞和冲突,于是就产生了中学和西学、新学和旧学的矛盾。这些矛盾是从属于当时的主要矛盾的。但是有些研究者,把是否学习西方看成是评价历史人物的主要标准,甚至是唯一标准,认为:西方代表先进,落后的中国就得欢迎先进,因而反帝斗争是不应该的。这实际上是把文化领域的矛盾看成了主要矛盾,结果在历史评判方面出现了种种偏差。又例如,有些人夸大了统治阶级的内部矛盾,以至于把袁世凯在辛亥革命当中的逼宫(利用革命形势逼宣统退位)看成是推翻清政府的决定因素,结果就把这位帝制的祸首当作了共和的元勋,这显然也是对历史的颠倒。可见,只有正确地认识近代中国社会的主要矛盾,才能够正确地揭示近代历史的真相。

(二) 近代中国的任务

党的十五大报告阐述了近代中国的两大历史任务:"鸦片战争后,中国成为半殖民地半封建国家,中华民族面对着两大历史任务:一个是求得民族独立和人民解放,一个是实现国家繁荣和人民共同富裕。前一任务是为后一任务扫清障碍,创造必要的前提。"这段话讲得非常清楚,帝国主义的侵略使中华民族丧失了独立的地位,帝国主义勾结封建主义实行的反动统治,使中国人民处于被奴役的地位,毫无政治权利。要取得民族独立和人民解放,就必须要进行反帝反封建的斗争。只有完成了前一个任务,为后一个任务扫清了障碍,创造了必要的前提,国家的繁荣富强和人民的共同富裕才有实现的可能。从某种意义上来说,这里讲到的就是近代历史上革命和现代化的关系,前一个任务讲的就是革命,而后一个任务也就是现代化的最重要的内涵。在近代历史上,革命和现代化是相统一、密切相关的。可以这样说,现代化是近代以来中国人魂牵梦绕的不懈的追求,而革命则是贯穿整个近代史的主旋律。但是,近年以来却流行一种观点:认为革命妨碍了、破坏了现代化,他们提出要"告别革命",在研究方法上,要用"现代化范式"取代"革命范式";在历史观上,要用"现代化史观"取代"革命史观"。这种观点渗透到近代史研究的各个方面,逐步形成了一个完整的体系,即"告别革命论"。所以要正确地认识近代中国历史,就不能回避马克思唯物史观与"告别革命论"的历史虚无主义这两种历史观的对立。

下面来认真分析一下"告别革命论"的观点:为了弄清楚一些学者提出用现代化范式取代革命范式的相关言论,我们可以先看一篇文章:《革命之后的史学:中国近代史研究中的当代危机》[①]。在文章中,德里克介绍了在美国当今的汉学界(在一定程度上也包括欧洲的汉学界),在对中国近代史研究上,经历了从革命范式到现代化范式转变的情形。他指出:20世纪六七十年代,在美国和欧洲汉学界占主导地位的还是对革命的正面评价。认为"革命给中国引进了一种新型的政治,使得更多的人可以参与政治,使得过去没有权利来谈论政治的人可以发言了,它将人们从过去的被压迫状态中解放出来,并使他们摆脱了传统的思想奴役;革命使中国摆脱了帝国主义,并且转变为一个现代主权国家;革命也清除了或者是由历史形成的或者是由近代帝国主义导致的种种发展的障碍,解决了发展的问题。"这就是20世纪六七十年代美国和欧洲汉学界对中国近代史的一个占主导地位的看法,对革命是正面的评价,基本上是肯定革命的。但是德里克教授接着说,这种看法从20世纪80年代中期就开始改变了,先前一直被描述为解放史诗的革命史,现在却变成了衰落与失败的故事,它甚至被描述为一种畸变,一种对中国历史正常道路的偏离。德里克教授列举了一系列有影响的著作,这些著作有的宣称"革命并不意味着被压迫阶级对压迫阶级的胜利,而是使得中国的不良分子得以掌握权力,把革命污蔑为痞子运动,革命使得潜藏中国文化的恶劣习性和态度泛滥成灾"。有的人认为"中国虽然经历了一个世纪的战争与革命,但是晚清以来的中国从来没有成为现代社会,换句话说,中国的革命不仅没有使中国现代化,反而强化了其前现代的状态,也就是说革命妨碍了现代化,破坏了现代化"。有

---

① [美]德里克(Arif Dirik):《革命之后的史学:中国近代史研究中的当代危机》,《中国社会科学季刊》(香港),1995年春季卷,总第10期。

的则更进一步强调，"革命带来的可能并不仅仅是失败，它还打断了清末以来的现代化进程。中国如果没有革命，其境况也许还要好一些"。总之，德里克教授做了一个总结，"上世纪80年代以后，论者们否定了革命是近代中国历史的中心事件，或者在仍然肯定其中心地位的前提下，将其理解为一场失败，或是一种中国发展的障碍"。德里克教授讲到的是美国和欧洲汉学界的倾向，事实上在国内也有一大批学者持这种观点。20世纪90年代初，在香港出版了一本书《告别革命论》（李泽厚、刘再复的访谈录），同学们可以参考《走什么路——关于中国近现代历史上若干重大是非问题》和杜志章的文章《"告别革命论"史观批判》。其主要观点是："如果要对20世纪中国进行反省，头一个应当进行的根本性的反省就是革命搞糟了。"他们认为"我们的民族犯了一个毛病叫作革命崇拜症，而革命容易使人发疯、发狂，丧失理性，革命方式有很多弊病，产生很多后遗症，包括它对社会造成的各种破坏。"他们说"老是革命，整个民族的生命能量就在革命中耗尽了，所以20世纪的革命方式确实带给中国很深的灾难"。按照这种理解，20世纪的中国史就是一片黑暗的历史，而革命的仁人志士，是制造这种黑暗历史的罪魁祸首。

这些言论有没有道理，符不符合历史实际呢？下面就来作明确回答。革命是怎样发生的？对于革命，不管你赞成歌颂也好，还是反对指责也罢，革命确确实实发生了，而且是中国近代史的主旋律。一直到新中国成立之后建设才代替革命成为摆在中国人民面前的头等重要的任务。革命作为历史发展过程中的一种客观的历史运动，它既不是少数人人为鼓吹制造的结果，也不是一时感情冲动的产物，只是一种适应社会需要的理性的选择，以为靠少数革命家振臂一呼，制造一种革命崇拜就可以把无数群众卷入到革命洪流里面来，这显然是一种主观的想法。其实恩格斯早就说过："把革命的发生归咎于煽动者的恶意的那种迷信时代，是早已过去了。现在每个人都知道，任何地方发生革命震动，总是有一种社会需求为其背景，而腐朽的制度阻碍这种要求得到满足。"[①] 也就是说，统治者不能照旧统治下去，人民群众不能照旧生活下去的时候，革命才会发生。

---

① 《马克思恩格斯全集》（第8卷），人民出版社1961年版，第5页。

上篇综述：风云变幻的八十年

具体说来革命的发生主要有两个方面的原因：一是被迫的。革命者并不是一伙发疯发狂的好乱之徒，他们选择革命，往往是别的路都走不通之后，才被逼上梁山的。就近代中国革命而言，一方面，民族独立地位的丧失，主权地位的备受欺凌，把中华民族逼到了生死存亡的危急关头，同时，封建专制主义的统治剥夺了人民生存的权利，成为阻碍中国走向现代化的巨大障碍。这两个方面的原因就迫使人们不得不把主要精力投入到争取民族独立和人民解放的革命斗争中去。这就是近代中国革命发生的根本原因。二是理性的选择。只有破旧，方能立新。关于破坏与建设的关系，早在100多年前，当时的革命者或者理论家就已做出了明确的回答。比如邹容就说："欲大建设，必先破坏，欲大破坏，必先建设，此千古不易之定论。吾侪今日所行之革命，为建设而破坏之革命也。"[1] 孙中山对胡汉民也说过这么一段话："建设是革命的唯一目的，如不存心建设，即不必破坏，更不必言革命。"[2] 关于这个问题，毛泽东的论述更为充分。他认为"没有独立、自由、民主和统一，不可能建设真正大规模的工业。没有工业，便没有巩固的国防，便没有人民的福利，便没有国家的富强。"总而言之，在近代中国如果没有革命所创造的良好环境，要实现中国的现代化是不可能的。

告别革命论者把革命和现代化对立起来，认为革命破坏了现代化进程。在很大程度上是因为他们在理论上的一个失误，在于没有正确理解生产力与生产关系、经济基础与上层建筑的辩证关系。毫无疑问，生产力在社会发展中起着决定作用，即生产力决定生产关系，经济基础决定上层建筑，一个社会如果经济不发展，民族的独立、国家的富强、文明的进步、人民的幸福，都是不可能的。一部中国近代史，生动地说明，发展生产力增加经济实力是非常重要的。但是要防止把生产力对社会发展起决定作用的命题简单化、绝对化的倾向，我们还要认识到生产关系对生产力，上层建筑对经济基础的反作用。因为生产力不可能脱离社会环境而孤立自在地运作和发展。没有一定的政治条件，没有适宜的社会环境，生产力的发展

---

[1] 邹容：《革命军》，中华书局1958年版，第21页。
[2] 金冲及：《孙中山和辛亥革命》，广东出版社1996年版，第4页。

是不可能的。当政权成为经济发展的严重障碍的时候,推翻这个反动政权就成为历史的要求。世界历史事实证明,生产力的巨大发展,往往是在革命之后,是在新的生产关系建立之后。"从世界历史来看,资产阶级工业革命不是在资产阶级建立自己的国家之前,而是在这之后。资本主义生产关系的大发展也不是在上层建筑建立以前,而是在以后。都是先把上层建筑改变了,生产关系搞好了,上了轨道了,才为生产力的发展开辟了道路,为物质财富的增强准备了条件。"[①]

[①] 《毛泽东文集》(第8卷),人民出版社2006年版,第131—132页。

四　教学小结

　　本章从"曾经领先世界的中国为什么到了近代却落后挨打"这一问题入手，讲清鸦片战争前后中西方发展的不同轨迹，从而理解鸦片战争的发生及其对近代中国的影响。还通过对半殖民地半封建中国社会的性质和特征的讲解，让学生理解近代中国社会的基本国情及中华民族所面临的历史使命。再就学术界目前讨论的热点问题、研究动态进行分析，例如对"告别革命论"的批判，帮助学生树立对近代中国历史的正确的看法和观点。在解释概念时运用生动的例子，比如在讲述"民族虚无主义"时放映《河殇》片断，让学生直观地感受到影像背后的时代背景。课堂中引用到的书目可以扩展学生视野，从历史的巨大转折中深切领会近代中国的基本国情。

第一章　反对外国侵略的斗争

授课对象

全日制普通本科生

学时安排

4 学时

教学目的

通过学习近代资本—帝国主义对中国的军事侵略、政治控制、经济掠夺以及文化渗透的过程，了解近代中国人民反对外国侵略的斗争状况，尤其是介绍近代以来中国的仁人志士正是怀着强烈的危机感和民族意识，历尽千辛万苦，去探索挽救中华危亡的道路的历程，从而激发学生的爱国情感。

第一章　反对外国侵略的斗争

PBL 重点

①近代资本—帝国主义侵略中国的原因分析。

②近代中国反侵略战争失败的根源分析。

教学难点

①自汉唐至明清，中国领跑人类文明长达1000多年，为什么自明清以后东西方却产生了巨大的落差，到近代却落得被动挨打的境地？

②西方国家的侵略到底给中国带来了什么？是推动了中国的现代化，还是阻碍了中国的现代化？兼批"帝国主义侵华有功论"。

课后作业

①资本—帝国主义的入侵给中国带来了什么？

②近代中国进行的反侵略斗争具有什么意义？

③反侵略战争的失败教训对现今中国有何警示？

一　资本—帝国主义对中国的侵略

（一）战争的根源：封闭的中国与渴望中国开放的西方世界的矛盾

问题：西方势力为什么要用武力来叩开中国的大门呢？

战争，也即"武装斗争"，是敌对双方为了达到某种目的而进行的武装斗争。在阶级社会中，战争是阶级矛盾不可调和的产物，战争是解决阶级和阶级、民族和民族、国家和国家、政治集团和政治集团之间矛盾的最后和最高的形式。不到万不得已通常不会有战争。

那么，在近代中国促使帝国主义国家与中国之间战争的矛盾是什么呢？答案是中国的"闭关锁国"与西方资本—帝国主义国家对开放的渴求。

1. 中国"闭关锁国"政策的由来

明清以来，中国在对外方面，以封闭政策为主。明朝的海禁，其主要原因是禁止海商以预防倭寇。清初的海禁，主要原因是断绝海援以孤立台湾的郑氏反清势力。1683年施琅打败郑氏集团后，于1684年废除海禁，设松江（江）、宁波（浙）、泉州（闽）、广州（粤）四个海关，作为对外贸易的窗口。乾隆年间，再度实行海禁，主要原因是加强海防以戒备葡萄牙、西班牙、荷兰等西方国家商船的骚扰。因为这些国家的商人以贸易之名而来，总是寻衅闹事。如荷兰殖民者在南洋大肆屠杀华侨；葡萄牙则占

第一章　反对外国侵略的斗争

领了马六甲、澳门；西班牙占领了菲律宾等；而英国商人为了填补对华贸易产生的巨额逆差，不断派船到宁波、定海一带活动，企图就近购买丝、茶。巧合的是，乾隆皇帝十分热衷于到江南一带巡游。乾隆还亲眼看到，在江浙一带海面上，每天前来贸易的外国商船络绎不绝，而这些商船大多携带着武器，他不禁担心宁波会成为第二或第三个澳门，于是下令限制除粤海关以外的北方口岸对外开放。1759年"洪任辉事件"是晚清中国走上绝对封闭的导火线，清政府下令只留广州一口对外通商，而且颁布了《防夷五事》，规定外商在广州必须住在指定的会馆中（广州十三行），并且不许在广州过冬，不得外出游玩，甚至还特别规定"番妇"不能随同前往；而中国商人不得向外商借款或受雇于外商，不得代外商打听商业行情。这种政策，一直到1840年鸦片战争爆发。

2. 西方国家对中国"开放"的渴求

因马可·波罗、利玛窦等人的宣传，在18世纪以前的西方人眼里，中国简直就是天堂，许多西方人做梦都想来一睹这个东方帝国的辉煌。再者，西方国家在工业革命的刺激下，资本主义生产力有了极大发展。为了解决市场问题，他们也渴望来到中国。这些国家先是派商人直接到中国来贸易，但面对他们的却是中国的关闭政策。于是一些国家纷纷派使团来到中国，希望得到中国政府的准许，允许他们在中国进行自由的贸易。如早在1517年葡萄牙的皮雷斯使团访华，就是希望能够与中国进行自由贸易。然而，葡萄牙船入港时鸣放礼炮是符合西方礼节的致敬，却被认为是武装挑衅。外国的庞大船只、船上的武器和船员的面目，引起了疑惧。虽然后来葡萄牙人通过赠送礼物或对地方官员行贿的方式被纳入中国的朝贡贸易体系，但只许在澳门经商，仍然不能满足他们平等自由贸易的需求。又如，英国在1793年和1816年分别派别马嘉尔尼使团和阿美士德使团访华，希望获得自由贸易的机会，但因在"叩拜"等礼节问题上发生了冲突，他们也无功而返。当马嘉尔尼使团被遣返时乾隆皇帝还不忘让他带一封御笔信教训教训英王，其中写道："特此详晰开示，遣令该使等安程回国。尔国王惟当善体朕意，益励款诚。永矢恭顺，以保乂尔有邦，共享太平之福。"这表明了当时中国以天朝上国自居而不屑于与蛮夷交往的心态和西方国家强烈渴望中国向它们开放市场的期盼。

事实上，在19世纪中期以前，英国虽然已成长为世界头号大国，但在与中国的贸易当中，却处于逆差的不利地位。他们的工业品在中国自给自足的自然经济社会并没有引起多数人的青睐，销量一直不大，但他们又不得不花大量的资金从中国购买茶叶、蚕丝和香料等物品。为了改变这种不利的贸易地位，1773年英国东印度公司开始大量经营鸦片。鸦片贸易很快扭转了英国在华的贸易状况，但却遭到中国政府的反对，林则徐的禁烟运动更是截断了他们非法贸易的渠道。好不容易才找到的平衡中英贸易的途径，又被清政府给截断了，于是英国就诉诸武力，以战争的方式来打开中国的市场。鸦片战争就在这样的背景下打响了。

（二）战争的过程：100多年的中外战争，除抗日战争以外，无一例取得成功（因教材较详细，此部分略讲）

在继鸦片战争之后，西方列强相继发动了一系列的战争。如第二次鸦片战争、中法战争、中日战争、八国联军侵华战争、日本的全面侵华战争等。在这些战争中，除抗日战争以外，中国无一例外地以失败而告终。战后，这些国家又通过一系列不平等条约对中国实行政治控制、经济掠夺和文化渗透。关于这一过程，由于在初中和高中阶段都已学过，而教材也写得较为详细，所以不作为讲解的重点。

（三）战争的后果：5000年来未有之大耻辱，3000年来未有之大变局

19世纪中叶以后100多年时间里，世界主要的资本—帝国主义国家对中国发动的一系列战争、与中国政府签订的一系列不平等条约，使古老的中国遭遇了前所未有的耻辱，中国的社会面貌也发生了前所未有的变化。

（1）西方势力的到来，使中国蒙受了5000年来未有之大耻辱。传统中国人的天下观是"天圆地方"，中国居于大地的中央，故名"中国"，中国与四夷（东夷、西戎、南蛮、北狄）的关系，就是宗主国与藩属国的关系，是文明与野蛮的关系，这就是所谓的"华夷之辨"。古老的中华帝国虽然在历朝历代都曾遭遇夷族的入侵，甚至在"南北朝""南宋""元朝"

第一章　反对外国侵略的斗争

"清朝"等朝代还被夷族所统治，加在一起时间不少于500年，然而，那是落后而野蛮文化对先进文化的入侵，他们虽然在军事上、政治上胜利了，但在文化上却失败了，以至于使中华文化在这个时期融入了夷族文化后而愈加灿烂。也就是说，因政治、军事失败而带来的耻辱，被因文化上的胜利而带来的荣耀抵消，中国人依然"自信如故"。然而，近代以来，在与资本—帝国主义国家的一系列战争中，中国不仅是军事上、政治上的失败，而且在文化上也是一种失败。因为，西方建立在工业文明基础上的现代文明，对中国建立在农业文明基础上的传统文明造成了前所未有的冲击。这在中华5000年历史上是从来没有过的，所以说近代西方势力的侵入，使古老的中国遭受了5000年来未有之大耻辱。19世纪下半叶到20世纪初，几乎所有的资本—帝国主义国家都侵略过中国的事实也正说明了这一点。

（2）西方势力的到来，使中国发生了3000年来未有之大变局。近代所发生的一系列中外战争，使中国统治者从"天朝上国"的迷梦中惊醒，使他们不得不睁开眼睛来重新审视自己和重新认识世界，从而改变了他们对中国自身和对世界的看法，这种改变是前所未有的。不仅如此，西方势力的到来，也全方位改变了中国社会的政治、经济、社会生活等各个方面。正如李鸿章所言："此三千余年一大变局也。"[①]

[①] 梁启超：《李鸿章传》，哈尔滨出版社2009年版，第67页。

二 反侵略战争的失败和民族意识的觉醒

（一）近代中国反侵略战争的失败

1. 如何看待清政府在近代对外战争中的姿态？

教材第一章第二节第一个问题是"反抗外来侵略的斗争历程"，主要讲到两个方面：第一个是人民群众的反侵略斗争；第二个是爱国官兵的反侵略斗争。由于教材写得较详细，本部分就略讲，请同学们通过自学来掌握。有一个问题值得同学们思考：在这100多年的战争中，中国政府（以清政府为例）扮演着什么角色呢？清政府是不是一味地在与帝国主义势力勾结，或者说清政府是不是一味地在避战求和、卖国求荣、委曲求全？关于这个问题，我们应当予以更加理性的思考。

以鸦片战争为例，林则徐的禁烟行动，引起了英国的直接武装入侵。1840年夏，英军4000余名官兵乘48艘战舰抵达并封锁了珠江口，鸦片战争爆发。在林则徐的严密部署下，广东军民严阵以待，英军见无隙可击，于是进一步北犯。1840年11月，清政府派琦善与英军谈判，由于受英军的威逼，琦善与英国代表义律拟就了一个条约，史称《穿鼻草约》，草约中包括了割香港岛给英国、赔款600万银圆等条款。当这消息传到京师，朝廷为之大震，于是在1841年1月正式对英宣战。并派皇侄奕山为靖逆将军，率兵赴广东作战。而琦善则被锁拿入京以问罪。从此时算起，到1842

第一章 反对外国侵略的斗争

年8月鸦片战争结束,清军虽然几乎每战必败,但政府的抗战仍然是这场战争的主要战场,数千名清军官兵在战争中牺牲。从宣战到数千名官兵牺牲,不能不说清政府在此战争中是有所作为的。

再以甲午中日战争为例,在第二次鸦片战争以后,尤其是对圆明园的劫掠与焚毁,深深地刺激了清政府及其幕僚。李鸿章曾指出:"今则东南海疆万余里,各国通商传教,来往自如,麇集京师及各省腹地,阳托和好之名,阴怀吞噬之计,一国生事,诸国构煽,实为数千年未有之变局;轮船电报之速,瞬息千里;军器机事之精,工力百倍;炮弹所到,无坚不摧,水陆关隘,不足限制,又为数千年来未有之强敌。"① 在这种背景下,清政府掀起了一场以"求富""求强"为目的的"洋务运动"。在军事训练方面,清政府也日益重视,在1874年日本入侵中国台湾事件发生以后,清政府终于意识到了日本崛起对中国的威胁,于是下定大练水师的决心。在1874年李鸿章的一份奏折中指出:"泰西虽强,尚在七万里以外,日本则近在户闼,伺我虚实;诚为中国永远大患。"② 他疾呼重视海防,组建北洋海军。并指出:"今日所以谋创水师不遗余力者,大半为制驭日本起见。"③ 自此之后,清政府大练水师,在北洋水师建成之后,清朝的海军的实力已超出日本海军力量,雄踞亚洲之首,排序世界第九。甲午中日战争期间,中国海陆军总兵力达80万人。清政府积极扩军备战的事实说明,清政府并不甘心坐以待毙,而是做好了应战的准备。在甲午战争中,清政府虽然在战争中节节败退,但直到1895年2月威海卫战役以后,随着北洋水师的覆没,清政府才急切地希望与日本讲和,于是派李鸿章为全权大臣,赴日谈判。这同样说明,洋务运动是清政府为了御敌于国门之外的积极行为。

纵观近代清政府主持的一系列对外战争,虽然都以失败而告终,而且几乎在每次战争中清政府都有"求和"的打算,但那也只是在技不如人的情况下无奈的选择,我们并不能因此而认为在这些战争中清政府毫无作为,把作为"国家主体"的清政府在这一系列战争中的抗战事实给忽视了。事实上是每次战争都抵抗了,而且做出了巨大的牺牲。这对推动中国

---

① 徐庆全:《洋务运动》,中国国际广播出版社1996年版,第5页。
② 李鸿章:《奏议海防折》,《李文忠公文集·奏稿》第24卷。
③ 同上。

社会的进步起到了不可忽视的作用。

2. 为什么这些战争都以中国的失败而告终？

毛泽东 1963 年 9 月在其著作《关于工业发展问题》中指出："我国从十九世纪四十年代起，到二十世纪四十年代中期，共计一百○五年时间，全世界几乎一切大中小帝国主义国家都侵略过我国，都打过我们，除了最后一次，即抗日战争，由于国内外各种原因以日本帝国主义投降告终以外，没有一次战争不是以我国失败、签订丧权辱国条约而告终。其原因：一是社会制度的腐败，二是经济技术的落后。"①

第一，社会制度的腐败。

腐败：晚清中国统治者腐朽从清朝官场生态可以观之。慈禧太后是中国的最高统治者，而大小官僚则几乎全是些八面玲珑、溜须拍马之徒。如嘉庆、道光年间长期担任军机大臣的曹振镛，在人们向他请教升官发财之术时，他竟然回答说："无他，但多磕头少说话耳。"此话传开后，竟然成为清朝官场的金科玉律，为大小官员奉为座右铭。具体事例，可从甲午战争中体现出来。1894 年 11 月 7 日，清朝的最高统治者慈禧太后 60 岁寿辰（一个甲子）。这对那些以溜须拍马起家的官僚们而言，是一个千载难逢的机会。因此，即使战争已打响，而且日军已攻陷了大连，但大小官员们考虑的头等大事不是如何抵抗外敌，而是考虑如何取悦慈禧太后的问题。而慈禧太后本人，也不希望战争搅乱了自己的好事。曾曰：今日令我不悦者，我将令其终身不悦。在这一天仍然若无其事地在宫中升殿受贺，大宴群臣，而且还让皇帝和大臣们陪坐看戏三日，不问国事。除此之外，由于给慈禧祝寿需要大量的资金，挪用了大量的军费，这也是导致甲午战争中国失败的重要原因。在战争尚未开始之前，定远、镇远两舰曾请求购置快炮十二尊，以装备舰艇，提升战斗力。但结果是，"部议以孝钦六十万寿，急需巨款，力不速而未果"。除了用于庆祝慈禧的六十大寿外，给慈禧修造颐和园也花了大量的银两，整个耗费多达 3500 万两，当时清政府每年的财政收入大概 8000 万两；另外自 1874 年至 1894 年 20 年中，北洋舰队购买军舰，以及海军官兵薪粮、燃料等费用总共不过 3500 万两。因此，有人

---

① 《毛泽东文集》（第 8 卷），人民出版社 1999 年版，第 340 页。

戏说："慈禧太后祝寿一餐就吃掉一支北洋水师"。与清政府的奢侈腐败相对照，在日本海军建立过程中，睦仁（明治）天皇多次组织大臣筹款，并且亲自带头从宫廷"内库"中拨出30万日元作为海防补助费用，使众大臣感动不已，此后官僚和民间大量捐款，来兴办军事。比较这两种截然相反的态度，似乎中国的战败和日本的战胜就在意料之中了。

保守：仅以近代中国国防工业为例。鸦片战争前，英法等西方国家的陆军已全部使用火器，海军已开始装备了速度与火力较大的蒸汽船，世界已进入到热兵器时代。但清朝统治者却故步自封、夜郎自大、因循守旧，军队训练仍然沿用老祖宗"骑射"的那一套，因而中国仍然处于传统的冷兵器时代。早在马嘉尔尼使团访华时带来的数百箱礼物当中，就有当时欧洲最先进的武器，如榴弹炮、迫击炮以及手提武器如卡宾枪、步枪、连发手枪等，但却没能引起乾隆皇帝和清政府的足够重视，没有借此学习和借鉴西方先进的武器技术而发展热兵器。此外，鸦片战争以后，林则徐、魏源等在了解"夷情"的基础上，提出了"师夷长技以制夷"，建立新式船炮水军，与敌"海上争锋"的思想；国内一度兴起了议海防、办水师的热潮；政府官员乃至民间商绅或向国外购买轮船改装为兵轮，或在国内开始仿造新式轮船。这为中国建设新式海军提供了一个有利时机。但是，由于清政府在《南京条约》签订后便"雨过忘雷"，继续实行"防民胜于防寇"的方针，将加强海防、建设船炮水军的各项举措都搁置下来了，而将主要的精力用来镇压太平天国运动。因此，中国又失去了发展热兵器的20年机遇，当第二次鸦片战争打响的时候，清军依然节节败退。又如，从1875年起清政府开始大力发展海上势力，到1888年北洋水师基本建成，同时福建水师、南洋水师也初具规模。此后，清朝当局便认为渤海门户已有"深固不摇之势"，中国海军"以之攻人则不足，以之自守尚有余"。因而，没有在已经取得成就的基础上继续发展，基本停顿了下来，才有了挪用军费为慈禧祝寿的事情发生。这使得虽然建立起了中国水师，因缺乏训练和军费投入而战斗力相对减弱，在甲午战争中失败也就成了必然。正如一位日本将领参观舰队后说："这种舰队，吨位再大也是没用的。"

愚昧：整个统治阶级闭塞无知，即使是林则徐，和当时的士大夫一样，也并不了解中国以外的资本主义世界。在初到广州禁烟时，因洋人不肯下跪，认为他们的膝盖不会打弯，而且还误以为外国人离不开中国的茶叶、大黄，认为"外夷若不得此，将无以为命"。又如，在鸦片战争中，当水师提都关天培在虎门战役中殉国以后，广州参赞将军杨芳督战，他见英军炮火猛烈且准确，认为是妖术，于是便依照民间污秽物可以避邪的传说，在全城收集猪羊血、妇人便桶摆放在城墙上，以此"镇"英军之大炮。再如，在第二次鸦片战争中，两广总督兼五口通商事务钦差大臣叶名琛也是一个典型。1856年10月当英军2000余人向虎门开进时，叶名琛既不与英军交火，也不认真分析敌情研究对策，而是通过占卜来预测结果，他相信乩语，断定英军在天黑后会自动撤退，便下令对敌船不可放炮还击。致使英军顺利闯过虎门，攻占珠江两岸炮台，向广州发起猛攻。1857年12月，英法联军再次向广州发起进攻时，叶名琛同样既不侦察敌情，又不加强战备，也不准广州军民抵抗，仍然通过占卜来推算，乩语认为"过了15日便可无事"，有这样的乩语做保证，叶名琛于是就无所畏惧了。然而，侵略军却长驱直入，抢掠白银22.7万两，叶名琛也被俘虏，并被押往印度。后人戏称叶名琛"不战不和不守，不死不降不走；相臣度量，疆臣抱负；古之所无，今亦罕有"①。此外，继平壤、黄海战役以后，日军从山东荣成登陆，李鸿章认为那是山东巡抚李秉衡的防地而置之不顾；但后来，当日军南北两路向威海南帮炮台逼近时，李秉衡也因为那是李鸿章的地盘而无动于衷。清政府从南方调来的援军又不归二李节制，于是出现了威海孤军作战的局面，最终全军覆没。这表明，在当时的中国，即使是李鸿章这样的开明之士也没有现代的民族国家观念，有的只是家族观念。这也不能不说是在这一系列战争中中国失败的原因。

第二，经济技术落后。

经济：战争仰赖于经济，战争的胜负取决于经济实力的强弱，这是一个真理。正如恩格斯所言："没有什么陆军和海军更依赖于经济前提。装备、编制、战术和战略，首先依赖于当时生产水平和交通状况。"② 就中国而言，清朝时期中国的农业经济虽然发展到了极致，但清朝人口的猛增完

---

① 陈旭麓：《近代中国社会的新陈代谢》，上海社会科学院出版社2006年版，第95页。
② 《马克思恩格斯选集》（第3卷），人民出版社1972年版，第206页。

第一章 反对外国侵略的斗争

全抵消了经济的增长。明初中国人口不到1亿,明万历年间接近2亿,鸦片战争时期超过4亿。再加上统治集团的腐败,也在很大程度上导致了国力的衰弱。在近代的一系列对外战争中,中国总是捉襟见肘,因军费缺乏而导致战备落后,官兵士气低落,也是中国失败的根本原因之一。例如甲午中日战争实际投入战争的中日力量对比,中国的实力处于明显的劣势如下表所示:

国别	数量	总排水量	平均排水量	总马力	平均马力	平均航速	炮数	鱼雷发射管数
中国	25	41200	1648	56060	2242	12.4	285	39
日本	28	59898	2139	95316	3404	14.2	370	38
比较	-3	-18698	-419	-39256	-1162	-1.9	-85	+1

技术:虽然到了洋务运动之后,清政府建设了一批军事工业,但由于缺乏技术,不仅机器设备购自外国、技术专家聘自外国,甚至原材料、零部件都仰赖外国,这不仅受制于人,而且产品质量低劣。因此,在武器装备方面清军也处于相对弱势。以枪为例,在洋务运动之前,清军广泛使用的一种叫"抬枪"的武器,虽然名叫"轻武器",但其实并不轻,枪身长达数米,重达数十公斤,作战时必须要三五个人才能勉强搬动。再以炮为例,清军大多是土制大炮,由于铸造工艺不过关,加上监造官员偷工减料、从中渔利,炮身存在许多肉眼看不见的砂眼,开炮时往往是炮弹还没有出膛就爆炸了,没有炸着敌人,反而给自己的军队造成了巨大损失。这种事件,在近代中国的5次反侵略战争中屡屡发生。即使是进口的大炮,也只是人家已经淘汰的旧货。就海军装备而言,虽然买了一批战舰,但因缺乏经费,年久失修,在战争中也往往是一触即溃。1894年9月17日,中日双方在黄海海面上激战,北洋舰队统帅丁汝昌在旗舰"定远"号上指挥作战。突然一枚炮弹击中"定远",把因年久失修而脆弱不堪的舰桥给当场震断,可怜的丁汝昌壮志未酬,从空中坠落,重重地摔到甲板上,身负重伤。

(二) 民族意识的觉醒

近代以来，世界上的帝国主义国家，几乎都曾经欺凌过中国；而近代中国的反侵略战争，从1840年反对英国侵略的战争直到抗日战争以前无不以失败、被迫接受丧权辱国的条约而告结束。我们应当怎样看待这个令人痛心的事实呢？

这些斗争虽然都失败了，但是它们都从不同的角度，对历史产生了积极的影响，推动了历史的前进。正如恩格斯所言："没有一次巨大的历史灾难不是以历史的进步为补偿的。"战争失败的事实促使一些开明的中国人开始反思中国，包括反思中国的经济、军事实力，反思中国传统的政治制度，反思中国传统的思想文化等。反思之后，便有了一系列"革新图强"之举措。这一过程，也正是中国民族意识逐渐觉醒的过程。

鸦片战争中国的失败，促使中国的一些开明之士开始注重了解世界，开始反思中国的传统。希望能找到在这场战争当中中国失败的原因，并力图设想改变这种境遇的良策。从这一时期起到甲午中日战争爆发，中国先后涌现了大批先进的爱国思想家、政治家和外交家，如林则徐、魏源、龚自珍、冯桂芬、郭嵩焘、曾纪泽、王韬、容闳、薛福成、马建忠、郑观应等。他们的一个共同点就在于主张向西方学习，不仅要学习其先进的技术，而且也要吸收西方政治、经济方面的某些学说，有的甚至还提出了反对封建君主专制，提倡"民主"或"君民共主"的主张。

如果说甲午战争之前，中国只有少数官僚、商人和知识分子已经觉醒，那么甲午战争却唤醒了整个中华民族。正如梁启超指出的："吾国四千余年大梦之唤醒，实自甲午战败，割台湾，偿二百兆以后始也。""自中东一役，我师败绩，割地偿款，创巨痛深，于是慷慨爱国之士渐起，谋保国之策者，所在多有。"[①]

因为在这之前中国是被一些西方大国所打败，这次却被看作是东方小国的小日本所打败，而且败得那样惨，条约又订得如此苛刻，这是大多数

---

① 《饮冰室合集》，中华书局1989年版，专集一第1页、文集三第67页。

第一章　反对外国侵略的斗争

人根本没有想到的，也很难再为它做出什么辩解。在《马关条约》签订的这一年，严复在天津《直报》上发表了一篇《救亡决论》，第一次响亮喊出了"救亡"的口号。此后，严复在翻译赫胥黎的《天演论》过程中，融入了斯宾塞的社会达尔文主义的观点，认识到了人类社会也是弱肉强食的事实。但他又反对斯宾塞"任天为治"的决定论观点，认为弱者通过自强，在这场生死竞争中也可以反败为胜。他指出：在世界各民族的生存竞争中，"进者存而传焉，不进者病而亡焉"；"负者日退，而进者日昌"，中华民族也不例外。在当今列强兵临城下之时，中华民族若不自强，必将走向灭亡。救亡思想的提出，是近代中国民族意识觉醒的重要标志。甲午战争以后，日本强大的事实刺激了中国人，都想到日本去看看这个曾经是中国的学生的小国为什么一夜之间变得这么强大，此后中国掀起了一股留日高潮。从1896年到1906年这十年中，留日学生人数达12000人。近代中国涌现的许多精英分子，如梁启超、孙中山等大多有留学日本的经历。之后中国资产阶级的变法维新运动和辛亥革命运动，也都是国人在这股民族意识觉醒的潮流中"图新求强"的重要事件。

促使中国的民族意识觉醒的又一个重大事件就是义和团运动。义和团运动在八国联军和清朝政府的血腥镇压下也失败了，帝国主义强迫腐朽的清朝政府签订了近代以来丧权辱国最严重的不平等条约《辛丑条约》。但是，在这次斗争中，外国侵略者看到了中国人民的力量，使它们瓜分中国的图谋不得不有所顾忌。八国联军的统帅瓦德西有这样一句评价："吾人对于中国群众，不能视为已成衰弱或已失德性之人。彼等在实际上，尚含有无限蓬勃生气……至于中国所有好战精神，尚未完全丧失，可于此次'拳民运动'中见之。""无论欧美日本各国，皆无此脑力与兵力，可以统治此天下生灵四分之一也。……故瓜分之事，实为下策。"[①] 曾任中国海关税务司长达40年之久的赫德似乎比瓦德想得更深远一些，他指出："这是一个纯粹爱国主义的自发自愿的运动，这个运动已经掌握了群众的想象力，将会像野火一样，烧遍全中国。""今天的这段插曲不是没有意义的，那是一个要发生变革的世纪的序曲，是远东未来历史的主调：公元2000年

---

① 中国史学会：《义和团》（第三册），上海人民出版社1957年版，第86、44页。

的中国将大大不同于 1900 年的中国！""外国的发号施令有一天必须停止，外国人有一天必须离开中国，而目前引起注意的这段插曲就是今天对将来的暗示。"① 赫德的预言得到了证实，2000 年的中国确实不同于 1900 年的中国，外国人不能再对中国发号施令了。赫德从他的立场对义和团运动的意义作了比较符合实际的判断。所以毛泽东下面这段话很值得我们深思：研究历史"不仅要研究胜利的历史，也要研究失败的历史。只有经过很多痛苦，才能取得经验。不要把错误认为单纯是一种耻辱，要看作同时是一种财产"②。

---

① 吕浦等：《"黄祸论"历史资料选辑》，中国社会科学出版社 1979 年版，第 146、145、151 页。

② 毛泽东：《毛泽东会见日本共产党中央政治局委员志贺义雄一行的谈话》，1961 年 6 月 21 日，《领袖论史名言荟萃》，转引自《秘书工作》2011 年第 7 期，第 17 页。

三　PBL 案例教学：如何看待帝国主义在世界范围内的作用？

近年来，有人发表文章提出如下观点：①新中国成立以后的近代史研究，在很大程度上仍然停留在对侵略者的口诛笔伐的感情宣泄上，这大大淡化了历史研究的理性色彩；②要重新评价近代西方的殖民征服，传统的关于西方殖民主义侵略造成了东方普遍落后的观点，是对历史不公正的评价，殖民侵略从根本上改变了东方历史的发展过程，为东方民族赶上现代文明提供了唯一的现实良机；③如果没有近代西方的殖民征服，中国将永远沉睡，得不到发展；④鸦片战争一声炮响，给中国送来了近代文明。

如果按照这些论述来推论，其逻辑结论就是"殖民化在世界范围内推动了现代化的进程"。事实果真是这样吗？帝国主义到底给中国带来了什么？

的确，帝国主义入侵一方面给中国带来了巨大的灾难，是近代中国贫穷落后的总根源；但另一方面，资本帝国主义的入侵也把一些资本主义先进的因素输送到中国，客观上刺激了中国的现代化。如何把握这两个方面呢？我认为我们应当要做到如下两点：一则不能因帝国主义入侵给中国带来了巨大的灾难而完全忽视其客观上刺激了中国现代化的事实；二则不能过分强调帝国主义入侵推动了中国现代化的作用而完全忽视给中国所带来的巨大灾难，更不能因此认为帝国主义侵略中国是有功的。下面分别讲述。

(一) 不能完全否认帝国主义入侵客观上刺激了中国现代化的事实

由于帝国主义入侵给中国带了巨大的灾难，所以人们对帝国主义充满着仇恨。然而，人们在仇视帝国主义的情感宣泄当中，往往完全否认近代西方资本主义东来客观上把一些先进因素输入中国的事实。这是不妥的，其实也没有必要。下面的事实就证明，一些先进的因素的确伴随着列强的枪炮和资本被输入到中国。

1. 伴随着西方列强在华资本输出，资本主义生产方式输入到中国

西方列强为了在中国攫取最大的利益，它们往往采用当时世界上较先进的生产方式、先进技术以及管理经验等，在中国投资办厂，虽然它们在中国投资的目的完全是维护其在华利益，但这些在华企业却给中国民族资本主义树立了榜样、提供了技术和经验、培养了人才，从而刺激了中国民族资本主义的产生和发展。例如，买办出生的郑观应就是一个典型：1859年进入上海英商宝顺洋行任职；1868年转任和生祥茶栈的通事；1873年受聘于英商太古轮船公司，任总理。20年的买办经历，已使他不仅掌握了现代企业的管理经验，而且成为腰缠万贯的富商。从此以后，他大量投资实业，先后参股于轮船招商局、开平矿务局、上海造纸公司、上海机器织布局等企业，推动了中国民族资本主义的发展。而他的著作《盛世危言》，也是近代中国思想界较早提出从传统到现代转型的著作，他从政治、经济、教育、舆论、司法等诸方面提出了对中国社会进行改造的方案。他的这种思想的产生，与他广泛接触近代西方文明是有紧密关系的。郑观应是一个典型，事实上中国早期民族资本主义的产生，或多或少地都受到国外资本主义的影响。这表明，随着外国在中国的资本输出，也把资本主义因素输入到中国。

2. 面对西方的冲击，国人积极回应，促使了中国现代化的发生

根据英国著名历史学家汤因比的"冲击回应"学说，在鸦片战争以后，面对西方列强的冲击，中国社会各阶级都做出了积极的回应，其中林则徐、魏源等开始"睁眼看世界"，而且提出了"师夷长技以制夷"的思

第一章　反对外国侵略的斗争

想。在这种思想指导下，中国发起了一股股革新图强的浪潮，开启了中国现代化的航船。如洋务运动、戊戌变法运动、清末新政、辛亥革命、新文化运动等，这些运动无一不是受西方文明的影响，无一不是以学习西方为目标的。这同样表明，鸦片战争以后，欧洲文明已输入中国的事实。

但是，我们必须注意到，在外国资本的强压下，中国民族资本主义并没有迅速健康地发展起来；中国早期现代化的那几次运动也相继失败，或者说成效不大。这些事实说明了那些先进的因素在中国的影响是十分有限的，相对于西方国家给中国带来的灾难和困苦，这是次要的，微不足道的。因此，不能过分夸大帝国主义入侵对中国现代化的推动作用，更不能因此而宣称"帝国主义侵华有功"。

（二）不能过分夸大帝国主义入侵对中国现代化的作用，更不能因此认为帝国主义侵略中国是有功的

"侵略有功"论，本来是侵略者为其侵略行径寻找的借口，它们认为侵略中国是给中国以恩赐，是在中国播撒现代文明因子，是在推动中国走向"正义""文明"和"进步"。正如英国学者 M. 索尔在他的文章《苏联对亚细亚生产方式的讨论》中所指出的："19世纪欧洲大多数政治经济学家认为亚细亚生产方式的特点就是停滞不前，只有西方的入侵才能带来进步因素。"[①] 日本的樽井滕吉也有类似的观点，他认为"日本进入亚洲其他国家，是帮助这些国家发展，以实现大东亚共荣"。这种论调如果出自西方列强或者日本人之口，倒很自然，但有一些中国人也大力宣扬"帝国主义侵华有功论"，这就让我们很难理解和接受了。其代表主要有李泽厚、刘再复及他们的访谈录《告别革命》。他们的主要观点是："殖民化在世界范围内推动了现代化的进程"；"没有西方的殖民征服，中国将永远沉睡，得不到发展"；"鸦片战争打晚了，如果提前到明朝，我们中国就远不是如

[①] [英] M. 索尔：《苏联对亚细亚生产方式的讨论》，《国外社会科学》1981年第3期，第69页。

此面貌";"中国要富强康乐,就得像香港那样,被先殖民化150年不为过"。①

请同学们思考一下,这些言论正确吗?如果帝国主义侵华是有功的,那就意味着近代中国人民所进行的反对帝国主义的斗争就是不应该的,中国人应该欢迎侵略者,或者甘愿接受帝国主义的侵略和掠夺。这样的结论同学们能赞同吗?的确,这种观点是严重错误的,它既无视历史事实,又无视中华民族情感,是多数有良知的中国人所不能认同的。

第一,铁的事实证明,近代帝国主义发动的一系列侵华战争和与中国签订的一系列不平等条约给中国造成了巨大的灾难。

从《南京条约》中国赔款2100万银圆到《辛丑条约》中国赔款4亿5000万两白银,中国共计赔款达13亿两白银,相当于清政府1901年财政收入的16倍,按照当时人们的一般生活水平,1两白银就是1个人1个月的生活费。

从英国割占香港到沙俄强占中国东北、西北的大面积领土,再到日本占领台湾及澎湖列岛,中国将近200万平方公里的领土为帝国主义国家所侵占。

在历次侵华战争中被屠杀或牺牲的中国军民,仅南京大屠杀就多达30万人,仅抗日战争期间就多达3500万人,整个近代中国却不计其数。

这些铁的事实证明,帝国主义侵略中国是万恶不赦的,看到这些,难道您还会认为帝国主义侵略中国有功吗?

第二,即使帝国主义入侵把一些先进的因素输入中国,但那些先进因素只是作为西方国家侵略和掠夺中国的工具和手段而被带到中国的,是侵略和掠夺的副产品,是一种不自觉的后果。更何况这些先进的因素在中国并没有生根发芽、开花结果,并没有迅速发展起来。关于这一点,马克思曾作过精辟的论述。马克思在其著作《不列颠在印度统治的未来结果》中指出:"在大不列颠本国现在的统治阶级还没有被工业无产阶级取代以前,或者在印度人自己没有强大到能够完全摆脱英国枷锁以前,印度人是不会

---

① 沙建孙、龚书铎:《走什么路——关于中国近代历史若干重大是非问题》,山东人民出版社1997年版。

第一章　反对外国侵略的斗争

收获到不列颠资产阶级在他们中间播下的新的社会因素所结的果实的。"①中国与印度一样，都遭遇了西方殖民主义的征服，西方国家在侵略和掠夺过程中把一些先进的因素不自觉地带到了中国，但这些先进因素在中国要发挥作用，就必须具备一定的条件：要么这些侵略中国的资本主义国家的资产阶级政权为无产阶级政权所取代，要么中国强大到能打碎资本—帝国主义强加于中国的枷锁，即获得国家的独立和主权。然而，这些条件在近代中国具不具备呢？"不具备。"的确，一直到抗日战争胜利，中国才第一次取得了反对外国侵略斗争的胜利，直到1949年中国才真正实现了国家的独立及主权的完整。在近代一百多年时间里，这两个条件都没有，所以这些先进的资本主义因素就不可能在中国生根发芽、开花结果。这也正回答了为什么近代中国资本主义经济十分弱小、中国资产阶级改良或资产阶级革命为什么不能成功这个问题。

　　第三，在世界范围内，殖民主义并不是推动现代化进程的决定因素，相反，殖民主义却是导致殖民地贫困与落后的重要根源。有人以香港为例说：香港不是很好吗？香港能发展成现在的水平，就是因为很早就被殖民地化。因此，中国要富强康乐，就得像香港那样先被殖民150年。

　　那咱们来看看殖民统治下的香港吧。在殖民之初，英国统治下的香港，当地商人几乎全是洋商，他们主要从事的经济活动有两项：一是鸦片贸易，二是贩卖华工。有史料的记载：19世纪下半叶，经香港输往中国内地的鸦片，每年达数万箱之多，高峰时一年达7万箱；从香港贩运往世界各地的华工，每年达几万人，累计超过200万人。富起来的只是洋人资本家，而广大的民众，尤其是在香港的华人生活十分困苦。从政治上来看，港英政府早期实行种族歧视政策，英国人几乎占据香港政府所有的高级职位。占人口绝大多数的香港华人，在政治上处于完全无权的地位。例如，华人不许涉足高级酒店和私人会所，甚至禁止在山顶一带的洋人住宅区度宿。有些法律甚至规定，华人无通行证晚间不准出门，不得举行或参加公共集会。直到20世纪50年代，英国对香港管治已达100多年了，但香港的发展水平并不高。1950年，香港人均产值才1400港元，按当时的汇率

---

① 《马克思恩格斯选集》（第1卷），人民出版社1995年版，第772页。

折算不到250美元，其经济发展水平在许多方面还比不上当时的广州、上海。有一位西方学者曾这样描述：香港直至20世纪50年代初，还是一个"穷酸破败的贫民城市"，香港的快速发展发生在20世纪50年代至70年代。香港为什么在这个时期迅速发展呢？是得益于殖民主义吗？不是，恰恰是因为第二次世界大战以后，殖民主义体系被打碎，在世界经济迅速发展的大潮中，香港也发展了起来。再一个重要原因是，战后英美等西方大国在冷战的局势下，对这些地区的扶持。"亚洲四小龙"的崛起都有这个因素。同学们思考一下，为什么有"亚洲四小龙"，而没有"非洲四小龙"？原因就在于英美等国为了对抗以苏联和中国为代表的社会主义势力，投入巨资扶持这些地区，要把这些地区扶持起来，向中国等社会主义国家证明资本主义的优越性，它们还在这些地区驻军，使之成为对抗社会主义的前沿哨所。

　　上述事实说明，香港的发展只是一个特例，其有许多特殊原因。事实上，过去的殖民地国家大多数仍然十分贫困。从1971年开始，联合国把世界各国划分为发达国家、欠发达国家和最不发达国家。时至今日，有50个左右的最不发达国家，它们大多分布在非洲、亚洲、大洋洲，这些最不发达国家没有一个不是历史上的殖民地，当年殖民主义者对它们残酷掠夺、无穷榨取是这些国家贫困与落后的重要原因之一。正像德国《民进周刊》在1999年发表的一篇文章所说的：现在世界已经没有殖民王国了，但还是有许多它们遗留下来的问题。正是这些问题导致了这些国家和地区的极度贫困。下面来看一段小录像，以再现这个过程。（插播《大国崛起》录像片段：殖民主义对非洲的掠夺）通过录像，我们不难发现资本—帝国主义国家虽然通过侵略把一些先进的因素输送到殖民地，但这并不意味着就一定能够促使这些国家和地区走向现代化并富强起来，这些因素要生根发芽、开花结果必须还要具备其他条件，其中最基本的条件就是要有国家独立和主权恢复。而在这些条件具备之前，殖民地国家所遭遇的不仅是经济上被无情掠夺，而且在政治上也失去了尊严。

第一章 反对外国侵略的斗争

四 教学小结

　　通过本章的教学，使学生认识到鸦片战争前中国已落后于西方的现实，同时认识到鸦片战争及以后一系列资本—帝国主义国家的侵略又加深了中国贫穷落后的事实。同时使学生认识到，虽然在这些对外战争中除抗日战争以外无一例取得成功，但这些战争犹如一剂猛药，打痛了中国也打醒了中国。中国也从此走上了现代化的曲折过程。尤其是对"帝国主义侵华有功论"的批判，使学生正确认识和评价近代中西势力的较量及结果。从而更加理性地认识中国近代历史。运用《大国崛起》录像片段，使教学更具有生活性和说服力。

第二章　对国家出路的早期探索

授课对象

全日制普通本科生

学时安排

4 学时

教学目的

通过本章的教学使学生了解，面对西方列强的野蛮侵略，中国人民的英勇反抗使中国在近代免于沦为完全的殖民地，以农民为主体的民众是反对外国资本主义侵略和本国封建主义统治的主力军，但是，作为小生产者的农民由于其阶级的局限，不可能找到挽救民族危亡的正确道路。被动应变的封建统治者为保留封建制度所进行的"自强""新政"是没有出路的，最终只能与半殖民地半封建社会共命运。

第二章　对国家出路的早期探索

PBL 重点

①为什么农民阶级、地主阶级和资产阶级的革命或改良举措不能救中国？中国的出路何在？

②为什么说洋务运动开启了中国的现代化？如何正确认识和评价洋务运动在中国历史上的地位和作用？

教学难点

为什么农民阶级、地主阶级和资产阶级的革命或改良举措不能救中国？中国的出路何在？

课后作业

①如何认识太平天国农民战争的意义和失败的原因教训？

②如何认识洋务运动的性质和失败的原因教训？

③如何认识戊戌维新运动的意义和失败的原因教训？

一　太平天国运动

（一）太平天国运动的起因

社会原因：阶级矛盾日益突出。与历朝历代农民起义一样，土地兼并严重、农民生活困苦是太平天国运动发生的根本原因。"封建的统治阶级——地主、贵族和皇帝，拥有大部分的土地，而农民只有很少土地，或者完全没有土地。"农民因没有土地而沦为佃农，然而佃农承担的地租又高得出奇。一般为50%—60%，最高者达80%。除此之外，鸦片战争后，根据不平等条约，巨额的战争赔款也转嫁到农民肩上，使他们在经济上愈加贫困。有史料记载，至道光二十四年（1844），清廷将鸦片战争赔款摊入广东各县正粮内每年两季带征。光绪中叶，筹措赔款，举办新政，款无所出，以田赋为人民所习惯，反抗少而征收易，于是各省纷纷正式设立田赋附加税。[①] 在这种情况下，为了生存，广大的农民兄弟不得不反抗。在太平天国运动爆发前，"抗租抗粮抗税"的反抗斗争就此起彼伏，遍及全国。仅1840年到1850年这10年中，起义事件就达100多起。太平天国运动也正是在这种大背景下发生的一场声势浩大的农民革命斗争。

---

① 郑起东：《农民负担与近代国家财政体制》，《经济社会史评论》2006年第4期，第100页。

第二章　对国家出路的早期探索

主观原因：科场失利。起义的发动者洪秀全本来是中国传统体制下虔诚的追随者，因为在"学而优则仕"的传统中国，只有通过"科场"获取功名，才被视为唯一正途，洪秀全也不例外。虽然洪秀全出身于农民家庭，但天资聪颖，志向远大。一开始他就认定了科举考试这条路，希望通过科举考试挤入仕途，从而改变命运。然而，命运之神却捉弄了他。从1827年到1843年，他连续4次参加科举考试，都名落孙山，连秀才都没考中。连续落第，对于一个生活在底层社会、急切盼望功名的农村小知识分子来说是一个莫大的打击。连连的科场失利，使他对科举考试乃至这个以科举考试为官吏选拔体制的清王朝产生了强烈的不满。满怀抱负的洪秀全于是铤而走险，揭竿而起。太平天国起义的领导者冯云山、韦昌辉也都有科场连连失利的经历，他们对传统体制的不满，成为共同起义的重要根源。

（二）太平天国运动的大致经过

太平天国（其中"国"原作"国"，"天"字的两横上长下短，1851—1864年）是中国清朝后期，由洪秀全（称号"天王"）所建立的政权，前身为1843年创立之"拜上帝会"。1851年成立太平天国，1853年建都天京（今南京），曾占领长江中下游地区，至1864年天京陷落止，计存在14年、波及的区域达18个省份，太平军在全盛时期的兵力超过一百万人（包括女兵十余万人）。有人估计太平天国运动造成约两千万人丧生。现代有人估计1850年的中国人口大约有4.1亿人，经过清军镇压太平天国、捻军及回族等起事后，到1873年人口下降至大约3.5亿人。

（三）评价：太平天国运动的意义及失败的根源

由于毛泽东领导的中国新民主主义革命在形式上是无产阶级领导下的农民运动，因此新中国成立后对中国历史上农民运动的研究成为一门显学，被认为是20世纪50年代至60年代中国古代史研究领域的五朵金花之一，包括中国古代史分期问题、封建土地所有制形式问题、农民战争问题、资本主义萌芽问题、汉民族形成问题。在这样的研究氛围中,对太平天国运动的评价褒奖有余,对太平天国运动的缺陷批判不足。因此站在今天这个历史的制高点,我们不仅要看到太平天国的正面意义,也要看到其不足之处,即负面影响。

1. 太平天国运动的意义

第一,太平天国运动是中国农民运动的最高峰。

太平天国运动历时 14 年,转战 18 个省,兵力最多时达到 100 万人。其规模之大,时间之长,参与人数之多,在中国农民运动史上皆属空前的。但说它是中国农民运动的最高峰,并不仅仅因为这些,而在于它与历史上农民运动相比较而出现的新特点,即对传统农民运动的超越,即中国历史上其他农民起义所不曾达到的高度。这种超越从太平天国运动的两个纲领性文件《天朝田亩制度》和《资政新篇》中体现出来。

《天朝田亩制度》把中国历代农民起义所提出的"王侯将相,宁有种乎""均田免粮""等贵贱,均贫富"等口号理论化、系统化,提出了一个以解决农民土地问题为中心的社会改造方案,即要实现"有田同耕,有饭同食,有衣同穿,有钱同使,无处不均匀,无人不饱暖"的理想社会。这样系统地描绘中国社会的改造方案,在过去的农民战争中不曾有过。因此,可以说《天朝田亩制度》标志着太平天国运动在革命纲领方面达到了历代农民起义从未达到的高度。

另一个重要文献就是《资政新篇》。在天京事变之后,太平天国实力大大削弱。为了维护"天国"政权,洪秀全不得不通过"封王授爵"的方式来笼络人才。其中封了大量的同姓王,洪仁玕就是其中的一位。洪仁玕是洪秀全的堂弟,来天京就任总理大臣之前曾居香港达四年之久,因而对西方资本主义制度有些许了解。在洪仁玕的施政纲领《资政新篇》中就反映了这种建立资本主义国家的设想。(请阅读教材)虽然洪秀全已过着封建帝王般的生活,但为了挽救太平天国垂危的事业,他对洪仁玕所提出的这些方案基本上是完全赞同的。他曾对《资政新篇》作了多达 31 条的批注,其中大部分批注是"此策是也"。《资政新篇》的先进性得到了曾在美国接受过高等教育的被誉为"中国留学生之父"的容闳(1847 年赴美留学,后考入耶鲁大学,1854 年毕业,被认为是毕业于美国大学的第一个中

第二章 对国家出路的早期探索

国留学生;在洋务运动中,他也曾倡导并派遣了中国第一批官派留学生赴美国留学)的赞同,容闳曾寄希望于太平天国通过《资政新篇》的实施来改造中国社会,1860年他曾前往太平天国的首都天京,与洪仁玕讨论太平天国的事业方案。容闳提出了"组织良好军队、设立武备学校及海军学校、建立有效能的政府、颁定教育制度"等七点建议,其内含与《资政新篇》大体相同而又互为补充。这个事实表明,作为一个农民阶级的政权能提出《资政新篇》这样的资产阶级建国方案,已是十分难能可贵了,这也是中国历代农民起义的领袖们不可能达到的高度。

有的学者因为《天朝田亩制度》和《资政新篇》在太平天国历史上都未曾真正实施过,而否定其价值。我觉得这样的评价有失妥当,虽然不曾实施过,但与中国历史上的农民起义比较来看,已是莫大的进步了。

第二,给清王朝以沉重的打击,客观上加速了封建君主专制的终结。

虽然太平天国运动在起义后不久就很快封建化,而且在许多方面比清王朝的封建性还要浓厚,但这场运动对清王朝的打击却是十分严重的,使其大伤元气,促使其迅速走向衰弱乃至最终灭亡,也加速了封建专制主义的终结。例如:前期清军在镇压太平军时节节败退,甚至清军培植的八旗绿营军几乎全军覆没,要不是湘淮集团的崛起,清军已无力镇压太平天国运动了;中国社会也因为战争而日益凋敝,持续数十年,从而也削弱了清政府的统治基础;国外势力趁机深入,加深了清王朝的统治危机;等等。

第三,在一定程度上加速了中国的"现代化"进程。

中国的早期现代化(早期工业化)准确地说是从洋务运动开始的,而太平天国运动正是洋务运动的"催生婆",因为洋务运动是为了镇压太平天国运动而产生的。我们可以认为,清末现代化是从军队现代化开始的。

现代化军队:在初期镇压太平天国运动的斗争中,以八旗、绿营为主体的清军不堪一击,简直溃不成军。尤其是1856年和1860年,负责围攻天京的清军"江北大营"和"江南大营"相继被太平军攻破,标志着清朝绿营军时代的终结。与此同时,一些地方官吏为了维护自身利益已开始购置武器、编练民团以对抗太平军。随着这股势力的壮大,清政府看到了希望,并对这股势力加以利用,鼓励各地方官吏加紧团练。在这个过程中诞生了中国第一批现代化的军队,如曾国藩的湘军、李鸿章的淮军。曾国藩在建设湘军过程中，很大程度上受到太平军的启发。因为，太平军随着胜利的推进和财力的增长，不断装备了舰船和枪炮等西式武器。例如太平天国苏州驻军当中就有四分之一的人配备了步枪或来复枪，还设立了专门修理西式武器的洋枪馆。此外，还聘请外国人充当军事参谋等。曾国藩在创建湘军的过程中，就是基于太平天国的先进武器，而有针对性的购买先进武器来装备的。曾国藩的湘军和李鸿章的淮军都是由现代西式武器装备起来的现代化军队，史称"湘淮集团"。

洋务运动：随着"湘淮集团"的崛起，各地方督府势力纷纷形成了地方督府专政的局面。清政府虽然担心这些地方势力的崛起会威胁其皇权，但迫于太平军的压力，又不得不与他们合作，以利用他们的力量来镇压太平天国运动。在这种背景下，曾国藩、李鸿章、左宗棠等人凭借其军事优势逐渐掌握了地方的军政财大权，为日后开办"洋务"创造了良好的条件。由于单从国外购买枪炮不能满足湘军建设的要求，曾国藩决定自己开兵工厂制造枪炮。1861年，曾国藩建立"安庆军械所"，以制造洋枪洋炮，从而打开了中国洋务运动的序幕。1863年，李鸿章也建立了"苏州枪炮局"，以制造洋枪洋炮。到1864年，湘军淮军使用洋枪的比率已达到80%以上。自安庆军械所建立以后，直到19世纪90年代，这是中国洋务运动的辉煌时期。由于军事工业不能孤立地发展，它必须与能源、交通运输、人才培养等结合起来，因此在洋务运动后期，民用工业、交通通信事业、新式教育事业等也纷纷发展起来。

上述中国军事现代化以及洋务运动的兴起，都是在太平天国运动的刺激下发生的。所以这也可以理解为是太平天国运动的意义所在。即太平天国运动在一定程度上推动了中国的现代化进程。

2. 太平天国运动失败的根源

作为一个历史事件，它的发生发展都是有许多原因的，包括外因和内因。就太平天国运动失败而言，晚清"湘淮军事实力"的迅速崛起以及西方势力的干涉是其失败的外因。但决定太平天国运动失败的根本原因在于内因，即太平天国自身的问题导致了它的失败。

第一，太平天国统治集团的腐败

太平天国运动因为制定了《天朝田亩制度》而被定义为一场农民革

第二章 对国家出路的早期探索

命,在传统的"革命史范式"中,革命性是正义性的代名词,从这一称呼上可见人们对这场运动大多是持褒扬态度的。但这个制度就从来没有实施过,因而它所设想的那种"无处不均匀、无人不饱暖"的理想社会也只能是幻想,只等人死后到天国才能够真正变成现实。相反,从太平天国运动的实践来看,它并不是以真正解放农民、改变中国社会性质为目的,而在于建立一个洪氏封建王朝。有人评价:"洪秀全建立的这个洪氏王朝,与过去的满清王朝相比,不仅更加专制与封建,而且还表现得更加愚昧、更加落后、更加残酷。"从如下例子可知:

1851年,太平天国在永安封王时,就确立了严格的等级制度。如当时颁布的《太平礼制》就是以天王诏令的形式规定了从天王到普通士兵之间森严的等级制。如天王洪秀全万岁,东王杨秀清九千岁,西王萧朝贵八千岁,南王冯云山七千岁,北王韦昌辉六千岁,翼王石达开五千岁等。君臣上下之间,在称呼、服饰、仪卫车马等方面都有严格的区别,例如:天王出行,要三呼万岁!万岁!万万岁!且要乘64抬的大轿;而东王出行,要乘48抬大轿,而且规定,东王驾出,如各官士兵,回避不及,当跪于道旁,如敢对面行走者斩首不留。就连娶妻纳妾的数量也按等级有严格规定:如天王诏旨定,东王西王各十一妻,南王等各六妻,高级官员三妻,中级官员二妻,低级官员以及其余人等各一妻。自高而低,依级递减,上多下少,切莫妒忌。就连小天王洪天贵,由于其特殊身份,在9岁时就有妻妾4人。

在定都天京以后,天王、东王等诸王纷纷大兴土木,营造自己的王宫,为了修建天王府,由于城外被清军封锁,没有建材,于是拆除明故宫来提供所需的建材,修建极其奢华,据说连痰盂、溺器等都是黄金做的。天王府修建好以后,直到太平天国运动失败,他几乎很少离开过天王府,整天过着奢侈和腐化的生活。洪秀全还没有公开造反时,就有妻妾十余人。永安突围时,就增加到36人,建都南京以后,更是大肆选美,豪华壮丽的天王府里美女如云。由于妻妾众多,以至于他无法叫出名字,所以他只能用数字来编号,如第三十妻、第八十一妻,等等。相比之下,爱好声色犬马的咸丰皇帝只有18个妃嫔,比天王洪秀全少多了。其荒淫腐朽的程度与历朝历代的帝王相比,有过之而无不及。

第二，太平天国统治集团的内部矛盾和斗争

在资本主义制度下，追求享乐首先要夺利；在封建体制下，追求享乐的关键在争权。由于太平天国运动建立起来的政权实际上是一个封建性质的政权，所以权力的争夺就在所难免。1856年的天京事变，东王杨秀清（九千岁）凭借自己是天父的代言人的身份，要求洪秀全承认他也是万岁，这实际上是对洪秀全的天王之位提出了挑战。杨秀清何以取得天父代言人的资格的？1847年与洪秀全一道去广西传教的冯云山被地方团练武装抓获并关押在桂平县衙，洪秀全为营救他离开紫荆山，当时面临疾病流行和官府搜捕，群龙无首，惶惶不安，于是杨秀清以巫术的形式，突然倒地，后来口吐白沫，发呓语。以天父代言人的名义，劝导信徒安定团结，克服困难等，这种做法十分有效，稳定了军心，鼓舞了士气。从此以后，杨秀清就获得了太平天国运动精神领袖的身份，每当天父发言时，洪秀全就得跪地听旨。直到1856年7月，在打败清军江南大营之后，杨秀清更加居功自傲，不满足于九千岁了，于是又以天父的名义，要洪秀全承认他为万岁。这实际上是向洪秀全的绝对权威提出挑战。在此背景下，洪秀全借助北王韦昌辉的手杀了杨秀清全家并对杨秀清的势力进行了清洗。据估计，韦昌辉此次杀死两万余人。事后，洪秀全担心韦昌辉势力过大，对自己造成威胁，于是又对韦昌辉势力进行了清洗。失望之极的翼王石达开选择了离家出走，然而在大渡河又被清军剿灭。从此，太平天国势力开始转向衰弱。

第三，太平天国统治集团的愚昧

愚昧之一，带有邪教的性质。太平天国建国的基本组织是拜上帝教，以宗教作为斗争的武器，但这并不是纯正的基督教，而只因早年读了一位美国传教士卫三畏1833年在中国编印的《圣经》小册子，吸收了其中关于"生来平等"的某些教义。西方基督教势力最初还支持洪秀全，认为这是在中国传教的胜利。但当他们真正了解到拜上帝会的教义以后，便抛弃了洪秀全。因为他们无法容忍耶稣在遥远的东方还有个弟弟叫洪秀全。因为洪秀全称耶稣为天兄，称上帝为天父。而事实上，拜上帝教的教义带有很浓的迷信色彩。如：凡入上帝教，财产悉归圣库，男女分开居住，夫妻相见乃至同床，也要得到批准。这只是对普通教徒的规定，而天王、诸王能随意支配财产，拥有三宫六院，过着穷奢极欲的生活。而且还规定，谁

第二章　对国家出路的早期探索

的妻子有姿色,作为上帝教的信徒,必须无条件地把妻子贡献给天王。这让我们很容易将其判断为邪教。

愚昧之二,屠杀。1853年,洪秀全进驻南京,进行了大屠杀。凡满清官员、满族百姓、知识分子、僧尼道士、商人,不分男女老幼统统杀掉。城破之后,一个30余万人口的大都市只剩下万把人,几乎成了一座空城。这个历朝古都的文物古迹被严重毁坏,诸子百家、历代书籍都遭禁止、焚毁,比秦始皇还要彻底。这不仅是对生命的屠戮,也是对文化与文明的毁灭。

愚昧之三,军事上的固执。1863年苏州陷落以后,忠王李秀成便向洪秀全提出"让城别走"的建议。但是,洪秀全"断然拒绝放弃首都之议",洪秀全甚至责备说:"朕奉上帝旨意,天兄耶稣圣旨下凡,作天下万国独一真主,何惧之有?……朕铁桶江山,尔不扶,有人扶。尔说无兵,朕之天兵多过于水,何惧曾妖者乎?"可见,洪秀全已被宗教迷信所束缚,不懂得凡是处于劣势地位的军队,在强敌进攻面前,保存实力的基本原则。

愚昧、腐败,以及由此而来的内讧,给太平天国政权带来的最明显的外在恶果,便是对广大群众失去吸引力。军民们看到"贫富悬殊"及"自相残杀"的事实,与"均平"和"普天之下皆兄弟"的宣传完全相反,很快出现士气低落的局面。表现在军事上,太平军初期能以少胜多,后期虽扩兵到百万众,却敌不过总数不足20万的湘淮军,而且还屡屡有数以万计的官兵集体投降的事件。在太平天国控制的区域,新的民变事件又此起彼伏。

上述三个方面说明,太平天国运动失败的最根本原因,还在于自身的愚昧与腐败。

二　洋务运动

（一）洋务运动的历史背景

1. 世界资本主义潮流的冲击（来自外部的刺激）

马、恩《共产党宣言》："资产阶级，由于一切生产工具的迅速改进，由于交通的极其便利，把一切民族甚至最野蛮的民族都卷到文明中来了。""它迫使一切民族——如果他们不想灭亡的话——采用资产阶级的生产方式；它迫使它们在自己那里推行所谓文明制度，即变成资产者。"[①]

鸦片战争以后的中国面临着西方文明的挑战，在这种挑战面前，中国要想不灭亡，只有学习西方。这是广泛存在于中国士大夫阶层中的一种忧患意识，这种忧患意识起因于对西方现代化的军事实力的忧惧心理。如湖北巡抚胡林翼在与湘军曾国荃会剿安庆的太平军以后，在回湖北的途中，猛然看到两艘游弋于长江上的洋人的军舰，迅如奔马，逆江而上，胡立即变色不语，勒马回营，并在中途呕血，几乎堕下马来。他原有病，经这一刺激病情加重，数月之后郁郁而死。这说明这类封建士大夫已敏锐地察觉到西方列强的军事实力已远非中国清廷军队所能比，他们不能不为大清帝国的未来担心。

---

① 《马克思恩格斯文集》（第2卷），人民出版社2009年版，第35页。

第二章 对国家出路的早期探索

的确，西方势力的到来给中国带来了巨大变化。李鸿章认为西方势力东来给中国的冲击"是三千年来未有之大变局"；曾纪泽称这是"五千年来未有之大变局"；张之洞则说是亘古未有的奇变。

如何应付变局，作为中国的士人，先师孔子的弟子，他们自然要到儒家传统中寻找理论根据。周易的《易传》有这样一句话："天行健，君子以自强不息。"即认为"宇宙是不断变化的，君子也应仿效天的运行不止，刚建自强"。至于"自强"的途径，他们有不同的表述。如李鸿章在一封信中说："不得已舍陆登舟，用夷变夏……图在后与之为无町畦，而求自强之术耳。"[①] 奕䜣说："治国之道在乎自强，而审时度势，则自强以练兵为要，练兵又以利器为先。"[②] 曾国藩说："欲求自强之道，总以修政事、求贤才为急务，以学作炸炮、学造轮舟等具为下手工夫。"[③] 虽然他们关于"如何自强"的具体表述有所不同，但在"师夷"，即学习西方这一点上是一致的。

2. 太平天国运动对清政府的打击（来自内部的打击）

随着太平天国运动的发展，清政府的部分官僚（如奕䜣、李鸿章等）逐渐感到外国侵略不过是"肢体之患"，太平天国革命才是"心腹之害"。因此，他们主张学习西方"船坚炮利"，用西方近代的军事装备和工业技术来强化中国的封建制度，以维护清王朝的封建统治。

在上述背景下，在中央和地方都出现了一批主张兴办洋务的代表，如奕䜣、文祥、曾国藩、李鸿章、左宗棠、张之洞等。他们在"求强""求富"的口号下，从19世纪60年代至90年代间举办了一系列的所谓洋务事业：兴办近代企业、建立新式军队、创办新式学堂、派遣留学生等。这一兴办洋务事业的运动，被称为"洋务运动"。

（二）洋务活动与洋务企业的性质

（1）洋务活动：创办新式军事工业和民用工业、创建新式陆海军、兴

---

① 《李文忠公全集》。
② 《统筹全局折》。
③ 《曾文正公全集》。

办新式教育、派遣留学生等。（请阅读教材）

（2）洋务企业的性质：是封建性质的企业还是资本主义性质的企业？这些洋务企业的创办形式包括：官办、官督商办、官商合办等。这类新式企业的经营方式主要是资本主义的，但在管理上又有浓厚的封建色彩，因此具有资本主义和封建主义的双重特性。

其资本主义特性主要表现在：从生产力状况看，都采用机器大生产，工人是出卖劳动力的雇佣劳动者，工资是按技术的高低而决定，这都是资本主义生产的主要特点。经费最初完全依靠清政府的财政拨款，产品也由政府支配，但到19世纪80年代以后，产品开始投放市场，由买方出资购买产品，即使有政府调拨，也是以"计价"的方式调拨。这也具有资本主义市场经济的某些特征。

封建性主要表现在：体制上采取封建衙门式的管理方法，设总办、会办、提调若干人，类似官场，并且受总督、巡抚的领导和总理衙门的节制，使企业成为政府的一个分支部门，必然引起机构臃肿、冗员充斥、贪污中饱等现象。

（三）洋务运动与中国早期现代化

在新中国成立初期的史学界把洋务运动看作是封建统治者的一次自强运动，贬斥多于肯定。但近年来，把洋务运动看作是开启中国早期现代化的重要标志，已成为学界共识。那么洋务运动与中国早期现代化的关系如何呢？

第一，洋务运动是近代中国向西方学习的第一步

在近代，向西方学习的重要内容之一就是资本主义工业化道路。就如何发展中国的现代工业问题，不同的阶级、不同的政治代表人物都从事过探索。因为中国没有一个强有力而独立的资产阶级，所以从西方移植资本主义生产方式的事业在其初期阶段便不能不依靠从封建阶级当权部分分化出来的开明派（即带有资本主义倾向的封建官僚）来承担。在当时，只有这些人有条件、有力量从西方引进新式的军事装备，引进机器生产，引进科学技术，从而在封闭的封建殿堂打开缺口。没有这一步，就不会有戊戌

第二章 对国家出路的早期探索

变法、辛亥革命和新文化运动的第二步、第三步。历史是一环紧接着一环的。

第二，洋务运动为中国近代私人资本企业的发生建立了基础

中国封建社会内部已孕育着资本主义萌芽，但始终没有发展到具有独立性格的程度，而外国资本主义的入侵又扼杀了中国资本主义独立发展的前途。在这种情况下，洋务运动首先建立了中国最早的一批近代企业，这些企业的建立，冲破了封建顽固势力的堤防，它引进了西方的先进技术和机器设备，培养了先进人才。在当时的条件下，没有洋务派的引进和提倡，古老的中国要出现这些先进设备，不知要推迟多少年，所以洋务运动为私人资本主义的发生发展清除了某些障碍，至少在观念上使中国的传统势力不那么反对与阻挠。

第三，洋务运动冲击了中国的传统价值观念

现代化是一个社会变迁的过程，引进西方先进技术发展现代企业，不仅仅是经济上的变化，而且还是一个文化变迁的过程。洋务运动引进了机器和技术，但随着这些机器技术的引进，西方价值观念以及与市场经济有关的理念也传到了中国。洋务派提出学习西方"以制器为先"，这就说明他们已经开始承认自己不如西方了，这对中国传统的"坚夷夏之防"的价值观念是一个巨大的冲击。中国传统价值体系中还有一个观念是"贵义贱利""重农抑商"的传统。然而，洋务派却提倡"重视工商业""义利并重"等观念，认为对国家有利就是正当的，从而开化了社会风气。

我们肯定洋务运动对中国现代化的作用，就是肯定它在工业化及文化变迁方面第一步的作用，但洋务运动并不是完全意义上的现代化。从世界现代化的角度看，社会变革是一个包括社会各个方面的整体变迁过程，当物质层面的变化发展到一定程度以后，必然要求体制和制度的变化，要求第二步和第三步，洋务运动难以做到，所以完成不了现代化的任务。我们虽然不能说它失败，但至少可以说是不成功的。

（四）洋务运动不成功的原因分析

第一，"中体西用"的指导思想不正确

社会变革是一个包括政、经、文三个层次的整体变迁过程。然而洋务派却奉行"中学为体，西学为用"的指导思想。认为中国的伦理纲常是十分优越的，而只是在技术方面不如西方。因此，要在保持中国传统体制、传统的伦理纲常的基础上，学习西方的技术或引进西方的器物。这种仅在器物、技术方面学习西方，想在中国封建制度的母体上嫁接西方资本主义生产方式，难免会产生矛盾。即"西用"中现代化机器大生产所要求的自由平等且充满竞争的氛围，要随着市场的变化做出灵活反应，然而"中体"所能提供的却是一种僵化保守的环境，两者之间发生冲突是在所难免的。严复曾批评"中体西用"的关系，仿佛"牛体马用"的关系，也就是咱们日常生活中所说的"牛头不对马嘴"。

第二，缺乏现代化常识和管理经验

例如汉阳钢铁厂，曾经是亚洲最大的炼铁厂，被誉为"华夏钢源"。但它的命运如何呢？张之洞在两广总督任上还不知道什么地方有煤矿，什么地方有铁矿，就贸然决定在广东建立钢铁厂。幸而他调任到湖北，广州铁厂也随之迁到湖北，选址汉阳（据说是基于"督察之便"），在不远的大冶找到了铁矿，条件比广州好多了。他向英国订购炼钢炉，负责在英采购的驻英大臣刘瑞芬告诉他，要先化验铁砂，才能决定用什么样的炼钢炉，他答复说："中国之大，何处无煤铁佳矿？但照英国所有者购办一份可也。"[①] 结果，买来的三座炼钢炉中的两座酸性转炉，不适合。汉阳铁厂开工时，铁矿来源虽然有了，炼焦煤却尚无着落，仍在到处寻找。在湖北境内找到了两处可用的煤，但储量很少，又没有机器开采。由于煤供应不上，生产时常陷于停顿，只好高价购买北方开平煤矿的煤和外国进口的焦煤。这是汉阳铁厂初期运转不畅、效率低下的重要原因。

第三，顽固派的反对与阻挠

洋务派在封建统治集团中只是少数。洋务派和顽固派都是从中国封建统治集团中分化出来的。其中洋务派主张仿效西方资本主义生产方式来达到"图强""求富"的目的；而顽固派则死抱住封建教条，坚决反对学习西方和兴办洋务。在洋务运动期间，洋务派与顽固派经常展开争论，最激

---

① 吴杰：《中国近代国民经济史》，人民出版社1958年版，第375页。

第二章　对国家出路的早期探索

烈的有两个问题：一是 1867 年（同治六年）围绕同文馆的争论；二是关于修筑铁路的争论。

　　北京同文馆于 1862 年由总理衙门设立，最初的目的是训练中外交涉所需的外语人才。但洋务派很快发现仅有语言人才是不够的，学习西方的制造技术，必先学习基础理论，于是在 1867 年提出设天文算学馆，学习外国史地、数理化、机器制造等课程。招生方面，奕訢和文祥上奏建议鼓励有举人、贡生甚至进士资格的人报考，并建议，学习之后还可"格外优保"，得到升官机会，但同文馆很快招致了顽固派的反对，认为有伤国体，招致了一场论战。顽固派的一个著名代表内阁大学士倭仁上奏说："窃闻立国之道，尚礼义不尚权谋，根本之图，在人心不在技艺"，在他们的眼光里，科学与技术简直就是异端的"邪说"，还说学习技术是"奉夷人为师"，是卑鄙之至。慈禧太后当时是站在顽固派一边，公布了倭仁的奏折，在北京士大夫中起了极大的作用，有不少人顾虑会被耻笑而不报考了。后来虽也招了第一批三十名学生，但素质较差，仅五人毕业。

　　1880 年，前直隶提督刘铭传在《奏请筹办铁路折》中奏请修筑两条铁路：一由清江（江苏淮安）经山东至北京；一由汉口经河南达北京。认为"铁路之利于漕务、赈务、商务、开矿、旅行、财政、用兵等"。此主张一提出，立即遭到顽固派的反对，他们指出修筑铁路有许多弊端：洋人可乘铁路到处往来；毁坏田亩、房屋、坟墓；会使轮船倒闭；"震动地脉""破坏风水"。他们把修铁路说成是"嬉戏无用之举"，总之，认为修铁路害多而无利。1889 年，李鸿章着手筹办津通（天津到通州）铁路，顽固派更是坚决反对，认为要把铁路修到北京附近，那怎么得了，可谓"举朝骇然"。各地将军督抚中反对修铁路者十居八九，遂使津通铁路不能修筑。虽然 1881 年从唐山到胥各庄的唐胥铁路正式通车，但该铁路经过清东陵，由于担心机车的轰鸣会震动地脉，不得不废除机车作为牵引而改用马拉。马拉火车真实写照了洋务运动在中国的命运。

三　戊戌变法

（一）维新运动的发动

1. 公车上书，拉开运动序幕

1895年4月底，正在北京参加会试的康有为得知《马关条约》的内容，大为震惊，他联合在京应试举人1300多人，上书光绪皇帝，痛陈民族危亡的严重局势，提出了拒签和约、变法图强的主张，这就是著名的"公车上书"。该上书反映了当时爱国救亡的要求，维新变法思想因此在全国迅速传播。

2. 组织团体，网罗精英人才

为了推动变法的进行，康有为首先制造舆论，组织团体。1895年11月，他在北京创办《中外纪闻》报，组建了强学会，到1898年上半年，全国各地维新派设立这类报馆、学会、学堂、书局有300多所。在宣传维新变法思想过程中，涌现出梁启超、谭嗣同、严复等著名的资产阶级思想家和宣传鼓动家。他们以西方资产阶级的社会学说和政治理论为思想武器，与当权的洋务派和顽固派展开了激烈的论战，宣传维新变法、图存求强的主张，推动了变法维新政治运动高潮的到来。

3. 多次上书，得到皇帝信任

1897年11月，德国强占胶州湾，民族危亡更加严重。康有为上书光绪帝：若再不变法，恐皇上和诸臣求为长安布衣而不可得矣！1898 年 1 月，康有为呈上《应诏统筹全局折》，提出三条纲领：（1）大誓群臣，以定国是；（2）设待诏所以广开言路；（3）设制度局以定新知，并敦促光绪帝从速变法。光绪帝在内忧外患及帝党与后党之间矛盾日益尖锐的情况下，为了维护其统治，决心支持变法。

（二）维新运动的开展

1898 年 6 月 11 日，光绪帝颁发了明定国是诏书，宣布实行变法，推行新政。在其后短短的 103 天里，陆续颁布新政诏书、谕令 180 多道，其主要内容有：政治方面，允许官民上书言事；改定律例，裁撤冗员，澄清吏治。经济方面，保护和奖励工商业的发展；设立农工商总局和矿务铁路总局；改革财政，编制预算决算。文化教育方面，提倡西学，兴办学堂；废八股改试策论；设立译书局，派人出国留学等。军事方面，整顿军队，裁减绿营及冗兵；改变武举考试制度；筹办兵工厂，添设海军。此外还有取消满人特权，准其自谋生计等等。

（三）维新运动的失败

这些所谓新政，既没有触及封建制度的根基——地主阶级的土地所有制，也没有议院、国会、宪法等新式政治上层建筑，但即便是如此枝节的改良，仍被以慈禧太后为首的旧势力所不容。

1. 慈禧太后控制用人大权

在光绪帝"下诏"的第四天，慈禧逼迫光绪一日内连下三道谕旨，将光绪帝的老师翁同龢开缺回籍；规定新授二品以上职务的文武大臣要谒见慈禧太后，当面谢恩；任命荣禄为直隶总督，统帅北洋诸军。这样，慈禧太后实际控制了整个局势。光绪所能做的，仅是委任康有为为总理衙门"章京"上行走，并准其专折奏事；任命谭嗣同、刘光第、杨锐、林旭为军机章京，参与新政。变法诏书大都成为一纸空文。

2. 袁世凯告密促发政变

9月中旬，当光绪得知慈禧、荣禄在策划政变，帝位难保时，他忙于求救于维新派。维新派赤手空拳，只得向帝国主义求援，但毫无结果。最后，谭嗣同夜访袁世凯，求他杀荣禄以挽危局。袁世凯当面应允，转身即向荣禄告密。荣禄连夜从天津赶到颐和园。次日凌晨（9月21日），慈禧发动了政变，囚禁了光绪皇帝，再次垂帘听政。从光绪皇帝下诏变法到慈禧太后再度听政，前后共计103天，所以史称百日维新。

3. 戊戌六君子血染菜市口

接着慈禧太后下令捕杀维新党，罢免、放逐大批参与维新或倾向变法的官员；废除各项新法，恢复旧秩序。康、梁分别亡命香港、日本。当友人劝谭嗣同避难出走时，这位激进的维新志士慷慨陈词："各国变法，无不从流血而成。今中国未闻有因变法而流血者，此国之所以不昌也。有之，请自嗣同始。"9月28日，他和康广仁、林旭、杨深秀、杨锐、刘光第被杀。临刑前，他高呼："有心杀贼，无力回天，死得其所，快哉！快哉！"表现了爱国维新志士舍生取义、视死如归的英雄气概。后人称他们为戊戌六君子。政变之后，除京师大学堂被保留下来之外，其余各种新政措施全被取消。戊戌变法宣告失败。

（四）维新运动的历史意义

戊戌变法虽然失败了，却有着重要的历史意义。

第一，是应对中华民族危机，实现民族自存自强的积极举措。甲午战败，中华民族已滑到灭亡的边缘。（1）两亿两白银加上赎辽费3000万两白银，相当于清政府年财政收入的3倍，使清政府国库更加空虚，使中国百姓更加困苦。（2）台湾及澎湖列岛被割占，沙市、重庆、苏州、杭州等长江流域港口的开埠，打开了日本和西方国家进一步侵略中国的大门。此后，英、法、德、俄、美等国掀起了瓜分中国的狂潮，山河破碎，列强横行，中华大地遭受着前所未有的践踏。（3）甲午战争后，列强对华实行更大规模的资本输出，肆无忌惮地进行经济掠夺。而与中国相比照，日本却把中国的巨额战争赔款的85%用于发展军事，其军事实力迅速提升，再加

第二章 对国家出路的早期探索

上已占据台、辽等中国门户,随时可以侵犯中国。中国遭遇了前所未有的威胁,这些都标志着中华民族已滑到了灭亡的边缘。光绪皇帝深深感受到了此次战争及马关条约所带来的耻辱与刺激,痛感国事危难、危在旦夕,并表示"若不变法图强,社稷难资保守"。戊戌变法就是在这样的背景下发生的,因此可以说戊戌变法是一次挽救民族危亡的自强运动。

第二,是中国资产阶级救国方略的一次全新尝试和大胆实践。从这次变法的主要内容看,是一次完全意义上的资产阶级变法维新运动,涉及政治、经济、军事和思想文化各个领域,其目的是要让中国走上君主立宪制的资本主义发展道路。尽管只坚持了103天,尽管多数变法内容被顽固派终止。但也取得了一些成就,例如现代化的教育机构京师大学堂得以保留;中国人民取得了一定程度的言论、出版、集会、结社的自由;民族资本主义工业第一次获得法律上的承认;资产阶级思想得以广泛传播。这些都为日后中国资产阶级革命及中国现代化的进一步发展起到了铺垫作用。

第三,是中国迈向现代化的重要步骤(从器物到制度层面)。现代化应当是全方位的,通常包括三个层面:器物层面—制度层面—观念层面。如果说洋务运动只是器物层面这样浅层次的现代化,那么戊戌变法运动则上升到更高层面,即制度层面的现代化。这也是中国现代化向前迈进的重要标志。

(五)维新运动失败的原因和教训

总体原因:中国资产阶级的软弱及中国封建顽固势力的强大。中国资产阶级虽然是在外国在华资本主义和本国洋务运动的刺激下发展起来的,但由于资本主义经济的弱小,因此没能成长为一个强大的资产阶级。在改革中,他们虽然代表着新生产力,但与旧势力相比,却仍然显得"势单力薄"。与之相反,传统社会的既得利益者,他们的势力盘根错节,根深蒂固,而且有慈禧太后这个最高权威做依靠。当他们的利益在改革中不被影响时,可能支持改革,至少不反对改革。一旦他们意识到其既得利益受损,他们将会走向改革的对立面,最终阻碍改革的进一步推进。而事实上戊戌变法的失败很大程度上是这股传统势力的阻挠而导致的。

戊戌变法失败的具体原因：

第一，变法操之过急，许多法令流于形式，大量问题无暇应对。

改革与革命的区别：改革是自上而下、循序渐进的过程，犹如和风细雨；革命是由下而上、迅速变革的过程，犹如疾风骤雨。如果改革过于急躁，难免会造成现有社会秩序的巨大震荡，会引起人们的疑虑或恐慌，最终导致改革失败。例如翁同龢就认为，"变法宜慎"，必须"平和""稳妥"，方能"以平和剂群嚣"。否则"变革太骤，亦恐贻忧"。张謇也主张变法应"在不流血、不纷争的状态范围以内，循序改进"，变法是"平和、中正、渐变的改进"。

然而，戊戌变法却不是如此循序渐进，而是激进、是冒进。在短短103天的时间内，就发布了184条变法诏令，平均每天颁发1.7条，最多者，为9月12日，一天中就颁发了11条变法谕旨。这184条谕旨，涉及选拔人才，农工商业、裁汰官员、废除科举、财政经济、法律制度、文化教育、军事国防等各个方面。其中一些措施颁布以后引起了巨大的震荡，但却由于事前缺乏周密考虑而无法妥善处理，社会出现了混乱；又由于变法条文太多，令人目不暇接，许多条文最终只是一纸空文，没法付诸实施。这样一来，人们不仅看不到变法的实效，反而引起了官僚集团内部的恐慌。因而，反对变法的呼声高涨，在强大的阻力面前戊戌变法最终走向了失败。因此，李提摩太认为这次变法"败于激烈，过于急进"。

第二，变法树敌太多，触犯了多数派的利益，使官僚集团内部反对变法者占多数。

按照政治学的观点，任何性质的政治改革，无论是出于主动，还是出于被动，现有的政治领导层始终是改革的主体。[①] 这就是说，维新变法理应以清政府现存官僚集团为主体，至少也要动员其中的大多数。正如亨廷顿所言："改革者所关切的关键问题是动员新兴集团参与政治的速度和顺序。改革者必须设法控制和引导这一进程，以确保在每一时期和每个问题上他的支持者都要超过他的反对者。"[②]

[①] 王浦劬：《政治学基础》，北京大学出版社1995年版，第402页。
[②] ［美］亨廷顿：《变化中的社会政治秩序》，三联书店1997年版，第326页。

第二章　对国家出路的早期探索

事实上，甲午战争后清政府的官僚集团多数人都有"刷新弊政、变法图强"的主张。例如，李端棻大倡改革科举，引进西学；荣禄、胡燏棻大倡改革军制，编练新军；翁同龢还建议发行昭信股票，以解救财政之困窘。这些主张，无不与维新派的新政主张一致。此外，洋务派大员也纷纷上奏章条陈时务。如，张之洞上了《吁请修备储才折》，刘坤一上了《遵议廷臣条陈时务折》，盛宣怀上了《条陈自强大计折》，提出了各自的变法救时主张。诚如梁启超所言："甲午丧师，举国震动，年少气盛之士，疾首扼腕言'维新变法'，而疆吏若李鸿章、张之洞辈，亦稍稍和之。"① 总而言之，甲午战争后，面临生存危机，无论是维新派还是洋务派、保守派，都意识到了在大厦将倾的背景下各自的生死存亡。于是，以变革求生存，就成了各派政治力量"刷新弊政、变法图存"的共同基点。

这本应是推行变法的极佳环境。但康有为、梁启超等维新派却因"激进的主张和行动"逐一将这些怀有"变法图强"主张的官僚集团推到了变法的对立面。有如下两个例子：（1）由于礼部尚书怀塔布等人阻挠变法，光绪皇帝震怒之下于9月14日一举撤掉礼部六堂官，又在9月5日任命谭嗣同等四人为四品卿衔，在军机章京上行走，参与新政。这项措施引起了朝野巨大的恐慌，一则由于废礼部六堂官，朝臣们因此担心康有为等要废除所有的内阁、六部及各省督抚；二则由于提拔谭嗣同等四人为军机章京，凡有奏折，皆经他们阅览；凡有上谕，都由他们撰拟；名为章京，实为宰相，使得军机大臣和政府内阁形同虚设，朝臣们因此认为光绪借此排挤老臣，欲摆脱太后的影响。于是众大臣"群往颐和园求救于太后，请太后重新执政"。这就使维新势力陷入孤立。（2）据时人记载，一次荣禄谒帝请训，适逢康有为奉旨召见出来，荣禄问其如何变法时，康有为竟回答："杀二三品以上阻挠新法大臣一二人，则新法行矣。"维新派还有这样的言论："顽固老臣，阻新法尚力，但过不了几天，就有圣旨斩刘坤一、李鸿章首，以后令行如流水。"这些言论，严重伤害了洋务派官僚。本来洋务派官僚多主张变法图强，但为了保卫自身利益，他们最终却走向了维新的对立面。

---

① 《张文襄公全集》（卷228，《抱冰堂弟子记》），文华斋1928年刻本。

第三，变法的核心是"君主立宪"，触犯了慈禧的最高统治权，动摇了大清的江山社稷。

变法失败的直接原因乃慈禧太后的镇压。慈禧太后最初以为光绪等人的维新与洋务运动并无二致，所以并不反对变法。光绪颁布的《明定国是诏》也经慈禧修审订，慈禧还表示："凡所施行之新政，但不违背祖宗大法，无损满洲权势，即不阻止。""苟可致富强者，儿自为之，吾不内制也。"此时，她所理解的维新依然是以"中学为体，西学为用"为基本原则。然而，康有为的主张却远远超越了慈禧的预期。康有为在《敬谢天恩并统筹全局折》中说："今天下之言变者，曰铁路，曰矿务，曰学堂，曰商务，非不然也，然若是者，变事而已，非变法也。"他虽然承认"变事"并非不对，但不能谓之"变法"，是"小变"而非"全变"。他在《应诏统筹全局折》又说："观万国之势，能变则全，不变则亡；全变则强，小变仍亡。"因此，在康有为的变法主张中，就是要"尽变旧法，尽罢老谬昏庸大臣"。而这将意味着削掉了太后及太后身边老臣的权力，慈禧当然会阻止。尤其是慈禧得知康有为要"围园劫后"的传闻后，便先发制人，发动了政变，果断结束了这次维新运动。

总之，当变法突破"中学为体，西学为用"的框架时，当变法危及慈禧的最高权威时，当变法危及大清的江山社稷时，都可能遭灭顶之灾。也就是说，顽固派的固执和顽固派别的强大，最终成为终结戊戌变法的直接原因。

第二章 对国家出路的早期探索

四　教学小结

通过本章的讲授，让学生了解到在社会动荡、民怨沸腾的大环境下，中国出现了大批的英雄豪杰式的人物，如洪秀全、杨秀清、曾国藩、李鸿章、康有为、梁启超等。他们各自从自身的阶级利益和阶级立场出发，对拯救这个已濒临灭亡的国家而身体力行、殚精竭虑。在他们的引领下，在中华大地上掀起了一股股"革新图强"的浪潮。如洪秀全、杨秀清等发动的太平天国运动，曾国藩、李鸿章等发起的洋务运动。以"中学为体，以西学为用"的洋务运动，其实是民族矛盾上升的一种表现方式。康有为、梁启超发起的戊戌变法运动等。虽然这些运动最终都失败了，但是他们都在不同程度上推动了中国社会的发展，都在中国的"现代化"道路上留下了深深的足印。

本章通过对历史数据的罗列和对历史人物的趣味性解读，燃起学生对历史人物的兴趣，进而对历史事件有一种亲切感。在解读历史事件时可清晰地看出农民阶级以及中国民族资产阶级的局限性。在对历史怀有深切同情和了解的基础上，明了中国社会之所以放弃改良，转而革命的深厚根源。

第三章　辛亥革命与君主专制制度的终结

授课对象

全日制普通本科生

学时安排

2学时

教学目的

通过本章的学习，了解以孙中山为首的资产阶级革命派领导了辛亥革命，建立了资产阶级的民主共和国，但民主革命的果实很快就被袁世凯窃取，以及辛亥革命后孙中山领导的多次反袁斗争的过程；理解并掌握辛亥革命的意义与失败的原因。

第三章　辛亥革命与君主专制制度的终结

PBL 重点

①中国资产阶级革命为什么会发生（即革命为什么取代了改良）？
②辛亥革命的意义与失败原因是什么？
③如何认识和评价袁世凯及北洋军阀的统治？

教学难点

了解辛亥革命的意义和失败的原因，从而正确认识资产阶级民主革命的必要性和必然性、进步性和局限性。明确资产阶级领导的旧民主主义革命仍然解决不了中国的独立和富强的问题，它不能不让位给无产阶级领导的新民主主义革命。

课后作业

①革命派在与改良派论战中是如何论述革命的必要性、必然性和进步性的？
②为什么说孙中山领导的辛亥革命是 20 世纪中国的历史性巨变？
③辛亥革命为什么会失败？它的失败说明了什么？

一　资产阶级民主革命运动兴起的历史背景

（一）中国民族资本主义的产生和发展

19世纪末20世纪初，中国民族资本主义有了相当的发展。尤其是甲午战败后，为了奋起直追日本，1895年7月19日清廷颁布鼓励发展工商业的上谕，其内容是："叠据中外臣工条陈时务……如修铁路、铸钞币、造机器、开各矿、折南漕、减兵额、创邮政、练陆军、整海军、立学堂；大约以筹饷练兵为急务；以恤商惠工为本源。此应及时举办。"[①] 之后，中国民族资本主义有了更大规模的发展。

在此之前，虽然有洋务企业的产生和发展，但开办企业是受到严厉限制的。新式工商、交通和金融事业，往往由政府官吏所垄断，不准民间资本自由进入。例如：1880年，李鸿章在创建上海机器织布局时就特地上奏，并经皇帝批准，给予十年专利，"十年之内只准华商附股搭办，不准另行设局"[②]。所以张之洞1888年在广东筹设织布局时，不得不致电李鸿章协商，征得李鸿章的同意。李鸿章和张之洞是当时权势最大的两位总督，在封建社会官场人治文化的氛围中，矛盾顺利化解了。但其他人办企

---

① 《光绪朝东华录》，中华书局1958年版，总第3631页。
② 李鸿章：《试办织布局折》，《李文忠公全集》奏稿卷43。

第三章 辛亥革命与君主专制制度的终结

业就没这么幸运了。郭嵩焘是大清帝国第一位驻外使节（驻英大使），二品大员。回国退休后，三次奏请，希望能办一家轮船航运公司，而且已筹资两万余两，但最终还是没有办成。事实表明，在这道上谕之前，对于创办企业，清廷是有严格限制的。自从这道上谕颁布以后，清政府的经济政策发生了转变，从限制私人资本转变为鼓励工商，开始保护和扶植私人资本。这一转变，大大刺激了中国民族资本主义的发展。从1895年到1913年间，中国民族资本工业发展速度年均15%，在这个时期涌现了大批的民族资本家如张謇、范旭东、侯德榜、荣宗敬和荣德生兄弟等。毛泽东在1953年接见工商联代表时说："讲到中国的民族工业，有四个人不能忘记：讲到重工业，不能忘记张之洞；讲到轻工业，不能忘记张謇；讲到化学工业，不能忘记范旭东；讲到交通运输业，不能忘记卢作孚。"随着民族资本主义的发展，在中国逐渐出现了一个新的阶级——资产阶级。中国资产阶级虽然绝大多数是由买办、封建官僚、地主转变而来，但他们在经济生活乃至政治要求方面，已显然不同于传统的封建地主阶级或封建官僚，他们对传统的体制已有不满并产生了设法改造传统社会的思想。

（二）"欧风美雨"对中国的浸润

近代西方资本主义虽然是以武装侵略和经济掠夺的方式来到中国，但是他们带来的并不只是侵略与掠夺，西方资本主义国家的政治、经济制度以及思想文化也随之来到中国，而且在中国产生了一定的影响。此外，随着1870年派往美国和欧洲的留学生，以及甲午战争以后大批的留日学生陆续归国，也把西方资本主义国家的政治、经济、军事、思想文化、生活方式等各个方面的先进的东西带到了国内。时人梁启超等将这种现象命名为"欧风美雨之震荡"。中国当代著名历史学家陈旭麓在其著作《近代中国社会的新陈代谢》中说："欧风美雨包含着凶暴的腥风血雨，也包含着润物细无声的和风细雨。"那种凶暴的血雨腥风的确给中国带来了痛苦，但那种润物细无声的和风细雨却又使古老的中国社会发生了悄然变化。这种悄然变化，主要是指人们随着对西方现代社会的认识加深，从而对中国传统提出质疑或批判，而且提出许多社会变革的设想或措施。康有为、梁启超发起的变法运动,以及清末"新政"也都是这一变化的具体表现。有同学说,清末新政是清朝统治者发起的,与资产阶级无关。但就其性质而言,"新政"是一次朝着资本主义方向发展的自上而下的社会改造运动;就其内容而言,"新政"主要是重拾"戊戌变法"的主张,而且在实践中进一步深化。

(三)"变法"的失败与"新政"的终结

变法(1898):随着中国民族资本主义的产生和发展,随着"欧风美雨"的浸润,中国新兴的资产阶级对传统的封建专制主义制度已严重不满,纷纷要求改革(变法)。事实上,自中法战争以来,康有为先后七次上书光绪帝,主张"变法"。甲午战争后,他的变法主张得到了更多人的认同。他们提出设议会、立宪法;办铁路、开矿山、奖励农工商;创建新式学堂、设立译书局翻译外国书籍;精练陆军、扩建海军。这些变法维新的主张,其实质就是在中国发展资本主义。他们的主张得到了光绪帝的支持,便有了这次轰轰烈烈的变法运动。但是,新法只推行了103天,以慈禧太后为首的顽固派发动政变,幽禁光绪皇帝,捕杀维新志士。这次变法运动在"戊戌六君子"的血泊中,宣告失败。【补充史料】光绪帝之死:这个百年悬案终于有了答案——死于砒霜中毒。2008年11月2日,国家清史工程编纂委员会在北京举行"清光绪皇帝死因报告会",一份采用现代刑侦和高科技手段检测的万字报告,首次披露了这一事实。1908年11月14日,名为清朝皇帝实际上却被囚禁在瀛台的光绪帝和统治中国近半个世纪的慈禧太后几乎同时死去,直接影响了中国历史后来的走向。光绪是正常死亡还是被害而死?近百年来一直众说纷纭。此次,专家们历时5年,终于以科学的方法,确定光绪帝是因急性胃肠性砒霜中毒而亡。但究竟是谁对光绪下了毒呢?根据以往有关光绪死因的记述、论著,慈禧、袁世凯、李莲英等都有嫌疑。总之,从中可以看出,在顽固势力的阻挠下,通过变革的方式走资本主义道路非常困难。

新政(1901—1911):在戊戌变法运动失败以后不久,中国发生了两个重大事件,即义和团运动和八国联军侵华战争。义和团运动虽然是以

第三章　辛亥革命与君主专制制度的终结

"扶清灭洋"为口号，但却给清政府以沉重的打击。伴随着义和团运动而发生的八国联军入侵中国，以及《辛丑条约》的签订，使中国面临着前所未有的民族灾难。有人这样评说，《辛丑条约》的签订，标志着中国清王朝：在政治上成为洋人的"守土官长"；在经济上成为帝国主义的"税吏"；在军事上已无重组民族自卫战争之能力；在外交上，各国公使成为其太上皇。面对如此国际局势，面对国内要求改革的强烈呼声，在1901年到1905年期间，清政府颁布了一系列"新政"上谕，正式实施"新政"。希望能够与帝国主义保持一致，也希望得到中国资产阶级上层的理解和认同。"新政"的内容包括编练新军；振兴商务、奖励实业；改革官制、整顿吏治；废科举，兴学堂；改革法律；派遣留学生；等等。这些措施大多数付诸实施，而且也产生了巨大的作用。因此，一些历史学家认为这是中国"现代化"的重要步骤。然而，事实则不然，慈禧"新政"虽然在经济等诸方面重拾康梁变法主张，但在政治上丝毫没有放弃她的统治权威和清朝的江山，即仍然停留在"中体西用"层面，而且最终并没有产生实际的积极效果，反而加速了清政府的灭亡。

我们不禁会问：为什么清政府最后从"新政"走向灭亡呢？有人说这是清政府的又一次种瓜得豆。从如下几方面可以看出：

它推行教育改革，是想造就"尊崇孔教，爱戴大清国的人才"。但事实上，在国内新式学堂所培养的学生和出洋留学的学生当中，成长起来一批完全不同于传统"士人"的知识分子群体，他们后来成为推翻清王朝的吹鼓手。例如中国的留美幼童，他们到美国后，脱长袍、剪辫、打棒球，很快西化。时清廷"选带幼童出洋肄业局"正监督吴嘉善会同驻美大使陈兰彬紧急上奏朝廷，要求尽早撤销驻洋肄业局，召回这一批留学生。1881年全部回国，多数未能毕业，仅詹天佑、欧阳赓两人毕业。他们在中国各行各业成为现代化的领导者，当然也成为推翻清王朝的重要力量。

清政府在全国各地编练新军，原本是以此来镇压各种可能出现的变乱。但事实上，正是这批新军后来发动兵变，成为清王朝的掘墓人。在洋务运动编练新军过程中，唯北洋新军和湖北新军为晚清两支实力最雄厚的军队，正是这两支军队结束了清王朝的统治，湖北新军发动起义，北洋新军逼迫清帝退位。张之洞与湖北新军：废科举，使传统士人失去了目标，没有了升官发财的机会；张之洞特别注重招揽读书人加入新军。因此，人们认为湖北新军是旧式军队中文化素质较高的军队。

清政府奖励实业，鼓励发展私人工商企业，原想借此摆脱严重的财政危机。但事实上，在兴办实业过程中成长起来的资产阶级及其知识分子，后来却成为反对清王朝专制统治的强大群体。

所有这一切，都走向了清政府预想的反面。新政的失败，不得不促使先进的人们去寻求新的途径，革命乃不失为一种选择。因此可以说，新政失败也是辛亥革命发生的重要前提。

（四）"革命"与"改良"的辩论

革命是"用暴力打碎陈旧的政治上层建筑，即打碎那由于和新的生产关系发生矛盾而到一定的时机就要瓦解的上层建筑"[①]，变旧质为新质；改良则是以渐进的斗争形式推动旧事物向新事物转化。它们既是相互依存的，又是矛盾对立的，二者交错地出现，或缓或急地促进社会的新陈代谢。近代中国就是在革命与改良的不断变革中曲折前进的。[②]

事实的确如此，自甲午战争后到辛亥革命之前，革命浪潮和改革的呼声一直交替出现。早在甲午战争时期，中国资产阶级就出现了革命派与改良派的分野。资产阶级改良派通过"公车上书"，组织强学会，把旨在"变革政治"的思潮转变为一场政治运动；与此同时，资产阶级革命派也开始活动起来，组织兴中会，发动广州起义。一个以改良为宗旨，一个以革命为依归；一个要向皇帝上书请愿，一个要通过强力把皇帝拉下马来。一开始，在探索国家出路问题上，资产阶级就树起了革命和改良两面旗帜。自甲午战争后，直到辛亥革命之前，革命的浪潮和改良的主张交错出现，各领风骚两三年。

1898 年的戊戌变法运动，把改良派推到了中国社会变革的浪尖，但在强大的传统旧势力的阻挠和破坏下，戊戌变法很快失败，改良派因此退出

[①] 《列宁选集》（第 1 卷），人民出版社 1972 年版，第 616 页。
[②] 陈旭麓：《近代中国社会的新陈代谢》，上海社会科学院出版社 2006 年版，第 293 页。

第三章　辛亥革命与君主专制制度的终结

中国社会的主流地位。康有为、梁启超纷纷流亡香港、日本以求保命。正如陈旭麓所言："尽管康有为为中国社会选择了变法维新之路，但当时的社会并没有选择康有为。"在这之后，又由于义和团运动和八国联军入侵中国，使清政府的腐败与无能更加被暴露，国内反清情绪日益高涨。于是革命的呼声成为那个时代的最强音。继兴中会之后，中国又出现了"华兴会""光复会"等资产阶级革命团体。1905年同盟会的成立和三民主义的问世，更是标志着革命派已成为那个时代最有希望实现中国社会变革的力量。然而，历史并没有因此向革命派一边倒。发生在中国大地上的日俄战争，不仅以暴力摧残了中国人的生命和财产，而且以其出人意料的结局极大地影响了一代中国人的思想。他们在想，为什么强大的俄国会败在日本人手里。他们最终得出的结论是：俄国之败于日本，不是俄国的兵力财力不如日本，而是日本的君主立宪，或者说日本之打败俄国是立宪打败了专制。这个结论后来就成了改良派（立宪派）的理论依据。于是就出现了"五大臣出洋"考察，著名实业家张謇参政，康有为、梁启超等重新活跃于中国政治舞台的情景，这就是所谓的"新政"时期。此时，改良派仿佛又被推到了历史的潮头。然而，这一时期，革命派的主张也因为一系列的革命行动得到不断声张。

从此以后，在中国历史舞台上便出现了改良派与革命派就国家前途而发生激烈争论的景象，革命派以《明报》为阵地，改良派以《新民丛报》为阵地，各自发表自己的观点，展开了热烈的论战，在当时中国社会产生了强烈反响。他们争论的焦点就是中国究竟实行什么样的体制最好。革命派希望赶走皇帝，建立资本主义的民主共和制；而改良派希望保留皇帝，实行资本主义的君主立宪制。我们不能说这两种方案谁是谁非，因为它们都代表了中国历史发展的方向，相对于传统的封建制度而言都有极大的进步意义。而且就世界其他各国来看，实行君主立宪制的和实行民主共和制的国家，大致是平分秋色，不能说明谁比谁更优越。

虽然革命派与改良派的大论战没有结论，没有决出胜负。但在实践中，革命却最终取代了改良而占上风。为什么呢？最重要的原因在于改良派所倚重的清王朝的统治者不愿意放弃在中国的至高无上的皇权。虽然"新政"在教育、经济、军事、法制等方面有重大突破，但是在政治体制问题上，却有点羞羞答答，不愿舍弃。1908年，清政府颁布《钦定宪法大纲》，制定了立宪方案，但由于对皇权的留恋，把立宪预备期定为9年，迟迟不兑现立宪的诺言。要求立即召开国会的"立宪派"（改良派）对此强烈不满，并发动了一系列请愿行动，但却遭到清政府的镇压。1911年，迫于压力清政府成立责任内阁，但在13名内阁成员当中就有满族9人，其中皇族7人，人们称为"皇族内阁"。这事实上是对立宪派的欺骗和玩弄，设立内阁虽然使清政府有一些新的气象，但仍旧是换汤不换药，仍然是君权政治。时人用这样一副对联描述："又是一番新气象，依然两件旧东西。"（形容"二婚"的对联）这就使得立宪派在对清政府彻底失望之后转而与革命派合流，最终汇入革命的洪流之中。辛亥革命的前奏，四川保路运动的实际领导者，就是湖北、四川、湖南三省的立宪派。再一个重要原因是"新政"导致了严重的社会危机。"新政"需要大量的经费，这些经费只能靠层层摊派，从民间搜刮而来，从而加重了民众负担。民怨沸腾，民变频频发生。据统计，从1902年到1911年，各地此起彼伏的民变事件多达1300多起。

　　总而言之，除戊戌变法以外，"新政"的骗局以及"新政"带来的社会问题，再一次证明了改良的道路在中国走不通。这也证明了中国要建立资本主义的政治体制，革命是唯一途径。而辛亥革命正是在各种改良主张破产的背景下发生的。

第三章　辛亥革命与君主专制制度的终结

二　辛亥革命的大致经过

（一）革命派、革命党及早期的革命实践

1. 资产阶级革命思想

1894年孙中山上书李鸿章，提出"人能尽其才，地能尽其利，物能尽其用，货能畅其流"的主张。因被拒绝，于是放弃了和平手段，转而主张用武力推翻清王朝。同年在檀香山组织兴中会，提出"驱除鞑虏，恢复中华，创立合众政府"的革命纲领，决心用武装起义推翻清王朝的统治。

与此同时，在资产阶级中间涌现了一批主张革命的知识分子，深入地阐发了资产阶级民主革命的思想。1903年，章炳麟发表了《驳康有为论革命书》，反对康有为的保皇观点，主张革命，认为革命是"启迪民智，除旧布新"的良药。同年，邹容发表了《革命军》（时年不到20岁），指出"革命乃对上下古今、宗教、道德、政治、学术，以及日常事物存善去恶、存美去丑、存良善而除腐败的过程。……扫除数千年种种之专制政体，脱去数千年种种之奴隶性质，诛绝五百万有奇披毛戴角之满洲种，洗尽二百六十年残惨虐酷之大耻辱……巍巍哉！革命也！皇皇哉！革命也！"[①]他号召人民以革命的方式推翻清朝统治，建立"中华共和国"。陈天华也写了

[①] 邹容：《革命军》，中华书局1971年版，第1页。

两本小册子《猛回头》《警世钟》，痛陈帝国主义给中国带来的灾难，揭露清王朝统治的腐朽与黑暗，号召人们奋起革命，推翻清政府这个"洋人的朝廷"。

2. 资产阶级革命政党

在 1894 年孙中山在檀香山建立的中国资产阶级第一个革命团体——兴中会之后，中国又出现了 10 个资产阶级革命团体。其中较有影响的有：1904 年黄兴、宋教仁在长沙组建的华兴会，1904 年蔡元培、陶成章在上海成立的光复会，1906 年刘静庵在武昌成立的日知会等。这些革命团体的组建为一个统一的资产阶级革命政党的建立创造了条件。1905 年 8 月，孙中山联合各革命团体在日本东京成立了中国同盟会，这是中国第一个全国性的资产阶级革命政党。同盟会制定了"驱除鞑虏，恢复中华，建立民国，平均地权"的革命纲领。同年，孙中山在同盟会的刊物《民报》上把这一纲领阐发为民族、民权、民生，即三民主义。资产阶级革命政党的建立，为资产阶级民主革命创造了重要条件。

3. 资产阶级早期的革命实践

早在兴中会建立之初，1896 年孙中山派陆皓东在广州组织革命机关，准备发动起义。但是起义还未发动就被广东官方发觉。陆皓东等人被捕遇害，被认为是中国有史以来为共和革命牺牲的第一人。孙中山幸免于难，但遭到清政府的通缉，他不得不流亡海外，发展革命力量，准备再次发动起义。此后，又发动了多次武装起义，其中影响最大的一次是 1911 年 4 月黄兴等领导发动的广州黄花岗起义（又名"红花岗起义"，后改为"黄花岗"，安葬了喻培伦、林觉民等七十二烈士）。这些起义虽然都失败了，但却把革命的信号传递到了全国，把革命的浪潮也推向了全国，是最终推翻清王朝统治的辛亥革命的前奏。

（二）武昌首义及中华民国的建立

1. 武昌起义的爆发

1911 年 10 月 10 日，湖北新军在文学社和共进会的领导下，在武昌发动起义。起义军很快占领了武汉三镇，并成立了湖北军政府，推湖北新军

第三章 辛亥革命与君主专制制度的终结

统领黎元洪为鄂省大都督。全国各省也纷纷发动起义，宣布独立。案例"床下都督"：黎元洪早年毕业于福州船政学堂，参加过甲午战争，后随张之洞先后在两江、湖广编练新军。辛亥革命爆发的时候，黎元洪时任清军第21混成协统领，即湖北新军的主要领导人。在武昌起义之前，曾大肆逮捕革命党人，镇压革命活动。武昌起义发生后，他又害怕革命，为了保命，他曾藏匿于参谋刘文吉家中，当革命党人闻讯搜捕过来的时候，他只好躲到床底下，后来硬是用枪把他给逼了出来。黎元洪原以为从此没命了，但他万万没有想到的，却是这些革命党人拥戴他做军政府都督。黎元洪不肯，被押往军政府大楼（今武昌红楼）囚禁起来。此间，黎十分痛苦，曾说："做了大清的叛徒，成为革命党的囚徒，生不如死。"当革命形势逐渐有利于革命党人以后，黎元洪想通了，剪掉辫子，而且光头，表示彻底革命。在做祭黄帝仪式时，发表演讲说："前天未有下定决心，昨天未有下定决心，今天上午未下决心，现在下定了决心，无论如何，总算是军政府的人了，成败利钝，生死以之。"从此，黎元洪获得了一个让人羡慕的荣耀——首义元勋。从此，在北洋政府时期政治上一路飙升，官至中华民国大总统。

2. 中华民国成立

1912年1月1日，革命党人在南京成立中华民国临时政府，孙中山就任临时大总统。1912年3月颁布了《中华民国临时约法》。

（三）袁世凯等旧势力掌握政权及资产阶级的继续革命

1. 袁世凯窃取政权

面对革命势力的迅速发展，清政府派北洋大臣袁世凯率领北洋新军进行镇压。但袁世凯凭借强大的军事力量凌驾于清政府和起义军之上，两边要价。为了尽快结束战争，立宪派、旧官僚纷纷制造舆论，称只要袁世凯能逼清帝退位，大总统职务非他莫属。在这种情况下，孙中山也许诺，只要袁世凯逼清帝退位，并拥护共和，就把临时大总统的职位让给他。在得到孙中山的许诺之后，袁世凯加紧逼宫，1912年2月12日，宣统皇帝宣布退位。在中国延续了2000多年的封建帝制终于覆灭了。袁世凯也因所谓

93

的"逼宫"有功，于3月10日在北京就任中华民国临时大总统。

2. 国民党成立及宋教仁被刺

资产阶级革命党人原以为赶走了清朝皇帝，就可以实现西方国家似的"民主共和"了。1912年8月，宋教仁以同盟会为基础，联合其他几个政党组成了国民党，并且在中华民国第一届国会选举中获得多数席位。根据规定，国民党领袖宋教仁有望组织以他为首的责任内阁，在中国推行资产阶级议会民主制度。但这一理想还没来得及实施，1913年3月，袁世凯就指使其心腹在上海火车站暗杀了宋教仁。

3. 二次革命

刺杀宋教仁暴露了袁世凯的独裁野心。在1913年7月至9月，以江西都督李烈钧为代表的南方7省国民党人组织了针对袁世凯的武装斗争，史称"二次革命"。但这次革命很快就被镇压。

4. 袁世凯复辟帝制

1913年10月，袁世凯操纵国会选举，就任正式大总统；1914年1月废除《中华民国临时约法》，制定并实施《中华民国约法》，并以总统制取代内阁制。已是中华民国最高统治者的袁世凯仍然不满足，觉得做总统没有做皇帝过瘾，于是开始策划复辟帝制。一些旧官僚也制造舆论。例如，聘请一位美国法律顾问古德诺博士，撰文《共和君子论》，认为"中国人普遍素质低下，不能实行共和"，建议按照中国实际，实行君主制。著名的立宪派代表杨度、梁启超等人也大力支持袁世凯。1915年12月12日，袁世凯发表接受帝位的申令。1916年元旦，袁世凯正式称帝，改年号为"中华帝国洪宪元年"。

5. 护国运动

就在袁世凯积极筹划登基做皇帝的同时，孙中山等发出了《讨袁檄文》，发动了反对帝制的护国运动。1915年12月25日，唐继尧、蔡锷、李烈钧等向全国发出通电，宣布云南独立，反对帝制，武力讨袁。很快全国各地纷纷响应，宣布独立并要求袁世凯退位。1916年3月22日，袁世凯在全国人民的声讨中宣布撤销帝制。做不了皇帝的袁世凯还想继续做总统，但人们不同意，1916年6月6日，袁世凯抑郁而死。护国战争结束。

第三章　辛亥革命与君主专制制度的终结

6. 段祺瑞专权与拒绝恢复国会和约法

袁世凯死后，黎元洪任总统，段祺瑞出任总理，并恢复国会。不久后第一次世界大战爆发，黎段二人就是否对德宣战发生了"府院之争"。段主张参战，黎元洪和国会却有所保留。后来黎元洪免去段祺瑞总理之职，并引督军团团长张勋入京。不料，张勋入京后却上演了一出闹剧，把废帝溥仪抬出来复辟帝制，国会也被解散。张勋复辟后来被段祺瑞镇压，黎元洪引咎辞职。于是段祺瑞邀梁启超等组织临时参议院，成立新政府，由冯国璋出任总统。段祺瑞等掌握政权以后，拒绝恢复临时约法和国会。

7. 护法运动

1917年夏，孙中山联合南方军阀成立军政府，与北方政府抗衡，并组织北伐，号称护法运动。但因军阀内部的矛盾以及各军阀只顾自身利益，护法运动最终失败。护法运动的失败标志着资产阶级旧式革命的终结。

问题：辛亥革命是胜利了？还是失败了？

首先是胜利，但最终是失败。正如毛泽东所言："它有胜利的地方，也有它失败的地方。你们看，辛亥革命把皇帝赶跑，这不是胜利吗？说他失败，是说辛亥革命只把一个皇帝赶跑，中国仍旧在帝国主义和封建主义的压迫之下，反帝反封建的革命任务并没有完成。"[①]

[①]《毛泽东谈辛亥革命——毛泽东〈青年运动的方向〉（摘要）》，《人民日报》1969年5月4日。

三　辛亥革命的伟大意义及失败的根源

（一）辛亥革命的意义：20世纪中国发生的第一次历史巨变

目睹了辛亥革命的少年瞿秋白曾这样描述辛亥革命的后果："皇帝倒了，辫子割了。"它形象地说明了辛亥革命的两大历史功绩：一是革了皇帝的命，一是革了辫子的命。前者就革命政权而言，后者就社会风貌变革而言。

在中国，不懂得皇帝的权威，就不会懂得辛亥革命打倒皇帝的伟大历史意义。从秦始皇到宣统，在长达2132年的时间里，中国的历史是同皇帝联系在一起的。作为君王，皇帝是世俗的权威；作为天子，皇帝又是神圣的权威。韩愈在《原道》中说："君者，出令者也；臣者，行君之令而致之民者也；民者，出粟米麻丝、作器皿、通财货以事上者也。君不出令则失其所以为君，臣不行君之令而致民，则失其所以为臣，民不出粟米丝麻、作器皿、通财货，以事其上，则诛。"① 这段话深刻地描绘了君臣民之关系，皇帝君临天下，臣是他的奴仆，而民则是他的奴隶。对于臣民而言，他们的一切都是皇帝赐予的，甚至连处死也称为"赐死"，被杀者在接受处死令时口中还要说"谢主隆恩"。在这样的社会中，民众没有独立和自由的人格。这是一个多数人痛苦而少数人幸福的时代。为了自由与幸

---

① （唐）韩愈：《韩昌黎文集注释》（上），三秦出版社2004年版，第19页。

第三章 辛亥革命与君主专制制度的终结

福，中国的民众也曾发起过斗争，在漫长的历史中，农民战争曾不止一次地把皇帝拉下马来。然而，代替皇帝的仍然是皇帝。中国仍然是一个多数人痛苦而少数人幸福的皇权社会。

到了近代，西方近代民主思想逐渐传入中国，人们在承受西方武力侵略所带来的痛苦时，却又看到了西方的民主政治，而且对民主政治投去了羡慕的目光。因为它宣扬天赋人权，宣扬自由、平等、博爱，这在中国传统君主社会里是不能想象的。人们愈是羡慕西方的民主政治，愈是对中国传统的君主专制不满。于是，中国人传统的爱国观念不再是原先的"忠君爱国"，而是力图按照西方资本主义模式建立一个新的民族国家。戊戌变法和辛亥革命就是这样的尝试。其中辛亥革命更是以疾风骤雨式的革命推翻了帝制，建立了中华民国，为2132年的历史画上了一个句号。这个句号是一个历史的分界线，此前的君主、天子则变成了人民的公敌。同盟会纲领所宣扬的，"敢有帝制自为者天下共击之"已成为一种时代意识。袁世凯、张勋先后复辟而又相继破产的事实，正说明了这一点，即民主共和观念已深入人心。

辛亥革命的又一个意义在于随着"皇帝倒了"以后一系列的社会变革。纪年改了：中国历代都采用帝王纪年，帝号即年号，如秦始皇几年、汉高祖几年之类，这种纪年方法一直沿用到清末"宣统"。这种纪年，事实上是传统君主社会的一个主要标记。在辛亥革命后，孙中山在就任临时大总统时，就电告各省都督："中华民国，改用阳历。"阳历是西方民主国家的纪年方法，它的采用表明中国社会已从君主时代进入了民主时代。但为了与人们的习惯一致，当时采用的是阴阳合历。即使到今天阴阳合历仍然是主要的纪年方法。时人王闿运有一副对联："男女平权，公说公有理，婆说婆有理；阴阳合历，你过你的年，我过我的年。"即反映了当时的社会风貌。

辫子割了：留辫子原本是女真人的一种风俗习惯，而非"汉族风俗"的应有之物。但随着满族的兴起和对汉民族的扩张，留辫与去辫，遂成为一个满汉民族间严峻的政治问题。1644年，清军入关后，就厉行剃发令。规定"留头不留发，留发不留头"；"一个不剃全家斩，一家不剃全村斩"。在这种严厉的规定面前，历来注重冠服礼仪的汉人感受到的是莫大的耻辱，更何况"身体发肤，受之父母"。因此，拒而不剃头的大有人在，而且被认为是当时的民族英雄。清初的"扬州十日"等惨剧都与辫子有关。然而，被满族人长期统治的事实，却又使人们习惯并接受了留辫子的习俗。以至于到了近代，在西方人眼里，男人的辫子和女人的小脚成了中国人的显著特征。在戊戌变法期间，康有为曾以"辫子不利于打仗、不便于使用机器、不利于卫生，且为外人耻笑"为由，极力主张"剪发"。然而，留了两百多年辫子的中国人，要剪掉辫子却并非易事。因为，时至晚清时代，辫子作为传统和王朝的显著标记，辫子的剪与留，已成为一个严肃的政治决策问题。留辫子，说明你热爱传统、有修养，或者说效忠王朝；不留辫子，则说明反叛、革命，或者说是里通外国，是汉奸等。辛亥革命后，国民政府以政令的方式，下令剪掉辫子。1912年3月，南京临时大总统令内务部："兹查通都大邑，剪辫者已多。到偏乡僻壤，留辫者尚复不少。仰内务部通行各省都督，转谕所属地方，一体知悉。凡未去辫者，于令到之日，限二十日一律剪除净尽。有不遵者，违法论。"① 此后，剪辫成为一种新风尚。鲁迅曾不止一次说过，他感谢辛亥革命，就是因为从此可以不带辫子而自由自在。辫子的去与留，本身只是个人习惯问题，但在近代却代表了观念的新与旧。孙中山于1895年割掉辫子，表示同清王朝决裂；黎元洪于武昌首义后在革命军枪口的逼迫下割掉辫子，表示一个旧官僚在忠君与叛国之间的艰难决策；袁世凯在就任临时大总统前割掉辫子，表明他对共和体制的认同。此时，割掉辫子，已成为新时代、新社会的象征。要是还有谁留着辫子，就会被指责为"封建余孽"。

除此之外，辛亥革命后还颁布了一系列革除"旧染污俗"政令。如宋教仁、蔡元培等曾发起成立了社会改良会，其纲领是："以人道主义去君权之专制，以科学知识去神权之迷信。"在社会改良会章程中还从六个方面对革除社会陋习作了细致的规定。其主要的有：禁缠足、禁鸦片、禁赌博；改称谓，以官职、先生、君等称谓代替大人、老爷等；废跪拜，以鞠躬代替跪拜、作揖、请安、拱手等旧礼仪；禁止人口买卖；倡导妇女解放和男女平等；易服饰等。其中易服饰，就是用西服取代长袍马褂，孙中山

---

① 《临时政府公报》第二十九号。见《中国全鉴》第二卷，团结出版社1998年版，第1055页。

就任临时大总统后，不穿长袍马褂，而穿改制后的学生装，这种服装有西服的优点，但又比西服更符合中国人的口味，且价格便宜。这种衣服一直在今天仍然流行，被称作中山装。

总而言之，辛亥革命不只是一次社会制度方面的大变革，在社会生活各个层面都发生了重大变化。所以江泽民在十五大报告中说，这是20世纪中国人民在前进的道路上经历的第一次历史性巨变。

（二）辛亥革命失败的根源

1. 没有真正发动民众

孙中山虽然提出了"三民主义"，其中"民生主义"的主张。"平均地权"已触及封建主义的根本——地主土地所有制，具有资产阶级民主革命的性质。但是，这个纲领却没有制定给农民以土地的具体措施。孙中山也不赞成用暴力革命的手段把地主的土地拿来平均分配。因此，辛亥革命虽然在"民权"方面推翻了清王朝的统治，建立了资产阶级性质的政权，但在"民生"方面，却没有真正解决农民的土地问题。大家知道，农民作为中国人口的主体，如果他们的利益得不到满足，他们就不可能支持革命，更谈不上参与革命。虽然革命派提出了许多革命的主张，但这些主张并没有得到农民阶级的理解和支持。鲁迅的小说《药》就说明了这一点。夏瑜，是一个典型的资产阶级革命者，对革命矢志不渝，最后不幸牺牲。然而，他的革命行动并不为群众所支持，他的牺牲，也并没有赢得群众的同情。当他被杀害时，人们都"潮水般"地去看热闹，甚至他的母亲也不以他的牺牲为荣，而是感到羞愧。更可悲的是，他为革命所喷洒的热血，竟变成了给华老栓儿子治病的药引子。这些都说明了，辛亥革命严重脱离了群众，没有真正地唤起民众。这也是它失败的又一原因。关于革命不能脱离群众这一问题，毛泽东认识非常深刻。他指出："如果我们能够普遍地彻底地解决土地问题，我们就获得了足以战胜一切敌人的最基本条件。"[①] 正是在吸收辛亥革命失败的教训基础上，毛泽东在领导中国革命的

[①]《毛泽东选集》第四卷，人民出版社1991年版，第1252页。

过程中尤其注重解决农民的土地问题。

2. 与中国封建势力没有决裂

辛亥革命强调满汉之间的民族矛盾，但在一定程度上忽视了阶级矛盾。因此，斗争的主要目的是"驱逐鞑虏，恢复中华"，而对于汉族封建势力却没有作为斗争对象予以彻底打倒。例如，袁世凯这个人是清王朝的北洋大臣，是北洋新军的统领，他是典型的封建主义的代表。在袁世凯答应逼迫清帝退位的条件下，孙中山等居然答应了把临时总统的职位让给他。这种对旧势力抱有幻想的事实，从辛亥革命刚开始时就表现出来了。武昌首义后，孙中山当时在国外，黄兴也不在武汉，革命胜利后的新军由于缺乏足够的信心来领导这一股革命势力继续发展，硬是把原清军第二十一混成协统领黎元洪推上都督位置。黎元洪在万般推脱与无奈的情况下，被迫接受这一职位。当然这为黎元洪赢得了一个"首义元勋"的美名，使他后来顺利成为中华民国的副总统乃至总统。关于这一问题，鲁迅在其小说《阿Q正传》中也刻画得淋漓尽致："未庄人日见安静了。据传来的消息知道，革命党虽然进了城，但还没有什么大异样。知县大老爷还是原官，不过改称了什么。而且举人老爷也做了什么——这些名目，未庄的人都说不明白——官、带兵的人也还是先前的老把总。"这同样说明，在农村，辛亥革命也没有彻底摧毁封建势力。

3. 对帝国主义国家抱有幻想

"三民主义"中的"民族"主义主要是指"驱逐鞑虏"，而没有提出明确反对帝国主义的主张。虽然在孙中山等革命派别的思想当中也意识到了帝国主义对中国所带来的灾难，而且也有反对帝国主义的愿望。但在革命实践中，却没有彻底反帝的要求，甚至对西方帝国主义还抱有一些幻想。希望以承认近代以来一切中外不平等条约为前提，以换取帝国主义国家的承认和支持。但事实上，西方国家并没有承认南京临时政府，也不可能提供支持。相反，帝国主义支持了封建势力的代表袁世凯，最终与袁世凯势力相结合，使辛亥革命走向失败。

第三章　辛亥革命与君主专制制度的终结

四　教学小结

　　通过本章的学习，学生可以明晰清末新政的实施过程及结果，从而让学生意识到从改良走向革命是历史发展的需要。从西方近代民主思想逐渐传入中国，中国传统的君主专制引起大众的不满，力图按照西方资本主义模式建立一个新的民族国家，这即是辛亥革命产生的背景。但是胜利的果实最后还是被窃取了，使学生意识到，中国不同阶层的努力均以失败而告终，这就为认识到只有中国的工人阶级才能担负起领导革命的重任打下基础。

　　在教学过程中，不能仅仅按历史事件的时间顺序进行死板的教学，而要在某个历史事件做铺垫的基础上，引导学生对接下来的历史走向有一个讨论分析。例如"床下都督黎元洪"，在铺陈一个历史事实后留一小段时间给学生做讨论，让他们表达自己的观点，真正做到寓教于思、寓教于乐。

中篇综述：翻天覆地的三十年

授课对象

全日制普通本科生

学时安排

2学时

教学目的

深刻理解中国新民主主义革命的特点及经验教训；通过比较中国社会各阶层的建国方案和政治主张，理解资本主义道路在中国走不通的根源；认识历史和人民选择中国共产党、选择马克思主义的必然性，进一步增强拥护党的领导和接受马克思主义指导的自觉性。

PBL 重点

①通过比较，把握马克思主义成为中国革命指导思想的原因与马克思主义中国化的历史进程；

②中国新民主主义革命的历史进程及其特点、规律；

③中国不能走资本主义道路，只能建立人民民主专政，进而过渡到社会主义的必然性。

教学难点

阐述只有中国无产阶级及其政党的领导，才能赢得民族独立和人民解放。历史为什么会最终选择共产党作为中国人民的执政党？

课后作业

①为什么中国的新民主主义革命必须把帝国主义、封建主义、官僚资本主义作为对象？

②如何理解近代中国的三种建国方案，"两个中国"之命运？

③为什么中国共产党的建国方案最终成为中国人民的共同选择？

中篇综述：翻天覆地的三十年

一 辛亥革命后中国所处的国际环境

前面，从第一章到第三章，我们学习了《中国近现代史纲要》的上篇"风云变幻八十年"。回顾这八十年的历史，我们不难发现，中国历史的发展有两条主线：一条是西方资本—帝国主义对中国的侵略与中国半殖民地半封建化进程进一步加深；另一条主线就是中国社会各阶级对国家出路的探索与中国日益走向现代化。其中第一条线索表明中国在资本—帝国主义的侵略之下日趋衰败与黑暗；第二条线索表明中国在社会各阶级的努力探索中又日趋强大与光明。

第二条线索推演的过程，也正是中国现代化的过程。如果说"洋务运动"开启了中国的现代化，实现了中国现代化的第一步，那么"辛亥革命"则是中国现代化的第二步，因为它标志着中国已从洋务运动时期经济领域、器物层面的现代化向政治领域和制度层面的现代化迈进了一大步。以此类推，1915年的"新文化运动"则是中国现代化的第三步，即从器物、制度层面的现代化转向了更深层次的思想、观念层面的现代化。正如陈旭麓先生所言："当革命派效法孟德斯鸠、卢梭、华盛顿的理想被军阀统治的丑恶现实撕成碎片之后，向西方寻求真理的人们开始由器物和制度层面楔入到文化心理层面，从中西之间的形而下的比较进入到形而上的比较。"在辛亥革命失败以后，先进的中国人开始认识到，只有"德先生"（Democracy）和"赛先生"（Science）才能拯救中国。被称为"中国新文化运动总司令"的陈独秀在《新青年》中就发表宣言："我们现在认定只有这两位先生（即德先生和赛先生），可以救治中国政治上、道德上、学术上、思想上一切的黑暗。"在"五四运动"以前的新文化运动基本上是以科学和民主为口号和内容。这表明，人们已意识到中国要现代化，必须要在观念层面现代化。新文化运动也正是中国在思想观念层面迈向现代化的显著标志。

总而言之，上述中国现代化的三个步骤都有一个共同的东西，那就是把学习西方作为现代化的取向。洋务运动是要学习西方的科学技术，以实现"坚船利炮"；辛亥革命是要学习西方的政治制度，以实现"民主共和"；而新文化运动则是要学习西方的科学与民主，以实现中国"国民性的根本转换"，用鲁迅的话说叫"唤醒铁屋子里面昏睡的人们"。为什么都要学习西方呢？这些现代化的追求，之所以以"西化"为目标，是基于一个假设基础之上的，这个假设就是"西方文明的先进与优越"。这个假设的前提究竟成立吗？当然，建立在工业文明基础上的西方近代文明相对于建立在农业文明基础上的中国传统文明而言，在许多方面都要优越一些，这是一个不争的事实。但是，诸多的事实又证明了"西方文明"并非尽善尽美，也存在许多阴暗面乃至危机。一个事实就是，1914年至1918年的第一次世界大战。那个曾经标榜是人类最先进文明的"欧洲文明"却在这场战争中显露出阴暗、残暴以及严重的危机。人们把第一次世界大战称作"欧洲的集体自杀"，长达四年的世界大战给人类带来了前所未有的灾难。据统计，整个战争期间，各国投入战场的兵力达7500万人，其中死伤者达3000多万；因战争引起的饥饿和灾害导致1000多万人死亡；战争带来的经济损失总计高达2700亿美元。对于世界大战的主战场欧洲来说，昔日繁华的城市沦为废墟，大批工厂、铁路、桥梁和房屋被毁坏。德国战败，其国势的衰弱自不待言，作为战胜国的英、法等国，其实力也大大削弱。战后，德国的一名中学教师（后来成为著名哲学家的）斯宾格勒在其著作《西方的没落》中就指出了"西方文明走向没落"的事实；对此李大钊也有深刻的认识，他说："此次战争，使欧洲文明之权威大生疑念。欧人自己亦对其文明之真价值不得不加以反省。"另一个事实就是，中国从鸦片战争后就认识到要"师夷长技"，之后的一系列现代化的举措也无不是以

中篇综述：翻天覆地的三十年

"师夷"（即学习西方）为主要任务，但是，后果如何呢？其后果是，中国不仅没有像西方国家那样强大起来，反而连连遭受西方国家的欺侮。用毛泽东的话说，先生老是欺负学生。除了近代西方列强发起的一系列对中国的侵略战争以外，还有一个显著的事例，那就是 1919 年的巴黎和会，中国作为参战国而且是战胜国参加会议，中国代表提出废除外国在华势力范围、撤退外国在华驻军等七项要求，以及取消日本强加给中国的"二十一条"等，但均遭拒绝。会议竟然规定德国应将其在中国山东的一切特权转交给日本。这个事件，再一次证实了西方资本主义弱肉强食的本质，再一次说明西方文明并不是尽善尽美的文明，其野蛮与腐朽在这些事件中充分暴露出来。这一事实，也彻底让中国人对学习西方的选择感到失望，开始怀疑以西方文明为现代化取向的正确性。

正当中国人学习西方碰壁以后，俄国发生了"十月革命"，第一次建立了一个不同于西方资本主义的社会主义国家。十月革命的胜利，使中国人看到了新希望。于是一些先进的中国人就把目光从学习西方转向了研究俄国，开始研究俄国革命，于是也开始接触并研究后来对中国社会产生巨大影响的马克思列宁主义。

随着马克思主义在中国的传播和研究的深入，随着 1919 年在巴黎和会上的外交失败，中国发生了一次声势浩大的群众爱国运动：五四运动。五四运动由于其彻底的反帝反封建的诉求，由于其实现了由学习西方向学习俄国的转化，实现了研究西方各种社会思潮向研究马克思主义的转化，实现了革命的主要力量由旧阶级向新阶级的转化，因而成为中国近代社会转折的重要标志。它标志着中国革命进入到一个新的时期——新民主主义革命时期。这个时期包括从 1919 年五四运动爆发到 1949 年中华人民共和国的诞生共计 30 年的历史，包括国共合作的北伐战争时期、国共十年对峙（即土地革命战争）时期、十四年的抗日战争时期和三年的解放战争时期。在这 30 年里，中国无产阶级及政党（共产党）登上政治舞台成为中国革命的主要力量，中国第一次实现了反对帝国主义战争的胜利，中国建立了一个完全不同于西方资本主义世界的崭新的国家。可以说在这 30 年里，中国发生了翻天覆地的变化，因此，我们把这 30 年称作"翻天覆地的三十年"。

二 中国人民的现实遭遇

1925年毛泽东在《中国社会各阶级的分析》中指出：分清敌我友，是中国革命的首要问题。在这个时期，中国人民继续受到外国帝国主义、本国封建主义的压迫，后来又增加了官僚资本主义的压迫。这三者，就是压在中国人民身上的"三座大山"。

（一）军阀割据与混战

中国反动势力的政治代表，在辛亥革命失败以后的一个时期，主要是帝国主义列强支持下的北洋军阀控制的政府，史称北洋政府。北洋军阀，民国军阀势力之一，由袁世凯掌权后的"北洋新军"主要将领组成，袁死后无人具有足够能力统领整个北洋军队及政权，各领导人以省割据导致分裂，以军队为主要力量在各省建立势力范围。在名义上仍接受北京政府的支配。但北京政权实际上由不同时期的军阀所控制，故而在北洋军阀时期北京政府又有北洋军阀政府（简称北洋政府）的称呼。历史上把长江吴淞口以北的军阀也称北洋军阀。袁世凯死后，北洋军阀分裂为皖、直、奉三大派系。

皖系的段祺瑞在日本支持下，控制皖、浙、闽、鲁、陕等省；直系的冯国璋在英美的支持下，控制长江中下游的苏、赣、鄂及直隶等省；奉系的张作霖以日本为靠山，占据东北三省。另外，山西的晋系军阀阎锡山，徐州一带张勋的定武军，西南的滇系军阀唐继尧和桂系军阀陆荣廷等，都在外国列强操纵下，尔吞我并，争斗不已。

1925年至1927年的大革命，就是以推翻北洋军阀的反动统治为直接的斗争目标。国共合作的国民革命军于1926年7月开始进行的北伐战争，在人民的支持下，基本上击溃了北洋军阀的主力。取代北洋政府统治全中国的，是国民党控制的中华民国国民政府。在北洋政府和国民党政府统治时期，中国社会的半殖民地半封建性质都没有改变，不仅封建压迫继续存在，中国的半殖民地化程度还进一步加深了。

（二）外国垄断资本的在华扩张

北洋政府是以外国帝国主义列强为靠山的。为了维护自身的统治，它不惜出卖国家利权，从而使外国侵略势力在中国得到进一步的伸展。国民党政府也是在帝国主义的支持下建立的。国民党统治的建立，并没有使中国摆脱帝国主义的压迫，而是为外国侵略势力深入中国进一步敞开了大门。在国民党全国统治建立以后的一个时期内，中国主要是美、英、日等国互相争夺的对象。

从1927年国民党政府成立到1937年卢沟桥事变的十年间，帝国主义的经济势力牢牢地掌握了中国的经济命脉。在重工业方面，外国资本控制了煤产量的55.2%，新法采煤量的77.4%，冶铁工业的95%，石油工业的99%，发电量的77.1%；在中国的现代工业和运输业中，外国资本占到了71.6%；外国银行资产也要比华商银行多1/3；外国资本还控制了中国的财政、金融以及若干主要的轻工业。1937年日本发动全面侵华战争，在"日满经济一体化"的口号下，中国东北的经济完全为日本的垄断资本所统治。在关内，沦陷区的经济也完全殖民地化了。如华北煤产量的65%都被运往日本。如同在东北一样，日本侵略者在关内不仅大量夺占农田，而且还大批征发夫役。他们不仅大量消耗关内的粮食和其他农副产品，而且还把这些物资大批运往日本。日本帝国主义的侵略，给中国人民带来了极其深重的灾难。

抗日战争胜利后，美国取代了日本在中国的地位。蒋介石集团之所以敢于发动反人民的战争，没有美国的支持是不可能的。作为接受美国援助的交换条件，国民党政府与美国签订了一系列丧权辱国的条约和协定，使美国在中国享有了种种特权，包括在中国土地上不受限制地倾销商品和投资设厂的特权；在实际上重新恢复的领事裁判权、内河航行权等。正是在国民党政府的支持和上述条约或协定的保护下，美国资本迅速在国民党统治区的经济生活中占据了支配地位。大量美国剩余物资如潮水般地涌入中国市场。正因为如此，反对帝国主义，打破外国垄断资本的控制，就成为中国新民主主义革命必须实现的首要任务。

（三）占优势地位的中国封建经济

这个时期，在中国的社会经济生活中占优势地位的，仍然是封建经济。

1. 超强的封建剥削

封建剥削制度是以地主占有大量土地，把土地出租给无地或少地的农民，借以收取地租、剥削农民的剩余劳动为基础的。在中国，大部分的土地为地主及旧式富农所占有，只有少部分的土地属于农民。地主以及旧式富农将土地出租给农民，向他们收取苛重的地租，主要是实物地租。据1934年的统计，全国22个省区的实物地租占农业产值的比重一般为45%左右，有的地区甚至高达五成、六成乃至七成以上。地租剥削不仅侵占了农民的全部剩余劳动，而且侵占了他们相当一部分的必要劳动。

除地租外，农民还受到商业资本、高利贷资本的剥削。商业资本、高利贷资本的剥削手段往往是超经济的。在新谷登场时，商人压价向农民收购粮食，待到青黄不接农民需购买粮食时，他们又把粮价抬高了。农民劳动的果实，通过不等价交换，相当一部分又被商人掠走。农民不能按期偿付本息时，不得不把自己的土地、房屋乃至子女典卖给地主。

地主、商人、高利贷者常常是三位一体的。地主不仅发放高利贷，有的还兼营商业。而商人、高利贷者也往往在获利后去购买土地，使自己成为地主。这个三位一体的结合，压在农民的身上，把他们的血汗差不多榨

2. 繁多的赋税压榨

政府当局在运用自己的权力维护封建剥削制度的同时，还通过征收苛重的赋税等直接对农民进行掠夺。

首先，是征收田赋。田赋本身很重，而且还有名目繁多的附加税。田赋名义上是向田主征收的，实际上田赋加重，地租也随之加重，这种负担归根到底还是落在农民头上。其次，是征收盐税。农民是盐的主要消费者，因而也是盐税的主要负担者。再次，是征收各种杂税。1929年至1933年，全国农村共有188种不同名目的捐税。1937年，杂税名目达到1756种。最后，是强迫农民服劳役（如修筑公路、碉堡等）和服兵役。

在残酷的封建压迫和剥削下，中国农村的经济日益陷入绝境。由于农业生产水平的低下，农村无法为中国工业的发展提供必要的商品粮、轻工业原料、工业品市场等条件，这就从根本上严重限制了中国工业的发展。占全国总人口80%以上的农民过着极端贫困的生活。许多人不得不吃糠咽菜，遇到天灾人祸，乃至用树皮、草根等充饥，更有大批农民被迫卖儿鬻女，流落他乡，直至冻饿而死。一些农村区域出现了"土地荒芜，路断行人，家有饿妇，野无壮丁"的惨状。正因为如此，反对封建主义，进行土地制度的彻底改革，就成为中国新民主主义革命的一项基本任务。

（四）官僚资本的急剧膨胀

1. 官僚资本的形成

1927年国民党在全国的统治建立以后，官僚买办资本急剧地膨胀起来，买办资产阶级发展成为官僚资产阶级，控制了全国政权。

官僚资本是中国的垄断资本，它垄断了全国的经济命脉。这个垄断资本和国家政权结合在一起，成为国家垄断资本。这个垄断资本同外国帝国主义、本国地主阶级密切地结合着，成为买办的封建的国家垄断资本。这就是蒋介石反动政权的经济基础。除国家垄断资本外，官僚的私人资本也属于官僚资本。而掌握着官僚资本的阶级，就是官僚资产阶级，即中国的大资产阶级。

与资本主义发达国家中的国家垄断资本不同，半殖民地中国的官僚资本即国家垄断资本并不是在工业生产发展、一般资本主义经济发展的基础上形成的，不是经过一般垄断而后进入国家垄断的。它是依靠帝国主义，勾结封建势力，直接利用国家政权，一方面掠夺工农劳动群众及其他小生产者，一方面压迫民族资产阶级、兼并民族资本，而直接成为国家垄断资本的。中国官僚资本的形成过程，也就是军阀、官僚政府建立和加强军事独裁统治的过程。

2. 官僚资本的垄断活动

首先和主要的是在金融业方面开始的。国民党政府通过"四行二局"（二局为邮政储金汇业局和中央信托局）为中心的金融垄断体系，不仅完全主宰了全国的金融业，而且直接操纵着全国的经济。

发行"法币"，是四大银行完成其金融垄断的决定意义的步骤。长期无限制地发行纸币，一直是国民党政府解决财政危机、发展官僚资本的主要手段。滥发纸币，造成了通货的恶性膨胀和物价的急剧上涨。人民手中持有的货币也就由此一天比一天贬值。到新中国成立前，物价飞涨已如脱缰的野马，甚至一天之内要上涨多次。到 1948 年 8 月，"法币"发行额比抗日战争前增长了 47 万多倍，物价则上涨了 7 255 862 倍。通货膨胀，物价飞涨，不仅使广大人民遭到一次又一次的洗劫，到了无法生存下去的地步，而且为官僚资本家进行买空卖空、囤积居奇、制造黑市以及吞并其他企业等投机活动大开了方便之门。

发行内债，是官僚资本扩张的又一个重要手段。承购内债的，主要是四大银行。内债不是按票面价值发行，而是按五折、六折推销的（如购买 100 元公债，只需付 50 元或 60 元），但还本付息时则按票面额十足计算，而且票面利息一般也在 6 厘至 8 厘之间。这样，承购内债，年利可达 3 分、4 分，即一年可获利 30%—40%。本来，内债的发行，就是以捐税作担保的。内债发行得越多，人民的捐税负担也就越重。这就是说，发行内债实际上正是把广大人民主要是农民的财富转化成为官僚资本集团财产的一种办法。

官僚资本集团利用自己的政治特权，依靠雄厚的金融力量，从事大规模的商业投机活动。官僚资本实际上主要是商业投机资本。外汇和对外贸易，是由它们垄断的。如孔祥熙家族独资经营的祥记商行专门贩卖匹头、煤油、颜料等洋货；宋子文家族经营的华南米业公司享有洋米进口免税、垄断洋米运销的特权。它们借助于国民党政府实行的贸易统治政策和专卖制度，控制了大量商品。它们以低于生产成本的价格进行收购，又以垄断价格出售，从而获取高额利润。比如，实行专卖制度后，许多以低价购入的专卖品大批落入官僚资本家之手，市场上专卖品极度缺乏，致使这类商品的黑市价格随之猛烈上涨，于是它们又把专卖品变成"转卖品"流入黑市，以黑市价格售出。专卖之利，就这样进入了它们的私囊。

官僚资本集团还利用国家政权的力量对工业实行垄断性的掠夺。1935年国民党政府成立的资源委员会垄断了全国主要的重工业和矿业。抗日战争胜利后，国民党政府又接收了日伪工厂4411家，其中发还原主或标卖的仅10%，其余绝大部分成了官营企业，或者化"公"为私，成了官僚资本家的私产。新中国成立前，官僚资本已经占到整个工业资本的2/3，工业运输业固定资本的80%。它拥有电力的67%，煤炭产量的33%，水泥产量的45%，纱锭设备的40%，织布机设备的60%，糖产量的90%，轮船吨位的45%，铁路、公路、航空运输的100%。总之，官僚资本不是在正常的生产发展的基础上积累起来的，而是官僚资产阶级利用超经济的特权，主要在从事金融和商业投机的过程中，在充当外国帝国主义的买办的过程中，通过掠夺广大劳动人民和兼并民族工商业而发展起来的。它是社会生产力发展的严重阻碍。正因为如此，反对官僚资本主义、没收官僚资本归新民主主义国家所有，就成为中国新民主主义革命的一项重要任务。

三　"两个中国"之命运

（一）三种政治力量，三种建国方案

在1921年中国共产党诞生至1949年新中国成立以前的时期，中国存在着三种主要的政治力量，有三种建国方案：

一是地主阶级和买办性的大资产阶级（1927年后形成官僚资产阶级）。他们是反动势力（有时称顽固势力）、民主革命的对象。其政治代表先是北洋政府，以后主要是国民党统治集团。在很长一段时间里，地主阶级与买办性的大资产阶级是半殖民地半封建的中国社会中占统治地位的力量。他们同广大人民处于尖锐对立的地位，因而主张继续实行地主阶级、买办性的大资产阶级的军事独裁统治，使中国继续走半殖民地半封建社会的道路。

二是民族资产阶级。他们是中间势力、民主革命的力量之一。其政治代表是民主党派的某些领导人物和若干无党派民主人士。他们的基本政治主张，是建立一个名副其实的资产阶级共和国，以便使资本主义得到自由的和充分的发展，使中国成为一个独立的资本主义社会。

三是工人阶级、农民阶级和城市小资产阶级。他们是进步势力、民主革命的主要力量，其政治代表是中国共产党。主张中国人民应当在工人阶级及其政党的领导下，首先进行一场彻底的反帝反封建的新式资产阶级民主革命，即新民主主义革命，以便建立一个工人阶级领导的人民共和国，即人民民主专政的国家；并经过这个人民共和国，逐步达到社会主义和共产主义。

（二）两种基本的选择，"两个中国"之命运

尽管在长时期里，上述三种建国方案始终摆在中国人民的面前，由他们在自己的政治实践中去做出选择，但是，从根本上说，由于资产阶级共和国的方案并不具备现实性，可供中国人民选择的方案主要是两个：或者是继续半殖民地半封建的旧中国，或者是创建新民主主义的新中国。

（1）资产阶级共和国的方案行不通。资产阶级共和国的方案之所以行不通，是由当时中国所处的时代条件和国内阶级关系的状况所决定的。

帝国主义不允许。帝国主义列强来到中国，不是为了使中国成为一个独立、富强的资本主义国家，而是为了掠夺中国，发展它们自己的资本主义。对于它们来说，政治上、经济上不独立的中国，乃是理想的倾销商品的市场、投资的场所与廉价原料、廉价劳动力的供应地。如果中国成为独立、富强的资本主义国家，它就要在平等的基础上与西方发达国家建立和发展关系。这是它们不能容忍的。它们既不愿意失去在中国的殖民主义利益，更不愿意看到中国在国际市场上成为它们的竞争对手。

它的力量过于软弱。其一，经济力量的软弱。中国民族资本主义经济是在半殖民地半封建社会条件下艰难地生长起来的，它也就具有了以下几个特点：第一，民族资本主义经济在国民经济中所占比重很小，它始终没有成为中国社会经济的主要形式。1936年，资本主义现代工业产值只占工农业总产值的10.8%；1949年现代工业产值也只占工农业总产值的17%。民族工业资产净值，1949年时也不过20.08亿元（1952年人民币币值），其力量之微弱，由此可见一斑。第二，在民族工业中，工业资本所占的比重小，商业资本和金融资本所占的比重大。全国抗日战争前，民族资本中80%是商业资本和金融资本，工业资本只占20%。第三，民族资本主义工业主要是以纺织、食品工业为主的轻工业，缺乏重工业的基础，不能构成一个完整的工业体系和国民经济体系，在技术、设备以至原材料方面不得不依赖外国垄断资本和本国官僚资本。1949年，在资本主义工业总产值中，生产资料的生产只占18.5%，而其中机器的生产只占1.4%，消费资料则占81.5%。中国工业只不过是装配工业（即以外国零件装配成机器）或加工工业（即以外国原料加工制成日用品）。商业资本因无强大的国内工业，它所经营的主要是批发外货和贱卖原料以供外国资本主义企业。这类情况，明显地表现出中国民族资本缺乏独立性。第四，民族资本所经营的工业，规模狭小，经营分散，技术设备落后，劳动生产率低。多数工厂没有现代化的机器设备，为手工业工场。这种情况，使得民族工业的产品成本高，在市场上缺乏竞争力。面对外国资本和官僚资本的压力，民族资本家力求通过加强对工人的剥削，挣扎图存。这是他们害怕工人觉醒和革命发动的一个重要原因。第五，民族资本主义经济和封建势力也有千丝万缕的联系。相当一部分民族资本家的前身，是官僚、地主。由于经营工商业没有获利的切实保障，一些民族资本家还用经营工商业所获得的利润，到农村去购买土地，然后出租给农民，从而兼有资本家和地主这样两重身份。正因为民族资本家同封建的土地所有制关系相当密切，他们也就不敢提出彻底否定封建土地所有制的政治纲领，从而也就不可能有效地去动员和组织中国反帝反封建的主力军农民的力量。

　　上述情况，决定了民族资产阶级是带两重性的阶级。民族资产阶级的这种两重性，决定了他们在一定时期中和一定程度上能够参加反帝国主义和反官僚军阀政府的革命，可以成为革命的一种力量，成为无产阶级的同盟军。而在另一个时期，就有跟在买办资产阶级后面，成为它的助手的危险。

　　其二，政治力量的软弱。第一，不敢发动农民，提不出彻底的土地革命的纲领，无法动员农民这个最广大的群众；第二，由于不敢进行革命的武装斗争，根本不掌握军队。因此，他们在政治上没有很大的分量。

　　在这种情况下，他们往往把实现民主政治的希望，寄托在统治阶级让步这种幻想之上。而中国的反动统治者由于自身社会基础的极其狭窄，其统治是十分残暴、又是十分虚弱的，它既不能容忍，更经受不住任何的民主改革。它绝不会对于中间势力关于建立民主共和国的要求做出原则性的让步。某些中间党派、中间人士虽然一再声称自己要"以民主的方法争取民主，以合法的手段争取合法地位"，反动统治者还是不断地用暴力对他们施行迫害，直至取缔他们的组织，监视、逮捕以至杀害他们个人。严酷的事实教育了他们，使他们逐步放弃了走中间路线的幻想，而站到了拥护共产党主张的新民主主义革命的立场上来。在反对蒋介石独裁统治的斗争中，中国各民主党派和无党派民主人士都做出了自己的贡献。

因此，资产阶级没有勇气和能力去领导人民进行彻底的反帝反封建的革命斗争，从而为建立资产阶级共和国扫清障碍。

（2）地主阶级与买办性的大资产阶级的方案由于违背中国人民的根本利益，遭到了广大中国人民的唾弃。随着新中国的诞生，它们的反动统治从根本上被推翻了。

（3）中国共产党提出的建国方案，逐步地获得了工人、农民、城市小资产阶级乃至民族资产阶级及其政治代表的拥护，由此成了中国最广大人民群众的共同选择。

上述情况，毛泽东在1949年6月《论人民民主专政》中指出："就是这样，西方资产阶级的文明，资产阶级的民主主义；资产阶级共和国的方案，在中国人民的心目中，一齐破了产。资产阶级的民主主义让位给工人阶级领导的人民民主主义，资产阶级共和国让位给人民共和国。"这段话，是对近代以来中国人民斗争历史经验的总结，它揭示了广大中国人民在长期探索、艰苦奋斗的基础上共同确认的一个历史性的真理。

四　教学小结

　　通过这篇综述的讲解，使学生对这一时期中国的历史进程有了一个整体上的把握，让学生了解在1919年五四运动至1949年新中国成立这个时期，中国社会的性质、主要矛盾、革命斗争的主力与五四运动以前都没有变化，不同的是，工人阶级、学生群众和新兴的民族资产阶级这些新的社会力量发展了起来；而工人阶级则代替资产阶级成了新式的资产阶级民主革命的领导力量。让学生相信有且只有在中国工人阶级的先锋队——中国共产党的领导下，才能推翻半殖民地半封建的社会制度，取得新民主主义革命的胜利，创建中华人民共和国，从而基本上完成了争取民族独立、人民解放的任务，为实现国家繁荣富强、人民共同富裕创造了前提，开辟了道路。综述是接下来几章教学的一个引子，同时也是对其内容的提炼。教师在讲解时注意浓缩精华于其中，让学生对即将开展的内容有一个大致的了解和把握，有助于接下来的深入学习。

第四章　开天辟地的大事变

授课对象

全日制普通本科生

学时安排

4 学时

教学目的

通过学习马克思主义在中国的传播以及中国共产党诞生的历程，领会中国为什么选择马克思主义和为什么选择中国共产党这一根本问题。再现共产党诞生后中国革命的新变化，说明共产党的诞生是中国"开天辟地的大事变"，即理解中国共产党诞生的伟大意义。

PBL 重点

①中国为什么选择了马克思主义？

②中国共产党诞生的历史必然性及其伟大意义。

教学难点

五四运动使中国革命和世界革命连在一起，马克思主义开始与中国革命运动相结合，并在此基础上产生了中国共产党。因此，中国共产党并非只是"舶来品"，而是马克思主义与中国工人运动相结合的产物。中国选择马克思主义是历史的必然，中国共产党的诞生也是历史的必然。

课后作业

①中国的先进分子为什么和怎样选择了马克思主义？

②为什么说中国共产党的成立是"开天辟地的大事变"？

③中国共产党成立后，中国革命呈现了哪些新面貌？为什么？

第四章 开天辟地的大事变

一 新文化运动和五四运动

（一）新文化运动的背景——北洋军阀的统治

北洋军阀是在清朝末年由袁世凯建立起来的封建的、买办的反动政治武装集团。他们以地主阶级和买办资产阶级作为自己的主要社会支柱，以外国帝国主义作为自己的主要靠山。

袁世凯当权时，北洋政府统治下的中国在形式上是统一的。在1916年袁称帝败亡之后，连这种形式上的统一也维持不住了，中国陷入了军阀割据的局面。军阀割据局面之所以形成，其深刻的原因，一方面是由于中国主要是地方性的农业经济而没有形成统一的资本主义市场经济，另一方面是由于帝国主义国家在中国采取划分势力范围的分裂剥削政策。这些割据称雄的各派系军阀之间，或者为了争夺中央政权，或者为了保持与扩大自己的地盘，进行连年不断的纷争，引发多次的战乱。

军队是封建军阀专制统治的主要支柱。各派军阀竞相扩充军队。为了支付庞大的军费，军阀政府不惜以出卖国家利权为代价大量举借外债，并采取强售公债、强迫借款、滥发纸币，尤其是增加赋税等办法，对各阶层人民主要是广大农民进行直接的掠夺。

（二）新文化运动

1. 新文化运动的兴起

新文化运动是指 20 世纪初反对封建文化的思想启蒙运动。由一部分激进的资产阶级、小资产阶级民主主义者发起，目的是要打破封建主义的束缚，力争实现名副其实的资产阶级民主共和国。辛亥革命时期，资产阶级民主思想的传播，已经触及封建主义旧文化的根基。然而，当时主要的斗争目标是推翻封建帝制，建立民主共和国，还来不及对封建文化进行比较彻底的清算。辛亥革命以后，因为封建势力掀起了尊孔读经的逆流，爱国知识分子日益认识到"皇帝虽退位，而人人脑中的皇帝尚未退位"，所以批判封建旧文化的新文化运动勃然兴起。新文化运动的旗手是陈独秀。

新文化运动以 1915 年 9 月陈独秀在上海创办《青年》杂志（1916 年 9 月起改名为《新青年》，1917 年初迁到北京）为起点和中心阵地，以民主和科学（"德先生"和"赛先生"）两面旗帜，向封建主义展开了猛烈的进攻。运动的代表人物是：陈独秀、李大钊、鲁迅、胡适、易白沙、吴虞、钱玄同等。

《青年》杂志自 1916 年 9 月起改名《新青年》。1917 年陈独秀应北京大学校长蔡元培之邀，担任北京大学文科学长，《新青年》编辑部随之迁往北京，李大钊、胡适、刘半农、钱玄同、鲁迅、吴虞、沈尹默、高一涵、易白沙等均参加编辑或撰稿工作。在《新青年》的影响下，宣传新文化、批判旧文化的各种刊物大量涌现，形成了新文化运动。

2. 新文化运动的内容

新文化运动以五四运动为界，分前后两个阶段。前期新文化运动的主要内容包括宣传民主与科学、批判孔教和提倡"文学革命"三个方面。

第一，宣传民主与科学

在《青年》杂志创刊号上，陈独秀发表了《敬告青年》一文，提出了青年应自主、进步、进取、面向世界、有用实利、追求科学六大主张。接着，他把这六大主张概括为"德先生"（Democracy，民主）和"赛先生"（Science，科学），"只有这两位先生可以救治中国政治上、道德上、学术上、思想上一切的黑暗"。民主和科学遂成为新文化运动的号角和批判封建旧文化的思想武器。

新文化运动所提倡的民主，旨在培养国民的民主精神。陈独秀指出："现在袁世凯虽然死了，袁世凯所利用的倾向君主专制的旧思想，依然如故。"因此，"如今要巩固共和，非先将国民脑子里所有反对共和的旧思想，一一洗刷干净不可"。中国"欲图世界的生存，必弃数千年相传之官僚的、专制的个人政治，而易以自由的、自治的国民政治也"，不能寄希望于"善良政府，贤人政治"。

新文化运动提倡的科学，旨在培养国民的科学精神，摒弃"无常识之思维"，"无理由之信仰"。陈独秀认为："吾人信仰，当以真实的合理的为标准。宗教上、政治上、道德上自古相传的虚荣、欺人、不合理的信仰，都算是偶像，都应该破坏！""近代欧洲之所以优越他族者，科学之兴，其功不在人权说下，若舟车之有两轮焉。"他大声疾呼，我国要生存于世界，"当以科学与人权并重"。

第二，批判孔教

辛亥革命以后，思想界一直存在着一股尊孔复古的逆流。1916年秋，康有为上书北京政府，建议定"孔教"为国教，列入宪法。国会复会后即展开讨论，批判封建专制主义和理论基础孔教就成了思想战线上的迫切任务。新文化运动以民主、科学为批判武器，高高举起了"打倒孔家店"的大旗。1916年初，陈独秀撰文指出，"儒者三纲之说，为一切道德政治之大原"。所提倡的是"以己属人之奴隶道德也"。

李大钊也发表了《宪法与思想自由》《孔子与宪法》《自然的伦理观与孔子》等文章，认为"孔子者，历代帝王专制之护符也"。在反孔斗争中，言论最为激烈的是吴虞。他说"儒家以孝悌二字为二千年来专制政治与家族制度联结之根干"，使中国"终颠顿于宗法社会之中而不能前进"。

鲁迅（1881—1936）则是一位勇猛的民主主义文化战士。他原名周树人，浙江绍兴人。1918年5月，他的《狂人日记》发表，揭露了封建礼教的吃人本质。他还写了《我之节烈观》，号召"要除去制造并赏玩别人苦痛的昏迷和强暴"。反孔斗争还涉及妇女解放、家庭婚姻、男女平等及个性解放等一系列社会问题。反孔斗争的展开，打破了封建势力把孔教定为国教的企图，促进了人们的思想解放。

第三，提倡"文学革命"

"文学革命"主要是提倡白话文、反对文言文，提倡新文学、反对旧文学。1917年，胡适发表了《文学改良刍议》一文，主张文学改良应从八事入手，即须言之有物、不模仿古人、须讲求文法、不作无病之呻吟、务去滥调套语、不用典、不讲对仗、不避俗字俗语。之后，陈独秀进一步提出了"文学革命"的口号，号召"推倒雕琢的、阿谀的贵族文学，建设平易的、抒情的国民文学"；"推倒陈腐的、铺张的古典文学，建设新鲜的、立诚的写实文学"；"推倒迂晦的、艰涩的山林文学，建设明了的、通俗的社会文学"。

提出要在文学形式上、内容上都进行一次革命。《新青年》自第4卷第1号（1918年1月）起改用白话文，采用新式标点符号。鲁迅的《狂人日记》《孔乙己》《药》等作品都是革命内容与白话文形式相结合的优秀代表作。

北京大学是新文化运动的中心。1916年蔡元培担任校长之后，采取"兼容并包"的方针，允许各种学派自由发展，并以他在学界和政界的声望，不断排除军阀对北京大学教学和学术活动的干扰，对新文化运动起了保护和支持的作用。

3. 新文化运动的意义和局限

新文化运动是辛亥革命在文化思想领域中的延续，是资产阶级新文化和封建阶级旧文化的一次激烈斗争。它在政治和思想上给封建主义以空前的沉重打击，破除了封建教条对人们思想的束缚，对中国人民，特别是知识青年的觉醒起了巨大作用。这是在新的历史条件下一次思想解放的潮流，它促使人们更迫切追求救国救民的真理，为马克思主义在中国的传播创造了有利的条件。

"五四"前的新文化运动，就其内容来看，仍然属于资产阶级旧民主主义性质，有着阶级的和时代的局限性。

这场运动基本上局限于高等院校和城市知识分子中间，未能将政治斗争与群众运动相结合。运动的倡导者忽视人民群众，没有把新文化运动同

第四章 开天辟地的大事变

广大群众相结合，使新文化运动局限在知识分子的圈子里，新文化新思想没有普及到工农群众中去。

在思想方法上还有形式主义的倾向，主要表现在对祖国文化遗产不加分析地完全否定，对西方文化非常崇拜。新文化运动的某些领导人物不能用历史唯物主义的观点看待中国文化和西方文化，认为中国文化一切皆坏，西方文化一切皆好。例如，钱玄同为了反孔而主张"唯有将中国书籍一概束之高阁一法"，才能避免"中毒"，甚至要"废灭汉文"，采用世界语。这种绝对化、简单化的态度，从思想方法上说是主观主义和形而上学的；从实践上说，则是脱离实际，不能解决批判继承和吸收的问题，对后来产生了不良影响。

尽管如此，新文化运动是资产阶级激进民主主义者领导和发动的一次思想解放运动。这场运动使封建主义在政治上和思想上遭到沉重打击，促进了中国人民尤其是知识青年的觉醒，为马克思列宁主义的传播创造了有利条件。

（三）五四运动

1. 五四运动的背景

首先，是新的社会力量的成长、壮大。在1914年至1918年世界大战期间，中国的资本主义经济得到了相当迅速的发展。中国资产阶级和工人阶级的力量也进一步成长起来。五四运动前夕，中国产业工人已经达到200余万人。这样，五四运动就获得了比以往的革命斗争更加广泛的群众基础。

其次，是新文化运动掀起的思想解放的潮流。受到这个潮流影响的年轻一代知识界，尤其是那些具有初步共产主义思想的知识分子，为五四运动准备了最初的群众队伍和骨干力量。

再次，是俄国十月革命对中国的影响。在当时，陈独秀就说，十月革命以后，"中国人也受了两个教训：一是无论南北，凡军阀都不应当存在；一是人民有直接行动的希望。五四运动遂应运而生"。毛泽东也说，俄罗斯以民众大联合打倒贵族、驱逐富人的事实，使"全世界为之震动"。革命浪潮风起云涌,"异军突起,更有中华长城渤海之间,发生了五四运动"。

五四运动前夕中国的社会情况可以说是"山雨欲来风满楼"。不久,五四运动就由"巴黎和会"上中国外交的失败作为导火线而爆发了。

2. 五四运动的经过

第一次世界大战结束后,1919年1月,美、英、法、意、日等帝国主义国家在巴黎召开所谓"和平会议"。中国作为战胜国之一派代表参加会议,并提出合理的要求。然而,由于美、英、法和日本相互勾结,根本不理睬中国人民的正当要求,反而无理地在和约中规定把德国在山东的各种特权,全部让给日本,至于日本强加在中国人民头上的"二十一条",又借口不在会议的讨论范围之内而置之不理。

巴黎和会彻底暴露了帝国主义的狰狞面目,也打破了中国人民对帝国主义的幻想。先进的知识分子认清了这个真理:只有依靠自己才能决定自己的命运。1919年5月1日,北京大学的一些进步学生获悉和会拒绝中国人民要求的消息。当天,学生代表就在北大西斋饭厅召开紧急会议,决定5月3日在北大法科大礼堂举行全体学生临时大会。中国外交失败的消息在报上发表,全国群情激昂,人们的悲愤再也不能抑制下去,一个声势浩大、规模壮阔的爱国运动终于爆发。

五四运动在其开始,只是具有初步共产主义思想的知识分子、小资产阶级知识分子和资产阶级知识分子三部分人的革命运动,6月3日之后,运动突破了知识分子的圈子,形成全国范围内工学商联合的群众性的革命运动。中国工人阶级以崭新的战斗姿态、英勇顽强的精神和无坚不摧的伟大力量,显示出自己是中国人民反帝反封建斗争的先锋队伍和领导力量。毫无疑问,中国工人阶级参加斗争,对五四运动获得重大胜利起了重要的作用。

3. "五四"爱国运动的历史特点及其意义

第一,五四运动表现了反帝反封建的彻底性。

近代以来,中国人民对帝国主义的认识经历了两个阶段。第一阶段是表面的感性认识的阶段,这典型地表现在义和团等笼统的排外主义的斗争上。第二阶段才进到理性的认识阶段,即看出了帝国主义内部和外部的各

第四章　开天辟地的大事变

种矛盾，并看出了帝国主义联合中国买办阶级和封建阶级以压榨中国人民大众的实质，这种认识是从1919年五四运动前后才开始的。在这场运动中，提出了"改造强盗世界，不认秘密外交，实行民族自决"和"另起炉灶，组织新政府"这样的口号。这表明，中国人民反帝反封建的斗争提升到一个新的水平线上了。

第二，五四运动是一次真正的群众运动。

如果说，辛亥革命的根本弱点之一，是没有广泛地动员和组织群众。那么，五四运动本身就是一场群众性的革命运动。

第三，五四运动促进了马克思主义在中国的传播及其与中国工人运动的结合。

五四运动是一次彻底地反对帝国主义和彻底地反对封建主义的爱国运动。在这次运动里，中国无产阶级开始登上政治舞台，并且表现了伟大的力量；具有初步共产主义思想的知识分子，起了领导作用。五四爱国运动发生在俄国十月社会主义革命以后，是当时无产阶级世界革命的一部分。五四运动是中国新民主主义革命的开端。

二 马克思主义在中国的传播

中国为什么选择了马克思主义？要先了解马克思主义在中国传播的大致情况。

（一）十月革命之前，马克思主义已进入中国人的视野

1848年马克思、恩格斯共同起草的《共产党宣言》的发表，标志着马克思主义的诞生。马克思主义为"病入膏肓"的人类社会开出了"共产主义"的药方，那是对现存世界的批判与否定。例如其序言中的一些名句："一个幽灵，共产主义的幽灵，在欧洲游荡"，"全世界无产者，联合起来！"，"让统治阶级在共产主义革命面前发抖吧。无产者在这个革命中失去的只是锁链。他们获得的将是整个世界"。因此，马克思主义一开始就引起了欧洲各国统治者的恐慌，马克思主义的诞生对19世纪中叶以后的欧洲社会产生了巨大震荡。在那之后的欧洲，出现了工人阶级的世界同盟，如1864年的"国际工人协会"，又称"第一国际"，是欧洲各国工会组织的世界大联合；也出现了反共产主义的旧势力的同盟，欧洲教皇、俄国沙皇、法国激进党人、德国警察等，为驱除共产主义这个幽灵而结成的"神圣同盟"。他们之间针锋相对，阶级斗争的硝烟弥漫欧洲。

虽然马克思主义在19世纪中期就产生了，而且很快就在欧洲社会产生

第四章 开天辟地的大事变

了巨大影响。然而，在中国，直到50年后中国人才第一次听说马克思的名字。在十月革命之前，中国人对马克思主义的认识还很肤浅，没有系统介绍和准确的认识。下面来看一下十月革命前马克思主义在中国的传播。

马克思主义后来成为中国无产阶级领导革命的理论武器，但在中国最早介绍马克思主义的却是资产阶级及其知识分子。1899年4月出刊的《万国公报》（基督教广学会办），登载英国浸礼宗传教士李提摩太（Timothy, Richard）节译的《大同学》一文，提到了马克思的名字，译为"马克偲"。1902年以后，梁启超、马君武都曾在他们的文章中介绍过马克思及其主张。对马克思、恩格斯以及他们的学说介绍较详细的是朱执信（同盟会会员）。他在《民报》上发表了一些文章，其中如《德意志革命家小传》一文，介绍了马克思、恩格斯的生平，并评述了《共产党宣言》和《资本论》。宣传无政府主义的《天义报》，刊登过恩格斯1888年为《共产党宣言》英文版所写的序言译文，还译载过《共产党宣言》第一章"资产者与无产者"。孙中山在1912年也曾称赞马克思学说，认为"麦氏（即马克思）之资本公有，其学说得社会主义之真髓"，孙中山还多次表示，他所提出的三民主义，其实质也就是共产主义。上述资产阶级思想家介绍马克思主义只是当作一种学说，只是取其中的某些论断，并没有把它当作一整套思想理论武器，更没有用它来指导中国的社会变革实践。真正推动马克思主义在中国的广泛传播的是在十月革命之后，其主要推动力量是无产阶级。

（二）十月革命后，马克思主义在中国广泛传播

十月革命，是马克思主义指导下的伟大的社会改造运动，它的胜利使中国先进分子受到极大鼓舞，他们从十月革命的胜利看到了中国的新出路，于是开始用马克思主义来观察、分析中国的问题。于是，马克思主义开始在中国广泛传播。毛泽东曾指出："在十月革命以前，中国人不但不知道列宁、斯大林，也不知道马克思、恩格斯。十月革命一声炮响，给我们送来了马克思列宁主义。十月革命帮助了全世界的也帮助了中国的先进分子，用无产阶级的宇宙观作为观察国家命运的工具，重新考虑自己的问

题，走俄国人的路——这就是结论。"① 下面来看一下十月革命后马克思主义在中国传播的状况。

十月革命后研究和宣传马克思主义的主要刊物：在五四运动以后，新文化运动从研究和宣传西方资本主义转向以研究和宣传马克思主义为主，《新青年》也逐渐变成宣传马克思主义的刊物。除《新青年》以外，1918年12月创刊的《每周评论》《北京晨报》及《晨报附刊》，1919年7月毛泽东在长沙主办的《湘江评论》等。

十月革命后研究和宣传马克思主义的主要代表人物，主要的有"三李三陈"。李大钊：于1918年7月发表了《法俄革命的比较观》，指出十月革命的社会主义性质，希望中国人民用它来迎接新的革命潮流。同年底李大钊在《新青年》上发表了《庶民的胜利》《布尔什维主义的胜利》，欢呼"试看将来的环球，必是赤旗的世界"。1919年5月，李大钊在《新青年》"马克思主义研究专号"上发表文章《我的马克思主义观》，这是我国第一篇系统介绍马克思主义的长篇文章，指出历史唯物论、政治经济学和科学社会主义革命理论三者是不可分的，而阶级斗争学说恰是把三大原理联络起来的"一条金线"。

李达：五四运动爆发后，李达就积极地为国内报刊撰文介绍社会主义思想。1919年下半年，他在上海《民国日报》上连续发表了《什么是社会主义》和《社会主义的目的》两文，阐述了社会主义基本原理，成为当时继李大钊《我的马克思主义观》之后的宣传马克思主义的重要文章。1918年秋至1920年夏，李达还翻译了包含马克思主义三个组成部分内容的三本日文著作，即郭泰的《唯物史观解说》、考茨基的《马克思经济学说》和高富素之的《社会问题总览》。这些书均于1921年5月由中华书局出版。这在当时国内有关马克思主义学说论著极少的情况下，起到了一定的启蒙作用。

李汉俊：李汉俊是早期马克思主义理论素养最高的马克思主义者之一。张国焘称他为"我们当中的理论家"，董必武称其为"我的马克思主义老师"。1918年，留学日本回国后，在上海从事翻译和撰述，宣传马克

---

① 《毛泽东选集》第四卷，人民出版社1991年版，第1470—1471页。

第四章 开天辟地的大事变

思主义。尤其对马克思经济学说有特别的研究。

陈溥贤（字渊泉）：1919年4月，《北京晨报》连载了笔名为渊泉的《近世社会主义鼻祖马克思之奋斗生涯》，5月，相继刊载了渊泉译的《马克思的唯物史观》，6月又登载了渊泉译的《马氏资本论释义》等。对马克思主义在中国的传播产生了重大影响。

陈望道：1919年从日本回国参加新文化运动，1920年应陈独秀之邀请赴上海参与编辑《新青年》，完整翻译了《共产党宣言》并于1920年8月正式出版，这是中国历史上第一部中文版《共产党宣言》。

陈独秀：曾经有过一种争论，即"陈独秀是不是一个马克思主义者"。之所以会有这样的争论，是因为他在国共合作期间的态度导致共产党的被动。毛泽东在中共七大预备会议上曾这样评价："陈独秀不是一个好的马克思主义者"；胡乔木在其起草的《中国共产党的三十年》中则评价道："陈独秀不是一个好的马克思主义者，他以马克思主义者的面貌出现，而实质是小资产阶级革命家。"毛泽东评价他虽然不是好的马克思主义者，但毕竟还算一个马克思主义者，但胡乔木的评价则从根本上予以了否定。我个人认为这个评价有失妥当。在新文化运动中，陈独秀发表了近200篇文章，宣传马克思主义。如《论政治》《劳动者的觉悟》《马克思主义两大精神》等，都是研究和宣传马克思主义的重要著作。更何况，不是马克思主义者，何以成为马克思主义政党的早期领导人呢？因此，陈独秀仍然是一位优秀的马克思主义者。除上述这些人物以外，到20世纪20年代以后，中国出现了一大批的马克思主义者。如毛泽东、周恩来、蔡和森、张太雷、瞿秋白、恽代英等。

十月革命后研究和宣传马克思主义的主要途径：蔡元培曾在其《社会主义史序》中指出："西洋的社会主义，二十年前才输入中国。一方面是留日学生从日本间接输入的……一方面是留法学生从法国直接输入的……俄国多数派政府成立以后，介绍马克思学说的人多起来了。"[①] 这段话概括了马克思主义传入中国的三种渠道：李大钊、李达、李汉俊、陈望道等人从日本引入介绍，这是最主要的渠道；周恩来、蔡和森等留法勤工俭学者

---

① 蔡尚思：《蔡元培学术思想传记》，棠棣出版社1950年版，第136页。

从法国、德国直接输入；张太雷、瞿秋白等人利用赴俄机会输入布尔什维克主义。

（三）马克思主义成为五四时期中国新思潮的主流

在 19 世纪末 20 世纪初，中国晚清政府的腐败与落后、中国社会的动荡，促使许多中国知识分子积极地去思考国家的前途和命运，努力探索救国救民的道路。从而，在全国范围内掀起了宣传和研究新思想的热潮。新文化运动便是在这种背景下发生的一次思想解放运动，各种新思潮汹涌而来，可谓沉渣泛起，泥沙俱下。当时中国较流行的共产主义思潮有哪些呢？主要有：无政府主义、空想社会主义、实用主义和改良主义等。马克思主义（即科学社会主义）只是各种思潮之一种，起初并不具备优势。只是在十月革命以后，通过一系列的实践检验和争辩，马克思主义的优势逐渐显露出来，逐渐成为中国新思潮的主流。概而言之，马克思主义之所以成为中国新思潮的主流，一是因为实践，二是因为争论。

第一，实践。实践使形形色色的空想社会主义理论破产，而马克思主义却在实践中得到进一步宣扬。五四时期，为数众多的小资产阶级知识分子把空想社会主义，如欧文的空想社会主义、日本武者小路的"新村运动"等，与中国古已有之的大同思想相结合，提出了脱离现实的空想的社会改造主张。例如"工读互助团"就是其中最典型的例子。他们主张：通过知识分子做工和帮助劳动者求学的办法，打破劳力和劳心的界线，把教育与职业、学习与生计统一起来，从而逐步实现社会的改良。在这种思想指导下，1919 年 7 月，少年中国学会成员左舜生、王光祈，提出在北京城郊租种菜园，实行半工半读的具体设想，经过酝酿和倡导，这个工读互助团很快在北京宣告成立。其成员主要是北京大学的学生，按劳动分工组成四个组，分住四处实行半工半读。工读互助团在北京成立的消息，引起了社会的广泛关注。李大钊、陈独秀、胡适等都曾对此表示支持。在其影响下，天津、武汉、南京、上海、扬州、长沙、广州等城市也先后成立了工读互助组织，曾风靡一时，热闹非凡，似乎照此做下去就可以创造出改造社会的奇迹。但是，好景不长，北京工读互助团成立不久，各种矛盾就日

第四章　开天辟地的大事变

益尖锐起来。首先是经济危机，人多事少，入不敷出，募捐来的开办费，很快就用光了，吃饭都成了问题；其次是人心涣散，观点不一，意见分歧，不少人宣布退团。不到一年，就纷纷解散。通过实践，许多人深刻认识到空想社会主义是不可能从根本上改造社会的，只有马克思主义才是救国救民的"良方"。陈独秀曾告诫青年："留心改造社会底人万万不可漠视这种客观的趋向，万万不能够妄想拿主观的理想来自由改造，因为有机体的复杂社会不是一个面粉团子能够让我们自由改造的，近代空想的社会主义和科学的社会主义之重要的区别就在此一点。"① 不少青年在走了一段弯路以后，由空想社会主义和改良主义转而信仰马克思主义。俞秀松就是其中的一个，他退出工读互助团后不久，在上海参加了共产党，并担任了中国社会主义青年团的第一任书记。

　　第二，争论。在马克思主义成为主流思潮的过程中发生过三次大的争论。首先，是"问题与主义之争"。胡适深受美国教育家杜威（John Dewey）实用主义的影响，在中国坚持实用主义。杜威是胡适在哥伦比亚大学读研究生时的导师，他应中国一些教育团体的联合邀请于五四运动前夕来华讲学，原计划只停留几个月，因为他对中国有了"好感"，一直延续到1921年7月才离华。杜威在中国的两年多时间，先后到过11个省，到处宣扬实验主义（实用主义）等主张，根据讲学内容整理出版的《杜威五大讲演》一书，两年中就印了十版。胡适深受杜威实用主义思想的影响，在1919年7月，发表了《多研究些问题，少谈些"主义"》的文章，要人们"多提出一些问题，少谈一些纸上的主义"，主张应研究具体的社会问题，而不要高谈主义。李大钊发表《再论问题与主义》进行反驳，认为问题与主义不能"分离"，研究实际问题与宣传主义必须结合，改造社会必须从"根本解决"，才能解决一个个的具体问题。

　　其次，是关于社会主义的辩论。张东荪、梁启超等曾以"社会主义"的名义宣扬改良主义时引起了广泛的社会争论。改良主义主要是受英国哲学家罗素的影响而产生的。1920年3月，梁启超创办讲学社，聘请英国学者罗素，批评十月革命和苏俄政府，反对阶级斗争，宣扬和平进入社会主

---

① 《新青年》第8卷第3号。

义，他说中国不可立即实行社会主义，因为社会主义"只适用实业已发达的国家，而不适用于实业未发达的国家"，所以中国的当务之急是发展实业。李达、陈独秀等对张东荪、梁启超等人的观点进行了系统的批判，指出社会主义运动的根本原则是："根本改造经济组织，谋社会中最大多数的最大幸福，实行将一切生产机关归为公有，共同生产共同消费"；这个原则不能因为"中国现时社会实况与欧美略有不同"而改变。陈独秀还在具体分析比较了5种社会主义流派后明确指出："只有俄国底共产党在名义上，在实质上，都真是马格斯主义"；"中国若是采用德国社会民主党的国家社会主义，不过多多加给腐败贪污的官僚政客以作恶的机会罢了"。①

再次，是马克思主义同无政府主义的争论。无政府主义是一种小资产阶级的思潮，20世纪初就从欧洲传入中国。其主要代表人物是刘师复和李石曾。其主要观点是：个人绝对自由，反对一切强权和政府，反对任何形式的组织和纪律，废除任何法律和军队；消灭国家，希望建立一个无政府的、绝对自由的共产主义社会。这种思想在中国社会产生过较大的影响，在反封建的斗争中也起过积极作用。五四时期，随着新思潮的出现和社会改造呼声的高涨，无政府主义也迅速流传，先后出版了70多种书刊，如《进化》《奋斗》《学生周刊》等，先后成立了30多个无政府主义团体。陈独秀、李达、李大钊、蔡和森等人阐述马克思主义的国家学说，批判无政府主义的观点。认为必须用革命手段夺取政权并建立无产阶级专政，在阶级消灭之前，必须建立强有力的无产阶级专政国家。通过争论，不仅扩大了马克思主义的影响，而且使更多的人认同和接受马克思主义，使它很快成为中国主流的社会思潮，为中国共产党的诞生提供了良好的思想理论基础。

---

① 陈独秀：《社会主义批评》，《新静》，第9卷第3号。

第四章　开天辟地的大事变

三　中国共产党的诞生及伟大意义

（一）中国共产党诞生的条件背景

中国工人阶级队伍的壮大及工人运动的发展为中国共产党的创立奠定了阶级基础；十月革命的胜利和马克思主义的广泛传播为中国共产党的创立提供了思想基础；列宁领导的共产国际给中国共产党的创立提供了直接的帮助。还有两个背景条件是教材当中没有讲到的，需要补充：一是第一次世界大战标志着以欧洲为中心的西方文明神话的破产，使中国人开始从其他途径寻求救国方略（俄国、中国传统）；二是辛亥革命也为中国共产党的创立提供了某些基础和条件。这两点当中的第一点，在《中篇综述》中已阐述。现在就第二点做详细说明，即辛亥革命与中国共产党创立的关系。毛泽东曾经指出："现代中国人，除了一小撮反动分子以外，都是孙先生革命事业的继承者。我们完成了孙先生没有完成的民主革命，并且把这个革命发展为社会主义革命。"[①] 这表明，孙中山领导的辛亥革命，对中国的社会变革和进步发生过巨大而深远的影响，包括中国共产党的创立。

具体说来，辛亥革命为中国共产党的创立提供了四个方面的条件。

第一，推翻了帝制开创了基本的民主，为中国共产党的诞生扫除了最

[①] 毛泽东：《纪念孙中山先生》，《人民日报》1956年11月12日。

初的政治障碍。

辛亥革命的第一个成就，清帝退位，结束了两千多年的封建帝制，而且建立了中国历史上第一个共和政府。南京临时政府在反帝反封建的斗争中，尽管是软弱的和带有妥协性的，但却使民主共和的观念深入人心，使中国的社会面貌逐渐改变。南京临时政府还颁布了具有宪法性质的《中华民国临时约法》，在中国历史上，这是第一次用法律的形式公布了公民应享有的基本民主自由权利。即使在北洋军阀的黑暗统治时期，人民的自由民主权利也远比清朝时代有很大的进步。如1905年创刊的《民报》只能秘密传递，而1915年陈独秀创办的《新青年》杂志就得以公开发行，便是一例。事实上《新青年》正是研究和宣传马克思主义的重要阵地之一。这表明，辛亥革命的实践和成就，不仅为新文化运动和五四政治运动的到来创造了条件，而且为中国共产党的诞生扫除了一些最初的政治障碍。

第二，宣传了民主和科学，为五四运动和马克思主义在中国的传播创造了思想条件。

辛亥革命在政治上的变革和成就，是以资产阶级民主革命的思想解放运动为先导的。早在兴中会成立前后，孙中山和其他革命志士仁人，为了反清革命、救亡图存、振兴中华和创建共和国，就重视学习和传播民主思想和自然科学，特别是进化论、天赋人权学说、共和政体和自然科学。在一段时间里，主要由资产阶级革命派介绍到中国来的民主和科学，成了人们破除迷信、解放思想、反对传统封建文化和进行暴力革命推翻帝制的思想武器。尤其是1905年至1907年与改良派的辩论，进一步提高了人们的革命意识和民主觉悟。辛亥革命时期的这次思想解放运动，不仅为推翻帝制、建立共和国的全国规模的革命做了思想准备，而且为而后的中国革命由旧民主主义向新民主主义转变提供了某些理论斗争的经验。

第三，辛亥革命促进资本主义经济的发展，有利于中国工人阶级的成长壮大。

凡是革命，就有解放生产力，发展生产力的作用。尽管辛亥革命在这方面的作用十分有限，但无疑已超过了它以前的任何革命运动的。辛亥革命在政治上的短暂胜利和对三民主义的广泛宣传，曾经在全国出现了一股变革旧制度的强大声势，不仅冲击了封建经济基础，而且对帝国主义的经

第四章　开天辟地的大事变

济侵略也有所遏制。此外，在南京临时政府存在时期，还颁布了许多保护和发展工商业的政策法令，使广大城乡，特别是沿海和长江中下游地区，一度确实出现了兴办"实业"、发展民族工商业的热潮。据统计，从1912年至五四运动前夕的8年间，新投资于近代工矿企业的民族资本就达1.3亿元，几乎接近于过去40多年投资总额1.5亿元的水平。随着中国民族资本主义经济的发展，以及其他资本主义经济的增长，中国产业工人的人数也有较快的增加。1900年，中国产业工人的人数是50万—60万人，而到1919年即接近于200万人。由于数量的迅速增长和受到辛亥革命在政治上、思想上的影响，工人阶级的斗争也有了新的发展。列宁在武昌起义后第一年，就明确预言："在中国将出现许多个上海，中国无产阶级将日益成长起来。它一定会建立这样或那样的中国社会民主工党。"

第四，辛亥革命的失败，促进了人民的觉醒，为中国共产党的诞生提供了社会基础。

革命的基本问题是政权问题。辛亥革命建立政权后三个月，便被帝国主义支持下的封建军阀袁世凯所窃夺。辛亥革命的失败，比它的胜利更使人惊心动魄。因为，在当时的半殖民地半封建的中国，发生了辛亥革命这样震动亚洲和世界的资产阶级民主革命，取得了推翻千年专制和建立共和国的伟大胜利，确实曾使人们一度认为，在帝国主义时代，学习西方，走资本主义道路可以救中国。然而，严酷的事实是，辛亥革命确实失败了，而且失败得迅速而彻底，连孙中山本人也说："夫去一满洲之专制，转生出无数强盗之专制，其为毒之烈，较前尤甚。于是而民愈不聊生矣！"辛亥革命带给人们胜利的喜悦和失败的痛苦之间，反差太强烈了，它迫使先进的中国人开始了新的思考。这种情形，正如毛泽东所指出的："帝国主义的侵略打破了中国人学西方的迷梦。很奇怪，为什么先生老是侵略学生呢？中国人向西方学得很不少，但是行不通，理想总是不能实现。多次奋斗，包括辛亥革命那样全国规模的运动，都失败了。国家的情况一天一天坏，环境迫使人们活不下去。怀疑产生了，增长了，发展了。"人们开始发觉辛亥革命失败的根本原因是它的阶级局限性和时代局限性，走资本主义道路已经不符合中国国情，工人阶级登上政治舞台和中国共产党的诞生成为革命发展的客观要求。例如：辛亥革命失败后，中国社会的基本矛盾更加尖锐。帝国主义和封建主义通过它们的代理人各派封建军阀，对中国人民进行更加残酷的统治和更加疯狂的掠夺。迫使中国人民完全不能照旧生活下去了，于是在中国孕育着一场新的高于辛亥革命的革命。革命的首要要求，就是动员民众。正如毛泽东同志所指出的："要打倒帝国主义和封建主义，只有把占全国人口百分之九十的工农大众动员起来，组织起来，才有可能。""国民革命需要一个大的农村变动。辛亥革命没有这个变动，所以失败了。"

（二）中国共产党创立的过程

1920年初，李大钊和陈独秀等人开始酝酿建党的问题。在法国留学的蔡和森，则明确提出应该建立"中国共产党"。在共产国际代表的帮助下，上海、北京、武汉、广州、长沙、济南等地的先进知识分子，建立起党的早期组织（共产主义小组）。在法国和日本留学的青年学生，也成立了党的早期组织。

1927年7月23日，中国共产党第一次全国代表大会在上海法租界望志路106号（今兴业路七十六号）举行。参加会议的各地代表有：李达、李汉俊、张国焘、刘仁静、毛泽东、何叔衡、王尽美、邓恩铭、陈潭秋、董必武、周佛海、陈公博、包惠僧（一说是陈独秀个人的代表）。他们代表着全国五十多名党员。共产国际代表马林和尼科尔斯基列席了会议。当会议进行到7月30日晚上时，突然有法租界巡捕闯进了会场，会议被迫中断。于是，最后一天的会议，便转到了浙江嘉兴南湖的一艘游艇上举行。

经过讨论，大会通过了中国共产党的第一个纲领和决议。纲领规定：党的名称是"中国共产党"；党的性质是无产阶级政党；党的奋斗目标是推翻资产阶级，废除资本所有制，建立无产阶级专政，实现社会主义和共产主义；党的首要政策是组织工农劳动者和士兵群众，宣传共产主义，进行社会革命；党的基本任务是从事工人运动的各项活动，加强对工会和工人运动的研究与领导。大会选举产生了党的领导机构——中央局，陈独秀为书记，张国焘负责组织，李达负责宣传。党的一大宣告了中国共产党的正式成立。党的完全建成则是在1922年党的二大上，明确制定了党的纲

第四章　开天辟地的大事变

领，包括最高纲领和最低纲领。

（三）中国共产党诞生的特点和伟大意义

1. 中国共产党诞生的特点

党一开始就以马克思主义为指导思想，并注意与工人运动相结合，没有受到机会主义、修正主义思潮的影响，具有无产阶级政党的纯洁性；党一建立就立即投身工人运动和革命活动，实干苦干，密切联系群众，全心全意为中国人民谋利益；党一成立就自觉地与共产国际和世界革命联系在一起，坚持无产阶级国际主义的原则；党一开始就是一个全国性组织，在全国共产主义者中具有崇高的权威。

理论准备不足，从资产阶级民主主义到马克思主义，从启蒙运动到无产阶级革命，在欧洲先进国家（如英、法）经历了几百年，在不够先进的俄国，也经过了八九十年，但在落后的中国仅20年；若从新启蒙运动开始，只有五六年；而从马克思主义正式传播开始，则更短，只有一两年。建党后，又忙于实际革命活动，理论补课也没有跟上。

2. 中国共产党诞生的伟大意义

中国共产党的成立，是一个"开天辟地的大事变"。在古老的中国出现了完全新式的，以实现共产主义为目标的，以马克思列宁主义为行动指南的无产阶级政党；自从有了中国共产党，中国革命的面目就焕然一新。

四 中国革命的新局面

（一）制定革命纲领，发动工农运动

1. 制定反帝反封建的民主革命纲领

中国共产党成立后，在斗争实践中十分重视运用马克思主义的观点，观察和分析中国面临的实际问题。党逐渐认识到，中国人民所受的最大痛苦，还不是一般的资本主义剥削，而是帝国主义的压迫和封建军阀的统治。1922年1月，中国共产党派代表出席共产国际在莫斯科召开的远东各国共产党及民族革命团体第一次代表大会。这次大会根据列宁关于民族和殖民地问题的理论，指明中国"当前的第一件事便是把中国从外国的羁轭下解放出来，把督军推倒"，建立一个民主主义共和国。这对于党制定当时的革命纲领给予了直接的帮助。

1922年7月16日至23日，中国共产党第二次全国代表大会在上海举行。大会通过对中国经济政治状况的分析，揭示出中国社会的半殖民地半封建性质，指出党的最高纲领是实现社会主义、共产主义，但在现阶段的纲领即最低纲领是：打倒军阀；推翻国际帝国主义的压迫；统一中国为真正的民主共和国。这样，二大就在全国人民面前第一次提出明确的反帝反封建的民主革命纲领。党的二大通过的决议案提出把党建设成为一个革命的群众性的无产阶级政党的任务，提出中国共产党是中国无产阶级的先锋队,是无产阶级的忠实代表,旗帜鲜明地展示了党的先进性。大会通过了党的第一个章程。

2. 发动工农群众开展革命斗争

中国共产党成立后,建立了中国劳动组合书记部,集中力量从事工人运动。在党的领导下,以 1922 年 1 月香港海员罢工为起点,掀起了中国工人运动的第一个高潮。在持续 13 个月的时间里,全国发生大小罢工 100 余次,参加人数在 30 万以上。中国共产党领导的工人斗争,显示了中国工人阶级的坚定的革命性和坚强的战斗力,扩大了中国共产党在全国的政治影响。孙中山正是从这个斗争中,认识到中国共产党是一支新兴的、生机勃勃的革命力量,因而下决心同它进行合作的。通过领导工人的斗争,中国共产党密切了同工人阶级的联系,党的自身建设也由此得到了加强。在工人斗争中涌现出来的一批优秀人物,如苏兆征、史文彬、项英、邓培、王荷波等先后加入了党的队伍,后来成为重要的领导骨干。党在工矿企业的基层组织逐步建立起来。

在集中力量领导工人运动的同时,中国共产党也开始从事发动农民的工作。1921 年 9 月,经过共产党人的努力,浙江萧山县衙前村成立了中国第一个农民协会,开展反抗地主压迫的斗争。1922 年 6 月,彭湃来到家乡广东海丰县赤山村,经过艰苦的工作,成立了农会。次年元旦,召开海丰全县农民代表大会,海丰总农会宣告成立,全县范围的农民运动轰轰烈烈地开展了起来。这种新式的农民运动,在中国共产党成立之前也是不曾有过的。

(二)实行国共合作,掀起大革命高潮

1. 国共合作的形成

二七惨案之后,中国共产党由此认识到,中国无产阶级虽是一个最有觉悟性和最有组织性的阶级,但是如果单凭自己一个阶级的力量,是不能取得胜利的。而要胜利,他们就必须在各种不同的情形下团结一切可能的革命的阶级和阶层,组织革命的统一战线。从此,中国共产党决定采取更为积极的步骤去联合孙中山领导的国民党。

孙中山领导的国民党大体是代表民族资产阶级和城市小资产阶级的政党。尽管这个党在几经挫折后，并没有多少实力，并且成分复杂，严重地脱离群众，但它有几个不容忽视的优势：一是它的领袖孙中山在人们心目中是中华民国的缔造者，他所领导的国民党在社会上是有威信的。二是在中国南方建起了一块能够容纳各种革命力量进行活动的根据地，拥有一支数万人的军队。三是孙中山在经历多次挫折后，深感其领导的革命必须改弦易辙，真诚地欢迎共产党同他合作，欢迎苏联援助中国革命。所以，中国共产党认为，"中国现存的各政党，只有国民党，比较是革命的民主派"，因此首先应当争取同国民党进行合作。可见，中国共产党在准备建立统一战线时，首先同国民党合作是经过慎重选择的。

1923年6月12日至20日，中国共产党在广州召开第三次全国代表大会。会议决定共产党员以个人身份加入国民党，实现国共合作。三大还明确规定，在共产党员加入国民党时，党必须在政治上、思想上、组织上保持自己的独立性。

1924年1月，中国国民党第一次全国代表大会在孙中山主持下在广州举行。大会通过的宣言对三民主义做出了新的解释，即新三民主义。新三民主义的政纲同中共在民主革命阶段的纲领基本一致，因而成为国共合作的政治基础。孙中山在大会上说："现在是拿出鲜明反帝国主义的革命纲领，来唤起民众为中国的自由独立而奋斗的时代了！"大会实际上确定了联俄、联共、扶助农工三大革命政策。这样，国民党一大的成功召开，就标志着第一次国共合作的正式形成。

2. 大革命的准备与进行

第一次国共合作实现后，以广州为中心，汇集全国的革命力量，很快开创出反帝反封建的革命新局面。首先，国共合作的实现，促进了工农运动的恢复和发展（以五卅运动为高潮）；其实，掀起了规模浩大的北伐战争。这一时期中国的革命被称为"大革命"或"国民革命"。

3. 大革命中的中国共产党

大革命是在国共合作的条件下进行的，没有国共合作，不会在短时间内掀起这样一场革命。在这场革命中，中国共产党起着独特的、不可代替的作用。没有中国共产党，不会有这场大革命。这是因为：

第四章 开天辟地的大事变

第一，大革命是在反对帝国主义、反对军阀的政治口号下进行的。而提出这个口号的，正是中国共产党。

第二，大革命是在以国共合作为基础的统一战线的组织形式下进行的。而中国共产党正是国共合作的倡导者和统一战线的组织者。周恩来说，"当时，国民党不但思想上依靠我们，复活和发展他的三民主义，而且组织上也依靠我们，在各省普遍建立党部，发展组织"。"当时各省国民党的主要负责人大都是我们的同志。""是我们党把革命青年吸引到国民党中，是我们党使国民党与工农发生关系。国民党左派在各地的国民党组织中都占优势。国民党组织得到最大发展的地方，就是左派最占优势的地方，也是共产党员最多的地方。"

第三，大革命是近代中国历史上空前广泛而深刻的群众运动。而中国共产党正是人民群众的主要发动者和组织者。经过共产党人的深入细致的工作，一向被视为一盘散沙的中国人民的力量逐步地组织起来、凝聚起来。1927年4月中共召开五大时，它领导下的工会共拥有280万会员，产业工人基本上都已经组织起来了。农会则拥有972万会员，由于一个农户一般为五口之家，而入会时只写一个人的名字，所以农会联合的农民实际上已经达数千万之众。这就为国民革命的发展、广东战争和北伐战争的胜利奠定了群众基础。

第四，大革命的主要斗争形式是革命战争。共产党人不仅帮助和推动了国民革命军的建立，而且在军队中进行了卓有成效的政治工作，积极提高国民革命军的素质，增强它的凝聚力和战斗力；共产党员在战斗中更是身先士卒，起着先锋作用和表率作用。由共产党直接领导的、共产党员叶挺任团长的第四军独立团，是一个突出的例证。独立团在北伐中战功卓著，使第四军赢得了"铁军"的称号。此外，共产党人还建立了一定数量的工农武装（工人纠察队、农民自卫军等），配合正规军作战，而上海工人的起义武装更是充当了解放上海的主力。

中国共产党对于大革命所做的独特的、重大的贡献，是当时人们所公认的。

4. 大革命的失败原因、意义和教训

第一，大革命失败的原因。

从客观方面来讲，是由于反革命力量的强大，是由于资产阶级发生了严重的动摇、统一战线出现剧烈的分化，是由于蒋介石集团、汪精卫集团先后被帝国主义势力和地主阶级、买办资产阶级拉进反革命营垒里去了。从主观方面来说，是由于中国共产党的中央领导机关在大革命的后期犯了以陈独秀为代表的右倾机会主义的错误，放弃了无产阶级对于农民群众、城市小资产阶级和民族资产阶级的领导权，尤其是武装力量的领导权，使那次革命遭到了失败。当时的中国共产党还处在幼年时期，没有经验，缺乏对中国社会和中国革命基本问题的深刻认识，还不善于将马克思列宁主义的基本原理和中国革命的实践结合起来。所以，右倾机会主义在大革命后期才在中共中央领导机关中占据了统治地位。

中国共产党在1922年7月召开的二大上，即决定参加共产国际。作为共产国际的一个支部，它当时直接受共产国际的指导。共产国际及其在中国的代表虽然对这次大革命起了积极的作用，所出的主意有些是正确的，但由于并不真正了解中国的情况，也出了一些错误的主意。幼年的中国共产党还难以摆脱共产国际的那些错误的指导思想，这对酿成陈独秀右倾机会主义错误有直接影响。

第二，大革命的意义和教训。

大革命虽然失败了，它的历史意义仍然是不可磨灭的。因为正是在这个时期，中国共产党人进行了轰轰烈烈的革命工作，领导了全国反帝反封建的伟大斗争，在中国革命史上写下了光荣的一页，同时开始探索马克思主义中国化的途径，初步提出了无产阶级领导的、人民大众的、反帝反封建的新民主主义革命的基本思想。通过这场大革命，中国共产党提出的反帝反封建的主张成为广大人民的共同呼声，党在群众中的政治影响迅速扩大，党的组织得到很大发展，千百万工农群众开始在党的领导下组织起来，党还开始掌握了一部分军队。所有这一切，为党领导人民把革命斗争推向新的阶段准备了条件。

中国共产党不但要建立革命的统一战线，而且要保持自身的独立性并争取无产阶级的领导权，否则就会犯右的错误；在中国的特殊条件下，要取得革命的胜利，必须坚持武装斗争，组建由共产党直接统率和指挥的军队；必须解决农民的土地问题，实现耕者有其田，才能充分发动农民参加

第四章　开天辟地的大事变

革命，扩大革命的力量；共产党必须加强自身的建设，加强党的民主集中制，既要发展党的组织和注重党员的数量，更要巩固党的组织和注重党员的质量。只有正确认识和解决了这些问题，中国共产党才能领导中国革命事业走向成功。虽然大革命的失败使中国共产党遭受惨重的损失，但中国共产党领导的人民革命的步伐并没有停止。中国共产党从革命失败的痛苦经历中经受了严峻的考验，获得了极为宝贵而深刻的经验教训，并很快从逆境中奋起，领导中国革命走上复兴之路。

五　教学小结

通过本章的学习，使学生了解马克思主义是从何时、由哪些人、经由什么渠道传入中国的基本历史事实。在通过一大批早期马克思主义者执着坚韧的努力宣传后，又是如何在种类繁多的执政方针中脱颖而出，成为当时中国的主流思潮的？使学生们了解到之所以选择马克思主义，不是某个人的决定，而是在实践和讨论的基础上，历史本身所做出的最合乎现实需求的正确抉择，由此自然促成了中国共产党的伟大诞生。

教学过程中，教师首先在心中确定一个主要的待解问题，把此问题设想为一个"洋葱心"，然后进行的课堂讲解应该是个"剥洋葱"的过程，老师可以亲自"剥"，亦可以组织课堂讨论引导学生去"剥"，层层剥开的过程同时是一个答疑解惑的过程，学生们在剥到最后自然就理解了促成一事结果的缘由。让学生在学习过程中有一种成就感，这应该成为教师教学的出发点和落脚点。

第五章　中国革命的新道路

授课对象
全日制普通本科生
学时安排
2学时
教学目的
通过学习"农村包围城市武装夺取政权"产生和发展的过程，理解马克思主义中国化命题提出的历史背景和意义，使学生认识到中国共产党是一个能把马克思主义普遍真理和中国革命具体实践结合起来的政党，是能够与时俱进的政党。

PBL 重点

①南京国民政府的性质及其反动本质，中国共产党以推翻南京国民政府为目标的革命的正义性。

②中国共产党探索新道路的艰苦历程和农村包围城市革命道路开辟的伟大意义。

教学难点

"农村包围城市，武装夺取政权"理论的是中国共产党对党内教条主义和共产国际脱离中国实际的错误指导的抵制而探索的关于中国革命的理论，对中国新道路的开辟具有重大意义。

课后作业

①以毛泽东为代表的中国共产党人是如何探索和开辟中国革命新道路的？

②20世纪二三十年代，中国共产党为什么连续出现"左"倾错误？

③中国革命新道路的开辟有何重大的历史意义和现实意义？

第五章　中国革命的新道路

一　南京国民政府的性质

问题：南京国民政府是"国民"政府吗？为什么要问这个问题呢？因为，这个问题涉及中国共产党所领导的革命斗争的合法性问题。如果南京国民政府是孙中山及大多数国民所设想的民主共和国，那么中国共产党反对南京国民政府的斗争就不具备合法性，共产党就是在搞破坏、在挑逗、在无事生非。相反，如果南京国民政府不是"国民共和"性质的政权，那么共产党的革命斗争就是必要的。

关于南京国民政府的性质，我们从两个方面来分析：南京国民政府的建立及其进步意义；南京国民政府的反动本质。

（一）南京国民政府相对于满清政府和北洋政府的进步性

1927年4月，在国共合作的北伐战争顺利推进的时候，蒋介石却发动了"四一二政变"，并于1927年4月18日宣布建立南京国民政府。南京国民政府的建立相对于晚清政府及北洋政府而言，有了巨大的进步，这是不争的事实。可以从如下三个方面加以说明。

1. 继续北伐和统一战争，实现国家统一

南京国民政府建立以后，继续北伐。1928年4月5日，蒋介石在徐州誓师北伐。6月4日，奉系军阀张作霖在从北京撤往东北的路途中被日本关东军炸死,即"皇姑屯事件"。张作霖死后,其子张学良宣布停战,12月29日,又通电全国,宣布服从国民政府,"改旗易帜"。至此,南京国民政府完成了北伐的任务。

旧军阀虽然消灭了,但是新军阀却各据一方,拥兵自重,甚至公开抢夺地盘,扩充势力。为了便于统一,蒋介石采取了一系列措施以加强中央集权。首先是调虎离山:1928年10月10日,国民政府改组,蒋介石为国民政府主席,兼安陆空总司令;阎锡山为内务部长;冯玉祥为军政部长;李忠仁为军事参议院院长。其次军事编遣,南京国民政府于1929年1月召开编遣会议,意在实现"军队国家化",将各军阀的部队进行改编。但是,经过长达两个多月的争吵,没有结果,所谓的编遣方案无法实施。后来,蒋介石凭借其国民政府领袖和国民革命军统率的身份,发起了一系列针对地方军阀的战争。1929年3月至7月的蒋桂战争、1929年10月至11月的蒋冯战争、1930年5月的中原大战等,相继打败了各地方军阀,基本上实现了全国的统一。统一国家的形成,极其有利于国家的发展和壮大。从1930年到1936年,可以说是中国在政治、经济乃至军事上迅速发展的时期,国力日益强盛。这为抗日战争的胜利奠定了坚实的基础。

2. 重新修订条约,收复部分主权

南京国民政府成立以后,并没有立即得到世界各国的承认。为了取悦于西方各国,蒋介石把北伐战争期间各帝国主义国家所制造的南京事件(宁案)归咎于"共产党的煽动"所致。而且答应向英、美等国道歉赔偿,并惩治凶手等。宁案,又叫"南京事件"。西方国家由于担心北伐战争破坏其在华利益(尤其是在上海等大都市的利益),因此准备通过武装干涉的手段阻止北伐。从1927年1月上旬开始,列强纷纷增派军队和军舰来华,并向上海集中。到3月,各国集中于上海的兵力达3万余人、军舰170多艘。23日上午,北伐军攻入南京。下午3时半,停泊在下关江面的一艘英国军舰和两艘美国军舰,以保护侨民为口实,向城内发炮轰击,达一个多小时,造成大量中国军民伤亡毁坏了大量的房屋财产。面对英美等军舰的挑衅,蒋介石却认为是共产党的过激行为所致,表示要惩治凶犯。蒋介石的这种表态,赢得了西方各国的信赖。不久以后,具体是在蒋介石完成北伐,即张学良改旗易帜以后,美国、英国、法国、德国、挪威、比

第五章 中国革命的新道路

利时、意大利、丹麦、荷兰、葡萄牙、瑞典、西班牙等国对蒋介石的南京国民政府表示承认。南京国民政府终于在国际上取得了合法地位。

在南京国民政府得到世界认可以后，蒋介石便于1928年7月发表了《南京国民政府关于重订条约宣言》，要求废除清政府及北洋政府与各国签订的不平等条约，重新订立新的平等的国际关系条约。条约内容如下：

南京国民政府关于重订条约宣言

（一九二八年七月七日）

国民政府为适合现代情势，增进国际友谊及幸福起见，对于一切不平等条约之废除，及双方平等互尊主权新约之重订，久已视为当务之急。此种意志，迭经宣言在案。现在统一告成，国民政府对于上述意旨，应即力求贯彻。除继续依法保护在华外侨生命财产外，对于一切不平等条约，特作下列之宣言：（一）中华民国与各国间条约之已届满期者，当然废除，另订新约。（二）其尚未满期者，国民政府应即以相当之手续解除而重订之。（三）其旧约业已期满，而新约尚未订定者，应由国民政府另订适当临时办法，处理一切。特此宣言。[①]

宣言发表以后，得到了英美等国家的认同，这些国家纷纷订立新约。在关税方面，改原来的"协定关税"为"国定关税"，获得了关税自主权；改"关税税款由外国银行经营保存"为"国民党中央银行储存"，从此，南京政府可以自由支配和使用。1930年5月，国民政府宣告完成了关税自主。经过谈判，各国基本上同意取消领事裁判权，1929年底，南京政府宣布，凡侨居中国的外国人，自1930年元旦起，同中国人一样受中国法律支配和司法机关管理。南京政府通过改订新约，在一定程度上恢复了长期丧失的部分主权，增加了关税收入，否认了领事裁判权，是中国近代史上的第一次，具有一定的积极意义。但没有完成废除不平等条约，取消帝国主义在华一切特权的历史性任务。

3. 财政经济政策，提升国家实力

由于关税自主，增加了国民政府的财政收入，1929年占国家财政收入的51%。此外，通过改革税收制度及统一盐税等措施也大大增加了国家财

---

① 南京国民政府外交部：《外交公报》第1卷，第3号。

政收入。在实业方面，也多采用集中、统一的方式，充分发挥国家的主导作用（后发国家往往通过这种方式），使交通运输、银行金融及其他工矿企业有了迅猛发展。当然，不利影响也是明显的，权力与资本过于集中，必然导致官僚主义的产生和发展，1936年四大家族基本形成，它们控制了国家经济命脉。此外，还颁布了土地法令，在一些地方也曾实行过土地改革。这些措施在一定程度上，促进了国民经济的发展，使国家实力得到了一定程度的提升。我们可以想象，如果没有这一时期中国的发展，要取得抗日战争的胜利是很难想象的。

正是因为南京国民政府相对于清政府和北洋政府而言，有上述进步意义，一些人因此认为南京国民政府就是真正意义上的资产阶级民主政府。共产党在这个时期掀起的以推翻南京国民政府为目标的革命斗争打断了中国发展的美好进程。果真如此吗？南京国民政府究竟是不是真正意义上的"国民政府"呢？下面我们来看看它的另外一面。

（二）南京国民政府的反动本质

虽然我们刚才讲了南京国民政府的建立及其发展对于中国社会的发展有一定的积极作用，但这个政权并不是真正意义上的"民主共和"性质的政权。蒋介石在谋求个人权力的过程中，与旧势力、帝国主义国家之间有很大程度的妥协，这就导致了南京国民政府有严重的封建性和买办性，就其实质而言，仍然是一个代表大地主、大资产阶级（包括买办资产阶级）利益的政权。一般的资产阶级和广大的农民及工人仍然是处于被压迫地位。对他们而言，要实现自身的解放，就得继续革命，推翻南京国民政府的统治。关于南京国民政府的性质可以从如下事实加以判断。

1. 与帝国主义国家妥协

1927年初，帝国主义国家在眼看北洋政府的垮台已无可挽回的时候，便希望寻求新的势力加以扶持，以维护其在华利益。例如：英美通过大买办虞洽卿、王一亭到南昌和蒋介石洽谈，答应借给6000万元，条件是要求蒋介石反共灭共。对此，蒋介石表示新政府不会改变租界的现状。蒋又向日本政府保证"永不反目"，并与亲日的奉系军阀频繁往来。即使如此，

第五章 中国革命的新道路

西方国家仍然不满意,并给蒋介石加压,于3月28日,英美日三国公使就南京事件(宁案)在北京商定了《宁案通牒》草案,给武汉政府提出四项条件:即道歉、赔偿、严惩责任者和保证今后不发生同类事件。草案还提出:敦促蒋介石"限时"采取令人满意的行动,实施上列条件;否则列强将有权"采取良认为适当的措施"。面对英美等国的压力,31日,蒋介石公开向报界宣布:关于南京事件"对外国人一定有相当满意的办法";至于收回租界,"我不主张用武力及暴力出之","各友邦侨民可以放心"。4月11日,英、美、日、法、意五国代表分别向武汉政府外交部部长和蒋介石递交了《宁案通牒》,这也叫"最后通牒"。对此,蒋介石立即做出响应,在通牒发出不到10小时,便发动了四一二反革命政变。"宁案"的交涉过程以及"四一二政变"的发生,充分证明了帝国主义国家在北洋政府失望之后,又希望通过分化瓦解的策略,把蒋介石从革命阵营中拉出来,成为他们的盟友。当时斯大林就指出:"帝国主义者轰击南京并提出最后通牒是表明,他们在寻找民族资产阶级的援助来共同反对中国革命。"

2. 与江浙财团和上海青洪帮势力的勾结

地缘政治:蒋介石年轻时在上海证券交易所的经理人。江浙财团以及上海青洪帮("青帮""洪帮"近十万黑恶势力)势力因为担心革命及革命过程中的工人运动损害他们的利益,因此他们联合起来镇压或阻止革命。他们也答应给蒋介石提供经济支持,当然,条件就是反共。例如青帮头子黄金荣、杜月笙、张啸林等,决定重新组织"中华共进会"和"上海工界联合会"(两个反共组织),对抗上海总工会,帮助蒋介石反共,典型例子就是组织了解除上海工人纠察队武装的打手。为了获得这些势力的经济支持,蒋介石与这些势力结成了同盟,开始走上了反共的道路。于是就发生了"四一二反革命"政变。蒋介石在南京国民政府建立以后发布的第一号令也是反共令:

国民党南京政府秘字第一号令

(一九二七年四月)

共产党窃据武汉,破坏国民革命之进行……综其所为,祸有甚于洪水猛兽;瞻念前途,不寒而栗。政府奉行先总理之遗教,誓竭全力,期三民主义之实现。唯欲建设独立平等之国家,必先扑灭一切反革命之势力。共产党图谋倾覆本党,逆迹昭著,中央监察委员会举发,并致训令国民革命军总司令蒋中正,于最短期间亟清叛乱。查此次谋逆,实以鲍罗廷、陈独秀、徐谦、邓演达、吴玉章、林祖涵等为罪魁,以及各地共产党首要、次要危险分子,均应从严拿办,着国民革命军总司令、各军长官、各省政府通令所属一体严缉,务获归案重办。至该党忠实同志,遵守三民主义始终不贰之信徒,在革命地域大都与贼相持,奋斗不懈,应着悉心保护,其余压迫而心迹可谅者,政府必分别办理,决不绝其自新之路。此令。附通缉共产党名单二纸。① (名单共列鲍罗廷、陈独秀、谭平山、林祖涵等193人)

3. 在农村与地主阶级势力勾结

政治上,实行保甲制度。1931年5月,为配合国民党军队"围剿"红军,先在江西试行保甲制度,在红军根据地的周围建立保甲组织。以户为单位,设户长;十户为甲,设甲长;十甲为保,设保长。保甲组织的任务主要是清查户口,摊派保甲经费,编练民团,修筑工事,保卫地方。保甲制度实行联保连坐法,规定保甲各户互相监视,不准通匪纵匪,否则各户连坐。保甲制度是中国封建专制制度的产物,国民党集商鞅的连坐法、王安石的保甲法和曾国藩的团练于一体,建立了严密的地方基层统治网。

经济上,孙中山在其三民主义中提出了"民生"政策,其主要内容在于平均地权。蒋介石以孙中山事业的继承者自居,宣称要"谋求中国土地问题之解决",为此曾颁布了一系列的土地法令,如1928年的《佃农保护法草案》《限制田赋令》;1929年《土地原则》;1930年《土地法令》;1932年《保障佃农办法原则》《剿匪区内各省农村土地处理条例》;1934年《办理土地陈报纲要》等。这些政策在一定程度上有利于农民的利益,但在大部分农村这些土地法令未曾真正地实行。即使胡汉民、林森、阎锡山等在江苏、浙江、山西等地曾实行过减租政策及土改实验,如"二五减租"法等,但收效不明显,后来因遭到农村地主的反对,不得不停止。就整个南京国民政府统治时期来看,农村的土地制度没有根本性的改变,仍然是地主土地所有制,仍然是封建性的土地制度。直到蒋介石败退到台湾

---

① 《中国国民党文献选编(1894—1949)》,中共中央党校科研办公室1985年版,第123页。

第五章 中国革命的新道路

以后才真正意义上实践了土地改革方案。这些事实也表明，在广大的农村，为了寻求农村地主阶级的支持，南京国民政府没有从根本上触动地主阶级的利益。这与孙中山的"耕者有其田"的理想相差甚远。

综上所述，蒋介石为了谋求其在中国的统治权利，不仅与帝国主义势力相妥协，而且与本国大资产阶级和封建地主阶级相互勾结，从而使南京国民政府仍然是一个代表大地主、大资产阶级的利益的政府，并不是孙中山及广大民众真正所期望的国民政府。共产党推翻南京国民政府统治的革命就顺应了历史的要求。

二 中国革命新道路的探索实践

上一部分讲到了中国共产党领导的革命的正义性与必要性。那么中国共产党要通过什么样的革命道路才能达到取得反帝反封建斗争胜利的革命目标呢？

在当时的世界关于无产阶级革命已经有了比较完备的理论，也有了一些现存的经验。马克思、恩格斯早已在《共产党宣言》中提出了无产阶级革命的理论，即暴力革命。《共产党宣言》中曾指出："共产党人不屑于隐瞒自己的观点和意图。他们公开宣布：他们的目的只有用暴力推翻全部现存的社会制度才能达到。……共产党人的最近目的是和其他一切无产阶级政党的最近目的一样的：使无产阶级形成为阶级，推翻资产阶级的统治，由无产阶级夺取政权。"[①] 从实践来看，1871年法国巴黎的无产阶级通过这一暴力革命的手段推翻了资产阶级政权，建立了人类历史上第一个无产阶级政权——巴黎公社。1917年11月，俄国无产阶级也在这一理论的指导下，在圣彼得堡掀起了革命，并很快取得了胜利，这就是大家熟知的"十月革命"。

无论从马克思主义理论还是从世界其他各国无产阶级革命的实践看，似乎都说明"以城市为中心的工人武装暴动"的革命道路是正确的。于

[①] 《马克思恩格斯文集》，人民出版社2009年版，第44页。

是，中国共产党在与国民党合作领导的北伐战争中，就是沿用了这一条革命道路。即从广州出发，向北以攻打长沙、九江、南昌、武汉、上海等大城市为目标。这场斗争声势浩大，迅速占领了许多大城市，战火也很快从珠江流域推进到长江流域，半个中国很快置于国民革命势力之下。这仿佛又证明，在中国，也可以通过"以城市为中心的暴力革命"道路取得革命的胜利。正是基于这一认识，中国共产党在"四一二政变"后的独立革命过程中，最先采用的方式仍然是"以城市为中心的暴力革命"。如南昌起义、广州起义、秋收起义及这一时期全国各地所爆发的100多次革命斗争，大多是以"夺取城市"为目标，然而大多以失败而告终。为什么呢？如果"夺取中心城市"这条路走不通，中国革命的出路何在？

问题：中国革命道路问题的提出：中国革命应该走什么路？

在一系列武装起义均失败的情况下，为了解决当时中国革命道路问题，中共中央于1928年在莫斯科召开了第六次全国代表大会。中共六大虽然对当时中国的革命形势和革命性质作了较正确的分析，肯定了共产党在农村进行土地革命和建立工农革命政权的做法。但是六大以后，在革命道路问题上以李立三为代表的党中央却依旧坚持"城市中心论"。

（一）中共中央依旧坚持"以城市为中心"

他们认为：乡村是统治阶级的"四肢"，而城市是他们的"头脑与心腹"，如果只毁其"四肢"，是不能置反动势力于死地的，必须"斩断头脑""炸裂心腹"，才能置敌人于死地。此外，他们还认为，如果到农村去发展革命，很可能被农民意识所淹没，如果农民运动超过了城市的工人运动，中国革命就有"变质"的危险。因此，斗争应以城市为中心。这是当时中共中央的主流认识，在党内占统治地位。他们之所以得出这样的认识，是因为一直认为"暴力革命"的理论和"十月革命"的经验是神圣的、正确的，而没有充分考虑中国的实际。

事实上，当时的中国与西方的国家有很大的差别。首先，中国的无产阶级在中国还没有成长为一个强大的阶级，在共产党创立之初，全国工人阶级的数量才200万左右，而作为一个拥有几亿人口的中国来说，这简直不足为道（0.5%）。在中国最大的阶级是占中国人口80%以上的农民。在这样的一个农民国度里进行革命，如果忽视了他们的利益、忽视了他们的力量，怎么能说中国的革命是一场（解放人民、幸福人民的）人民的革命，怎么能说中国共产党的宗旨就是"全心全意为人民服务"呢？因为，农民是中国人民的主体，如果忽视了农民的利益、忽视了农民的力量，就不能说是人民革命。正如今天，中国虽然总体上达到小康，但并不是全面的小康（人均3000美元）。如果中国农民没有过上小康生活，怎能说中国就进入了小康社会呢？这是一个十分浅显的道理。因此，那种担心在农村革命会被农民意识淹没、中国革命有变质的危险而不愿到农村去发动农民起来斗争的看法是何等的可笑。其次，在1927年前后，中国革命形势发生了根本性的变化，如果还沿着北伐战争的道路走下去，继续以城市为斗争中心，势必要承担更大的风险。1927年，"四一二""七一五"反革命政变以后，蒋介石南京国民政府在全国实行白色恐怖统治，大量逮捕和杀害共产党人和革命志士。据统计，从1927年下半年到1928年底，被逮捕并杀害的共产党人和革命志士就多达31万多人，其中共产党员2.6万人，使革命的力量急剧减弱。同时，中国共产党的合法地位也被取缔，共产党的组织和党员的活动都受到严密的控制。与此相对照，反动势力却因蒋、汪政变，而变得更强大。在这种情况下，中国共产党如果以如此虚弱的革命力量公开暴露于大城市与强大的反革命力量进行斗争，无异于以卵击石，必然是自取灭亡。1927年以后共产党发动的一系列武装斗争的失败也就证明了这一点。

因此，当时党中央以"城市为中心"的道路是不符合中国实际的、冒险的错误路线。基于上述对中国实际情况的认识，以毛泽东为代表的共产党人大胆地对中国革命道路问题进行了一系列的探索。

（二）以毛泽东为代表的共产党人"另辟蹊径"

毛泽东则与当时的党中央相反，不是把注意力放在城市，而是放在中国广大的农村。毛泽东为什么要到农村去、到农民中间去寻求中国的革命出路呢？这应当归因于他那剪不断的农民情结。首先，毛泽东是直接从农

第五章　中国革命的新道路

村、从农民中间走出来的。他在十七岁之前从来没有离开过韶山冲，一直待在农村，亲眼看见或者亲自参加过当地农民反对地主阶级的斗争（例如抢米运动等）。因此对中国农村问题有最直接的认识，对蕴藏在农民当中的革命力量有比较清楚的了解，同时对中国农民的生存状况能够发自内心地同情。其次，在国民革命时期，毛泽东也曾深入到农村去进行长期（大革命后在湖南进行了长达32天）的调查研究，并写就了《中国社会各阶级分析》《湖南农民运动考察报告》等著作，提出了农民问题是中国革命的主要问题、农民是中国革命的主要依靠力量等思想。正是由于对中国农民问题有较深刻的认识，在秋收起义攻打中心城市长沙的计划接连受挫以后，毛泽东不顾中央的反对，毅然将起义部队带到了湘赣边境的井冈山地区，在那里开创了中国第一个农村革命根据地——井冈山革命根据地（5000多人，三个团，结果只剩下1000余人）。当然，毛泽东是为此付出了沉重的代价的。由于毛泽东违背了中央"攻占中心城市"的方针，在1927年11月14日，中共中央在《政治纪律决议案》中做出了对毛泽东的处分：认为毛泽东是右倾机会主义者，把秋收起义部队领上井冈山是一种军事投机的错误，于是开除了毛泽东中共中央政治局候补委员并撤销他湖南省省委委员的职务。当时，中央派中共湘南特委一个叫"周鲁"的人向毛泽东本人传达这个决议。然而，在这个决议的传达过程中，周鲁认为毛泽东太右了，在革命过程中没有执行中央的"变小资产为无产，强迫他们革命"的方针，同时对土豪劣绅屠杀得还不够，于是就有意误传毛泽东被中央开除了党籍。因此，毛泽东在井冈山还当了几个月的"党外人士"，连党的支部会议也不能参加，就是靠工农革命军第一师师长的职务来指挥部队，直到朱德上井冈山后，才恢复了毛泽东的中央委员职务。

在井冈山革命根据地的带动和影响下，从1927年到1930年，在全国各地形成了大大小小十几块革命根据地。如毛泽东、朱德——赣南闽西；徐向前——鄂豫皖；彭德怀、滕代远——湘鄂赣；方志敏——闽浙赣；贺龙——洪湖、湘鄂西；邓小平——左右江；刘志丹——甘陕；等等。从此，中国的革命由大革命失败后的低潮转向新的高潮，呈现了一个崭新的局面。

在创建这些革命根据地的革命实践过程中，积累了许多宝贵的经验教训。从 1928 年到 1930 年，毛泽东写了大量的理论著作对这些经验教训进行总结。例如，1928 年 10 月 5 日《中国红色政权为什么能够存在?》、1928 年 11 月 25 日《井冈山的斗争》、1930 年 1 月 5 日《星星之火，可以燎原》、1930 年 5 月《反对本本主义》等。在这些著作中，毛泽东充分论述了中国革命为什么要以农村为中心？中国革命能否实现农村包围城市、最终夺取全国政权的目标等问题。这些论述表明毛泽东关于中国革命道路问题已经有了较全面、系统的思考，因此这些著作的发表标志着有中国特色的革命道路"农村包围城市，武装夺取政权"的理论已基本形成。

（三）为什么中国革命要以乡村为中心呢？

"农村包围城市，武装夺取政权"道路理论的核心内容：以乡村为中心，在乡村建立和发展红色政权，实行工农武装割据，在长期的斗争中积聚和发展革命力量，等条件成熟时夺取全国政权。"以乡村为中心"，是这一理论的核心内容。

为什么中国革命要以乡村为中心？——中国共产党为什么要到农村去领导中国革命？"去"是一个动作，能让中国共产党做出这个"去"的决定的因素不外乎两个方面：一个被动的，即被迫的；另一个是主动的，即因为农村有诸多好的条件，所以共产党要到农村去。

1. 中国共产党被迫去农村

中国共产党在城市斗争的失败使其被迫转向农村斗争。早在中国共产党诞生之初，就以城市为中心，以工人为主体，发动了一系列工人运动。如：香港海员工人大罢工、安源路矿工人大罢工、京汉铁路工人大罢工等。这些罢工斗争在反动军警的武装镇压下，以震惊中外的"二七惨案"而结束。后来，在 1927 年蒋介石、汪精卫发动反革命政变以后，中国共产党虽然拿起了武器，进行了一系列的武装斗争（如前所述的南昌起义、秋收起义、广州起义等），但这些斗争绝大多数也是以失败而告终。惨重的现实和血的教训，使中国共产党不得不到农村去寻求中国革命的新的生机。

第五章　中国革命的新道路

2. 中国共产党主动去农村

中国共产党到农村去斗争，所到之处大多是贫困的山区，当地资源本来就十分贫乏，革命军队到来后，生活十分困难。同时，外围的反动势力也在不断地进行围剿。在这种内外交困的环境中，能否长期坚持战斗，革命的红旗到底能打多久？能否最终实现农村包围城市、夺取全国政权的胜利？一些官兵对革命的前途丧失了信心。对此，毛泽东在《中国红色政权为什么能够存在》中，论述了中国红色政权之所以在农村能够长期存在的条件，解开了官兵的疑惑，再一次鼓足了广大官兵"革命必胜"的希望和信心。农村有哪些条件呢？

第一，中国政治经济不平衡

从经济不平衡看，近代中国随着帝国主义的侵略和资本输出，使资本主义生产方式在中国发展了起来。然而，由于中国的资本主义发展受到了帝国主义和本国封建主义的压制和阻碍，资本主义在中国没有健康发展，没有取得在中国经济上的主导地位，在中国依旧是封建经济占主导地位。这就是近代中国经济的典型特征——资本主义经济与封建经济同时存在。然而，这种存在于城乡之间并非均衡地存在，资本主义多集中在大城市和交通干道，而在广大的农村却依旧是"自给自足"的封建经济占统治地位。"自给自足"意味着什么呢？意味着农村可以不依赖于城市而长期存在，也就意味着中国无产阶级可以在农村环境中长期斗争。从政治上看，在城乡之间反动势力的政治力量也是不平衡的。反动势力大多以城市为据点，对农村的统治却十分薄弱，在许多偏远的农村还没有形成反动势力直接支配的势力，这就为中国共产党在农村发展革命力量提供了广阔的空间。即农村是反动势力最薄弱的地方，在这里斗争，容易取得胜利。政治上的不平衡还表现在另一个方面，即反动势力内部并不是铁板一块、紧密团结的，而是充满着矛盾和冲突。中国是一个被多个帝国主义国家控制的对象，帝国主义国家之间因为在中国的势力范围或者经济利益上存在的矛盾而产生冲突和斗争，这种冲突和斗争在国内则直接表现为军阀混战。其中直系冯国璋依靠英美，奉系张作霖依靠日本，皖系段祺瑞依靠日本。中国的军阀混战，既削弱了反动阵营的力量，又给中国共产党领导的农村革命根据地的存在和发展提供了有利时机。从中国共产党的几次大发展时期中，我们便可理解这一点。从井冈山革命根据地的创立到1931年中华苏维埃共和国临时中央政府建立，这是一个大发展时期，而这个时期正是蒋介石与冯系、阎系、桂系等各路军阀混战的时期。抗日战争时期，是中国共产党的又一个大发展时期，由长征结束后的2万—3万人发展到抗战结束时的120万人，这个时期可以说也是帝国主义国家之间，本国反动势力与帝国主义之间矛盾斗争的表现。

第二，有良好的群众基础

中国共产党到农村去进行斗争，可以将占中国人口80%的农民组织起来，这是一股强大的革命洪流。但是，如果这些占中国人口80%的农民对革命不理解，不知道革命为何物的话，也很难将这股力量组织起来。如鲁迅作品《药》中的农民会是什么样呢？事实上，中国的农民早在北伐战争时期就觉醒了，尤其是湖南、湖北、广东、江西等地的农民，曾经接受过北伐战争的洗礼。这些地区的农民为了配合北伐战争，曾经开展过土地革命，并曾获得过土地。然而在北伐战火烧过之后，他们又失去了土地。因此，他们对共产党领导的土地革命十分留恋，并欢迎共产党领导的革命再次到来。另外，这些地区的农民在北伐战争中，曾建立过农会和共产党的组织，也有一些农民曾接受过政治、军事训练。因而，当革命到来之后，他们会自觉地参与并积极地投入战斗。而这些，正是革命根据地和红色政权在农村得以存在和发展的群众基础。

第三，有不断向前发展的革命形势

革命形势是什么？为什么说革命形势的存在和继续发展是中国革命根据地和红色政权得以存在和发展的条件？为了让大家理解什么是革命形势，笔者举一个例子。假若在中国的农村，农民与地主之间过着十分和睦、安宁的生活，此时如果你把战火引向农村，会得到农民的支持吗？可想而知。从这里我们可以知道，革命形势就是指引起革命的矛盾。矛盾的存在也就意味着革命形势的存在。那么，大家思考一下在大革命失败以后中国的革命形势如何呢？事实上，大革命以后，引起中国革命的几对矛盾不仅一个都没解决，反而有所激化和发展。例如，除了帝国主义与中华民族的矛盾、封建主义与人民大众的矛盾以外，还有帝国主义之间、封建主义之间以及帝国主义与封建主义之间的矛盾等。这些矛盾一日不解决，中

第五章 中国革命的新道路

国人民便一日处于水深火热之中。反帝、反封建、反官僚资本主义依旧是广大人民群众的要求。在这种情况下,中国共产党领导的民族、民主革命斗争,正顺应了人民群众的这一要求。因此,可以说中国农村革命形势的存在和继续发展,是农村革命根据地和红色政权得以存在和发展的条件。

第四,有相当力量的正式红军的存在

在八七会议上,毛泽东同志明确提出了枪杆子出政权的理论,强调中国共产党建立并领导属于自己的革命军队的极端重要性。从南昌起义以后,中国共产党便开始建立自己的军队。先后经历了中国工农革命军、中国工农红军、八路军、新四军、中国人民解放军。中国共产党正是依靠这支军队来捍卫根据地和红色政权的。正如毛泽东所说:"相当数量的正式红军的存在,是农村革命根据地赖以存在的支柱,假若中国共产党领导的只是地方赤卫队,而没有正式的红军,是抵挡不住反动军队的进攻的。"事实上,从1930年到1933年,面对国民党军队向根据地发起的数次大的"围剿"战争,如果没有相当数量的红军的存在,是不可能取得胜利的。

三 新道路理论及其伟大意义——实事求是

实事求是,就是把马克思主义理论与中国革命实践结合起来、把其他国家或者历史的经验与中国现实结合起来。

(一)"实事求是"是一种科学方法。

陈云同志曾把"实事求是"理解为"不唯上,不唯书,只唯实"。毛泽东就是在这样一种精神之下,冲破马克思主义条条框框的束缚,最终走出了一条中国式的革命道路的。先前所讲的"毛泽东被开除党籍"就是因为违背了上级的指示,而被指责为右倾机会主义者。毛泽东到农村去领导革命,还被人指责为"披着马克思主义外衣的农民运动的领袖"。事实上,中国共产党并不是一开始就找到了这一条"农村包围城市,武装夺取政权"的革命道路,在毛泽东之前,年轻的中国共产党在革命道路问题上曾犯了一次右倾投降主义的错误和三次"左"倾错误:陈独秀的右倾投降主义错误、瞿秋白的"一次革命论"、李立三的"城市中心论"及王明的系列"左"倾错误。(问题:哪是"左"、哪是"右"?讲清楚中国革命过程中"左"倾错误和"右"倾错误的表现及实质)

以邓小平为代表的第二代中央领导集体,也正是在"实事求是"方法指导下,把马克思主义关于社会主义建设的理论与中国的建设实践结合起

第五章 中国革命的新道路

来，找到了有中国特色的社会主义建设道路。邓小平的可贵之处，在于冲破了长期以来关于姓"资"还是姓"社"的问题争论。

1992年的南方谈话中，他指出：判断的标准，应该主要看是否有利于发展社会主义社会的生产力，是否有利于增强社会主义国家的综合国力，是否有利于提高人民的生活水平。这就是著名的"三个有利于"的思想。邓小平还指出："生产关系究竟以什么形式为最好，恐怕要采取这样一种态度，就是哪种形式在哪个地方能够比较容易比较快地恢复和发展农业生产，就采取哪种形式；群众愿意采取哪种形式，就应该采取哪种形式，不合法的使它合法起来。"邓小平在20世纪五六十年代说起过的一句话："不管黄猫黑猫，抓住老鼠就是好猫"是这一论述的最好写照。从这些论述可以看出，邓小平把握了社会主义的本质——解放生产力，发展生产力，消灭剥削，消除两极分化，最终达到共同富裕。为了达到这一目标，他跳出了教条主义的束缚，进行了一系列实事求是的探索，最终走出了一条中国特色的社会主义道路。

（二）"实事求是"也是一种敢于牺牲的勇气。

历史上多少人为了"实事求是"而付出了沉重的代价。从文艺复兴时期的哥白尼、布鲁诺，到中国"文化大革命"时期的马寅初、邓子恢，再到"文化大革命"结束后中国安徽凤阳县小岗村的那十几户农民。他们为了实事求是，曾经付出了生命的代价，或准备付出生命的代价。

例如，1978年安徽凤阳小岗村那18户农民在分承包田地时，写了一份合同，在当时被认为是"生死状"：我们分田到户，每户保证全年上交公粮，不再向国家伸手要钱要粮；如不成，我们干部坐牢杀头也甘心，大家保证把我们的小孩养到十八岁。然后是一一按上手印盖章。"摁手印"，对老百姓来说，那意思再明白不过：生死由命，义无反顾。正是这份透露出农民为求生存不惜以身家性命作最后一搏的悲壮文字，打开了中国改革的一个伟大突破口。

四　教学小结

　　通过本章学习，使学生认识到"农村包围城市，武装夺取政权"理论是中国共产党集体智慧的结晶。这一理论反映了国民革命失败后中国革命发展的特殊规律，指出了中国革命的正确方向，为中国共产党领导人民夺取革命在全国的胜利提供了正确的依据。同时使学生认识到这一理论的形成也是中国共产党抵制党内的教条主义和共产国际那些脱离中国实际的错误指导，坚持一切从中国实际出发，创造性地把马克思列宁主义的基本理论与中国革命具体实际相结合的典范，为马克思列宁主义理论宝库增添了新经验、新结论，在毛泽东思想的形成和发展史上有着极为重要的地位。对我们今天借鉴这一思想，探索中国特色的社会主义建设发展道路有着重要的指导作用。

第六章　中华民族的抗日战争

授课对象
全日制普通本科生
学时安排
2 学时
教学目的
　　了解日本帝国主义对中国侵略不断加深的过程以及给中国人民带来的巨大灾难的史实，激发学生的爱国情感；通过学习正面战场和敌后战场在抗日战争中的作用，理解中国共产党实行人民战争路线，开辟敌后根据地的原因和意义；通过学习中国人民在抗战过程中进行的艰苦卓绝的斗争，使学生明白正是这种不屈不挠的民族精神保证抗战的最后胜利，了解中国抗日战争的伟大意义和基本经验。

PBL 重点

①日本大陆政策的由来以及对中国侵略的不断加深。

②抗日民族统一战线的形成及重大意义。

③国民党正面战场和共产党敌后战场在抗日战争中的作用。

④抗日战争胜利的伟大意义和基本经验。

教学难点

日本侵华战争属于第二次世界大战的重要组成部分,中国的抗日战争也就是世界反法西斯战争的重要战场。因此,揭示抗日战争及其胜利的世界性意义是本章的教学难点。

课后作业

①为什么说中国的抗日战争是神圣的民族解放战争?

②为什么说中国共产党是中国人民抗日战争的中流砥柱?

③为什么说中国人民抗日战争是弱国战胜强国的范例?

第六章　中华民族的抗日战争

一　日本对华政策的由来

众所周知，19世纪上半叶之前的中国一直处于东方文化的中心地位，引领着整个东方世界的发展方向，是该地区公认的权威和顶礼膜拜的对象。而地理上孤悬汪洋、独处一隅的日本，由于本土多山丘，土地贫瘠，资源匮乏，人口密集，再加上文化的蒙昧和经济的落后，对繁盛的中国一直崇尚有加，在与中国的频繁交往中汲取中国文化的涵养，从而成为汉（汉字）文化圈中的一名成员。也就是说，在19世纪上半叶以前，在中日关系中，中国始终处于上势的主导地位，日本却一直处于下势的依附地位。

但是，19世纪中叶以后，资本主义的全球性扩张深入到世界的东方，打破了东方世界的平静与常态。尤其是1840年鸦片战争之后，中国"天朝上国"的权威被击碎，东方世界传统的宗藩体制也因此而动摇。日本对中国的态度却因中国在与西方列强的战争中的失败而发生改变。从敬重、效法中国转向了疏远、孤立中国，甚至蔑视并欺辱中国。到19世纪90年代初，日本与中国已经从"友好的邻国""敦睦的邦交"彻底地走向了对立。这一转变是怎么发生的呢？

中国在鸦片战争中的失败，给日本人以强烈的刺激。一部分日本社会的精英们急切地想了解事情的真相，而且希望亲自到中国来看个究竟。1862年，幕府派商船"千岁丸"号前往上海，就是在这种背景下发生的一件具有重大影响的事情。此行目的有二：一是尝试与中国开展贸易，二是对中国进行实地考察。随船前去的人员有两类：幕府官员和各地派遣的武士，其中有高杉晋作、中牟田仓之助、名仓予何人等。他们在上海共计逗留了59天，贸易活动进展不大，但对中国社会的考察却取得了巨大成果。回国之后，他们撰写并发表了大量的报告、日记、随笔、游记等考察作品，如《游清五录》《长崎到唐国上海航海日记》《清国上海见闻录》《支那见闻录》等。这些著品在日本社会引起了极大的反应，使得日本对中国的看法发生了剧烈的变化。中国已不是原来日本人心目中的"天朝上邦""圣人君子"之国了，而是潜藏着严重的社会危机的病态的中国。一些政治目光敏锐的人看到了中国的政治腐败和军事的衰弱，产生了"中国不堪一击"的印象，因而产生了侵略中国的欲望和念头："按兵之要在精而不在众。然而今之清人，徒以其兵多将广为傲，却不知其已露微弱之耻也。今次我等到上海其兵营中所观，士兵皆敝衣、垢面、跣足、光头、无刀，人人如乞丐般颓然，无一人而见有英武之气。如斯之士兵，则我国之一人，可抵其五人也。若率一万骑之士兵征讨彼等，直可纵横全清国矣。"[①]

在这个事件之后的19世纪下半叶，在日本朝野掀起了一股关于是继续"闭关锁国"还是"开放国家"、是"提携亚洲"还是"征服亚洲"、是"视中国为外交伙伴"还是"竞争敌手"的大讨论。其中樽井藤吉的"兴亚论"与福泽谕吉的"脱亚论"便是极富代表性的两种观点。"兴亚论"又叫"大东合邦论"或"大东亚共荣"。1891年5月至11月，樽井藤吉在《自由平等经论》杂志上连续发表文章，阐述其"大东合邦"的振兴亚洲的主张。他认为：面对世界列强，日本应该与朝鲜"合邦"，与中国"合纵"，定国名为"大东"，实现以日本为盟主的三国一体化，从而振兴东亚。所谓与中国"合纵"，就是面临着被西洋列强分割的危险，"日本对于清国的开明，承担着指导性的作用"，清朝政府应该与日本联合以抵御西洋。因为日本现有的国力还难以与中国完全地"合并"，所以应该先期实行"合纵"。"大东合邦之事，与清国有益无害矣。"樽井藤吉还指出这与

---

① ［日］峰源藏：《清国上海见闻录》，转引自刘天纯等《日本对华政策与中日关系》，人民出版社2004年版，第56页。

第六章　中华民族的抗日战争

欧洲的殖民地方式并不相同。他认为欧洲社会是"异种族混合的",其文明进步靠"竞争"取得,而东亚社会则是"一种族繁殖的社会",应用"亲和"创造同种相合,造成一大势力,以与欧洲相对抗。樽井藤吉的所谓"亲和"概念,日后便被衍化成"共荣"的战略思想,成为"大东亚共荣圈"观念的最基本的核心理论。这种主张,对于提升日本的民族精神有极大的鼓舞作用,因而在日本获得了广泛的接受。与"兴亚论"相反,福泽谕吉却提出了"脱亚论"。"为建立今日大计,吾人决不犹豫等待邻国开明后一起振兴亚洲,相反,吾人应该离脱此一队伍,与西洋国家共进退。吾人虽与中国、朝鲜为邻国,但在交往上也不必特别精心关照,应同西洋人对待中国朝鲜之方法处分中国。因为与恶友相亲者则不免共负恶名。吾人应从内心谢绝此一东方之恶友。"这就是福泽谕吉的所谓"脱亚入欧论"。在甲午战争期间,福泽谕吉在《时事新报》上连续发表社论,赞美日本的军事行动。对于台湾的反割让、反统治,他则主张"消灭所有抵抗者,没收其土地属政府所有",并坚决主张"把台湾变成无人岛",消灭全岛的台湾居民,或驱逐全台湾住民,使之成为日本人的移住地。表面上看来,樽井藤吉的"兴亚论"与福泽谕吉的"脱亚论"是矛盾的,但两者都为当时日本政府采纳,以"大东亚共荣"为借口,实施对中国的侵略。或者说,"兴亚论"成为日本的口号,而"脱亚论"却指导着日本侵略中国的实际行动。日本近代所制定和实施的旨在征服中国、称霸亚洲的"大陆政策"正是这一思想的体现。

所谓"大陆政策",就是指日本国力向亚洲大陆发展,使日本成为主导亚洲的国家。日本大陆政策最早源于16世纪的丰臣秀吉,他曾在军中发表誓言:"在我生存之年誓将唐之领土纳入我之版图。"丰臣秀吉曾先后两次远征朝鲜,都以失败结束,美梦终成泡影,但是其侵略大陆和征服中国的思想,却给日本留下了很大的遗毒,为日本后继的"海外扩张""大东亚共荣圈""大日本帝国"等军国主义理论提供了思想基础。就近代而言,明治天皇是日本大陆政策的首倡者。1868年,明治天皇在继位时发布了"开拓万里波涛,布国威于四方"的《御笔信》。在明治时期日本的大陆政策形成过程中,开国元老山县有朋起到了关键的作用。1890年3月,他又在国会发表施政演说,公然提出"大陆是日本的生命线"的侵略理论。他指出：盖国家独立自卫之道有二：一曰守护主权线，二曰保卫利益线。所谓主权线，国疆是也；也谓利益线，乃同我主权线之安危密切攸关之区域是也。……方今于列国之间，欲维持国家之独立，独守主权线已不足，非保护利益线不可。山县有朋的演讲，把"守卫主权线"和"保卫利益线"作为日本国家独立自卫的基本方针，十分明确地把中国列入日本的利益线之内，从而使大陆政策具体化、公开化。"甲午战争"之后，山县有朋提出《陆军兵制改革议案》，进一步阐述了"主权线"和"利益线"的思想，提出了日本"成为同洋之盟主"，"开辟利益线，称霸于东洋"的目标。

为了实施大陆政策，1878年，日本设立了直属天皇、意在向中国开战的最高军令机关"参谋本部"。1880年，编辑出版汇集中国各种情报的六册《邻邦兵备略》，着力鼓吹为打败清国而扩军备战。1887年，日本参谋本部拟定《征讨清国策》，计划攻占中国北京和长江中下游的战略要地，吞并从辽东半岛到台湾的沿海地区和岛屿以及长江下游两岸地带，肢解其余中国国土，使之成为日本的属国；或者直接在"中国大陆建立一大日本"。当思想准备到位后，日本在1894年发动了侵略中国的甲午战争，这是其实现大陆梦想的一次大规模尝试；1904年在对俄战争中的胜利使日本实际上占据了朝鲜和南满，并把辽东半岛改为"关东州"，之后又成立了"满铁——南满铁路股份公司"和"关东军"，作为经济上掠夺和军事上侵略中国的两大支柱，其推进大陆、侵略中国的胃口随之大增。1907年，日本首次制定由天皇批准的《国防方针》，正式提出对外扩张攻势战略，强调日本的发展命运有赖于中国大陆，把中国作为侵略掠夺的主要对象。1908年，日本桂太郎内阁通过了《对外政策方针决议》，其中的对华政策主要是："扶植我国在该国的势力，以便当该国发生不测事变时，能够确保我国的优势地位；同时必须采取措施，使满洲的现状永远持续下去。"第一次世界大战爆发，日本乘欧美各国无暇东顾的机会，积极扩充它在中国的势力，一方面于1915年以答应借款为理由向袁世凯政府提出了所谓的"二十一条"，妄图不通过战争而吞并中国。另一方面以对德宣战为幌子，把原先属于德国的势力范围山东据为己有。1927年，日本军国主义者把最富于侵略野心的人物田中义一推上首相宝座。田中一上台就立即召集有日

第六章 中华民族的抗日战争

本驻华外交官、日军总部和关东军头目参加的"东方会议",制定了一整套侵略中国的"对华政策纲领":①区别"中国本土和满蒙";②应和"各地的稳健政权"取得联系;③帝国在华权益以及日侨生命财产如有受"不逞分子"非法侵害之虞时,帝国当根据需要采取坚决自卫的措施。"东方会议"的核心是在实现满蒙与中国分离之后,以满蒙为基地,展开全面侵华战争。"东方会议"之后田中首相根据会议决定起草了一个秘密文件,并在一次御前会议上呈奏天皇,这就是我们通常所说的"田中奏折",这个奏折明确地提出了"欲征服世界,必先征服中国;欲征服中国,必先征服满蒙"的战略方针。1928年日本即出兵山东,强占济南,阻止中国军队北伐,并制造了"济南惨案"。日本占领济南以后,蒋介石被迫下令北伐军绕道北上。当北伐军临近平、津之地时,日本乃公开声言:"战乱进展之京津地方,其祸害或将及于满州之时,帝国政府为维持满州之治安,或将不得已而采取适当而有效的处置。"1929年,资本主义世界爆发了经济危机。面对危机,日本当局企图用发动侵华战争的手段转移人民的视线。1931年5月29日,著名日本侵华战犯板垣征四郎就指出:"打开我国目前经济困难局面的根本政策,不外乎是向海外发展",并认为"只有占领中国东北才是解决这个问题的根本出路"。"九一八事变"就是在这种背景下发生的。当日军肆虐进攻沈阳时,驻守在沈阳北大营的中国东北军王以哲第七旅出于民族义愤,准备与日军决一死战,并以十万火急的电报请示对策,蒋介石命令东北军"绝对不准抵抗",并要他们撤退到山海关以内。结果日军于19日兵不血刃就占领了沈阳城。东北军在从驻地撤退时,"官官流涕、士兵痛哭,悲号之声,闻于遐迩"。他们沉痛地说:"我辈分属军人,不能捍卫国家,竟使敌人长驱直入,能不愧煞?无如长官有令,采取不抵抗办法,不然,吾人拼一条命与其抵抗,死而后已,不忍见大好河山,沦于敌人之手。"从9月至11月仅三个月时间,东北3000万同胞落入敌手,100多万平方公里的土地沦于日本帝国主义的殖民地。日本帝国主义用武力侵占我国东北的时候,所出动的兵力,包括关东军和其他武装力量在内共计1.5万人,而当时驻扎在该地区的张学良东北军就有25万人,仅沈阳地区还有精锐部队2万余人,而且在沈阳附近还拥有飞机、战车、兵工、迫击炮厂等战略物资和设施。如果中央当局能下令坚决抵抗,日本帝国主义的侵略阴谋是不会得逞的。但是，不幸的是，此时蒋介石正热衷于剿共，在其"攘外必先安内"政策的指导下，祖国的大好河山，轻易地沦丧。"九一八事变"后，日本又相继制造了"一二·八事变""华北事变""卢沟桥事变""八一三事变"等，一步一步地推行其大陆政策。

第六章　中华民族的抗日战争

二　国共两党在抗日战争中的地位和作用

　　抗日战争是以国共合作为基础的全民族的抗战，无论是共产党领导的八路军和新四军，还是国民党领导的国民革命军，在这一场战争中都做出了巨大的牺牲，为抗日战争的最后胜利做出了重大的贡献。然而，如何评价国共两党在抗日战争中的地位和作用呢？

　　在过去很长一段时间，由于受意识形态的影响，在大陆史学界过分地强调共产党在抗日战争中的作用，而忽略甚至否认国民党在抗日战争中的作用。关于国民党正面战场的描述，常常使用的字眼是"一溃千里""不战而逃"，而对于国民党的评价，强调的也是"消极""妥协""分裂""反共"等。即使有时提到正面战场，一般地也只是介绍和表扬国民党的个别官兵。而对蒋介石的评价则是坚持"片面抗战"。那么在台湾史学界呢？同样对国民党在抗战中的作用肯定有加，而对共产党却加以否定，比如说认为共产党在敌后的游击战争往往是"游而不战"，共产党只是利用抗战来发展自己，甚至不服从国民政府的统一领导、统一指挥。究竟哪方面贡献更大？

　　上述国共两党的"历史叙述"，都有悖历史的真实。事实上，国共两党在抗日战争中都发挥了重大的作用。

　　就共产党而言，不仅在正面战场与日本军进行过殊死搏斗，取得了重大的胜利，如平型关大捷、袭击阳明堡机场等，还配合国民党军队展开了一系列的会战，如忻口、太原会战和徐州会战等；而且在抗日战争进入相持阶段以后，由于日军的军事打击以共产党领导的敌后根据地为主，所以共产党事实上承担了相持阶段的主要对日作战。据统计，在相持阶段，共产党领导的敌后战场承担了抗击69%的侵华日军和几乎全部伪军，是中国抗日战争的中坚力量。到1945年春，中国共产党领导的抗日根据地已发展到19块，军队发展到91万人，民兵220万人。在十四年的全面抗战中，中国共产党领导的八路军、新四军及其他人民武装，在敌后作战12.5万次，消灭日、伪军171.4万人，其中日军52万余人。八路军、新四军伤亡60余万人，各抗日根据地群众伤亡600余万人。事实证明，中国共产党领导的革命力量在抗日战争取得胜利的过程中发挥着极其重要的作用。

这是共产党在抗日战争中的作用，那么国民党呢？在整个抗日战争时期国民党在做什么呢？国民党在抗日战争中的地位如何？

国民党进行抗日战争是被迫的、相当不情愿的，用当时共产党的话说，"是逼蒋抗日"。的确，在西安事变以前，在蒋介石的字典里，根本就没有"抗日"这个词。蒋介石奉行的是"攘外必先安内"政策，在他看来，来自共产党的威胁远比来自日本的威胁要大。因此，在日本人得寸进尺的侵略中，蒋介石一退再退，从"九一八事变"后的东北不抵抗，到何梅协定的华北屈辱，都说明了这一点。即使在西安事变之后，蒋介石宣布抗战，而且说要抗战到底，但他所谓的抗战到底这个底线只是恢复到卢沟桥事变以前的状态，在战争中也总是摇摆不定。即一方面在抗日，但另一方面也没有放弃与日本的求和。蒋介石曾先后四次派代表与日本人谈判，如：1937年11月5日，蒋介石曾希望德国大使陶德曼出面调停；1938年6月23日，派孔祥熙与日本外相宇垣一成在香港谈判；1939年3月，蒋介石派复兴社的杜石山、柳云龙与日本的萱野长知、小川平吉在香港谈判；1940年6月，蒋介石又派侍从室高级幕僚唐纵在香港、澳门与日本代表谈判；1940年夏天，蒋介石还打算与侵华日军总司令板垣征四郎在长沙进行会谈。在上述谈判中，蒋介石始终坚持以"回复到卢沟桥事变以前的状态"为谈判底线。即承认满洲国，承认长城以北日本的特殊权利等。而这一谈判底线，当时的中国人是不答应的，中国不只是要实现长城以南的领土主权，而是包括满洲、台湾在内的全部领土的主权。蒋介石即使做出了这样大的让步，但日本人也没有答应蒋介石的要求。最终蒋介石与日本的

第六章　中华民族的抗日战争

谈判无果而终。蒋介石是国民党的总裁，是当时中国的最高统帅，他的这种求和心态，反映了他对抗战的态度。作为国民党副总裁的汪精卫，更是做出了让国人不齿的事情，公开投降日本。上述事实，都说明了国民党在抗日战争中的动摇性、妥协性的一面。

虽然国民党在抗日战争中有动摇和妥协的一面，但我们又不能片面地只看到这一面。作为中国国家的代表，蒋介石及其领导的国民党军队在日本公开的军事侵略面前，在全中国人民的舆论压力下，的确也进行了强有力的抵抗，付出了惨重的代价，为抗日战争的胜利做出了巨大的贡献。

国共两党在抗日战争中的对比：

在1937年8月7日的国防会议上，国民政府就国共两党在抗日战争中如何分工问题做出了决定：由国民党军队担负正面抗击日军侵略的任务，而由共产党的军队担负侧面牵制日军的任务。按照这一分工，国民党担负了正面战场的主要作战。国民党正面战场，在八年期间共举行过22次重大战役，重要战斗1117次，小型战斗28931次。歼灭日军100余万人。军队伤亡3211419人（其中阵亡131万），空军阵亡4321人，毁机2468架。海军舰艇损失殆尽。国民党还牺牲了包括张自忠在内的11名上将，34名中将，50名少将。与之相对比，在八年的全面抗战中，中国共产党领导的八路军、新四军及其他人民武装，在敌后作战12.5万次，消灭日、伪军171.4万人，其中日军52万余人。八路军、新四军伤亡60余万人，各抗日根据地群众伤亡600余万人。从上述数字来看，正面战场的牺牲和战果明显地高于敌后战场。但是，还有另外一种统计，即按兵力多少来算，敌后战场平均每个兵员歼敌数字和平均伤亡率又高于正面战场。

仅以上述统计为依据，就可以得出两种不同的答案。但是笔者却认为，无论是哪种答案，都是不能使人信服的，都有一定的片面性。在笔者看来，尽管战争规律决定了中国的抗日战争划分成了正面和敌后两个战场（推进线后面广阔的空间），但抗日战争面对的不是任何一个党派的敌人，而是全体中国人民的共同敌人，因而这个战争是中华民族争取生存权利的整体战争。而从军事方面来看，两个战场也是缺一不可。没有战争初期正面战场的顽强抵抗，就没有敌后战场的开辟；反过来，没有敌后战场对敌人的牵制和消耗，正面战场也难以长期坚持。因此，笔者认为，仅从数字对比上来说国共两党在战争中的地位和作用是不对的。既然两个战场缺一不可，那么"抗战胜利"，就不能单纯地归结为共产党或者国民党"一党抗战"的结果。

对中国共产党而言，对在座的大学生而言，在评价国民党在抗战中的地位和作用时，我们要把国民党"在正面战场上的节节败退"与国民党"消极抗战"这两个命题区别开来。前者是军事范畴，后者是政治范畴。国民党正面战场军事上的失败，大致有如下原因：①由于国民党军队的基础比较复杂，抗战期间大量军阀和地方武装披上"国军"的战衣，鱼目混珠，良莠不齐，很多部队的确没有多少战斗力，许多将士往往临阵脱逃；②战略上的失误（如消极防御等）；③中日两国国力和军力的巨大差距。政治上的消极固然也是导致国民党正面战场失败的原因之一，但不是唯一原因。因此，我们不能把十四年抗战中的国民党的地位和作用简单地用"消极抗日"四个字来概括。十四年中，国民党正面战场局部反击和主动进攻始终没有停止，国民党始终坚持抗战没有投降，22次较大规模的会战是国共两党公认的历史事实。

对于站在国民党立场上的人而言，同样在评价共产党在抗日战争中的地位和作用时也不能简单化、片面化。共产党领导的敌后战场的形势同样严峻。八路军和新四军等武装力量在敌后战场也不是一帆风顺，也不是所谓的"游而不击"。他们在敌后进行了与日军艰苦卓绝的斗争，面对强大的日本军队的烧杀抢掠，扫荡与反扫荡、争夺与反争夺、溃败与重新聚集每天都在发生。共产党敌后的抗战，牵制和消灭了大量敌人的有生力量，给正面战场极大的支援，使敌后战场和正面战场形成联手抗日的有机整体。因此，我们也不能简单地把十四年中共产党的抗战用"游而不击"四个字来概括。共产党的确在抗战中发展壮大了起来，从最初的三个师，45000人的兵力，发展到战后的100多万人。但这却是抗战的需要，也是付出巨大牺牲后的成果。

讨论题：问题一，中日两国每一百年就发生一场战争，原因是什么？问题二，再过一百年中日两国是否还会爆发战争？问题三，如果会，你认为最可能是因为哪些问题？应该如何避免？

第六章 中华民族的抗日战争

三 抗日战争与中国国际地位的提升

抗日战争的胜利改写了中国的历史：一方面它是中国近百年来第一次彻底的民族战争的胜利，洗刷了百年耻辱；另一方面它确立了中国"战时四大国"之一的地位，为战后中国国际地位的提升起到了决定性作用。具体表现：

（一）确立了战时四大国的地位，在国际社会中开始发挥作用和承担责任

从1937年中国全面抗战开始到1941年底太平洋战争爆发，中国已单枪匹马苦战了4年半。太平洋战争爆发后，美国、澳大利亚、荷兰、加拿大、新西兰、南非、古巴等国相继与日本宣战。1942年1月1日，26个国家共同签署《联合国家宣言》，表明为了维护世界和平和人类文明的发展，不同社会制度、不同意识形态的国家结成了广泛的联盟，实现了反法西斯国家的大联合。签署宣言时，美、英、苏、中四国领衔签字，然后是其他国家按字母顺序依次签字。这是中国第一次以"大国"的身份出现在国际舞台上。1941年12月底，盟军成立了中国战区（包括中国、越南、泰国、缅甸），1942年1月3日，蒋介石就任中国战区盟军最高统帅，这是表明作为大国的中国在世界反法西斯战争中的地位已凸显出来。1943年11月，开罗会议召开，罗斯福、丘吉尔、斯大林出席会议，商讨对日作战和战后日本的处理问题，在签署的《中美英三国开罗宣言》中，明确规定日本侵占中国的东北、台湾、澎湖列岛等归还中国。会议期间，罗斯福还与蒋介石讨论了战后的国际组织问题，认为中国应以平等的地位参加四强小组机构。这表明中国战时大国地位已基本确立。

（二）打破了近代以来列强对华不平等条约体系，维护了国家的主权完整和民族尊严

在抗日战争中，随着中国战时大国地位的确立，蒋介石认为有必要与英美等国谈判要求废除旧约。经过谈判，1943年1月11日，中国与美、英分别签署了《平等条约》，依照新约废除了英、美在华特权：治外法权、使馆界及驻兵权、租界权、特别法庭权、军舰驶入中国领水权、沿海贸易权及内河航运权等。此外，还废除由英国人在中国担任海关税务司的权利。但是香港与九龙问题仍然没解决。中国与美英签署新约以后，在国际上产生了重大反响。之后，西方各国分别在战争期间或者战后与中国相继签署了平等新约。这些条约的签订，是中国以平等国家跻身世界之林的标志，是中国国际地位提升的又一表现。

（三）参加联合国

在1942年签署的《联合国家宣言》已经确定中国战时四大国地位的基础上，中国开始积极参与联合国的创建工作。蒋介石在开罗会议期间，就提出了在华盛顿设立美英苏中四国常设机构，建立联合国。1944年8月，中国参加了敦巴顿橡树园会议，讨论有关联合国章程、宗旨、原则、组织机构等问题。中国提出14点建议，虽然这14点建议仅被采纳3点（如：在处理国际争端时，应充分注意正义与国际法准则，要反映弱国小国的声音等），但这表明在世界政治舞台上已能听到中国的声音。1945年4月，在旧金山举行了联合国制宪会议，中国与美英苏同为发起国，期间中国提出的许多原则（尊重正义原则、托管领土制度应体现独立自主、减少大国控制思想等）被采纳。6月26日，各国代表签署了《联合国宪章》，中国因此而成为联合国创始国和安全理事会常任理事

第六章 中华民族的抗日战争

国。这一事件，同样标志着中国国际地位的提升。自 1840 年以来中国备受欺辱的历史结束了，中国从此以平等国家的身份，而且是以大国的身份活跃于世界舞台。

四　中国为何放弃日本战争赔款

抗日战争，中国经过十四年抗战，付出了 3500 万人的生命和 1000 亿美元的经济损失的代价，然而，在抗日战争以后，中国却能以德报怨，放弃了日本对华的战争赔款。这究竟是怎么回事呢？

战后，以美英苏为首的同盟国成立了一个赔偿委员会，向日本提出 540 亿美元的索赔，但是在如何分配赔偿的问题上，各国意见不一，问题一拖再拖，久而未决。

随着中华人民共和国的成立和朝鲜战争的爆发，美国急欲启用日本这一反共先锋。为此，力主尽快与日本缔结和约，解除对日本的军事管制，恢复其主权。于是，1951 年 7 月 12 日，美国公布了对日和约草案，并向同盟各国发出了召开旧金山会议的邀请函。但是，由于美苏在邀请国、共哪一方出席旧金山会议问题上发生了争执，眼看旧金山会议有搁浅的危险，美国竟然置中国作为主要战胜国的权益于不顾，借口盟国对中国政府的认同有分歧而单方决定不邀请中国代表出席旧金山和会。1951 于 9 月 4 日至 8 日召开了有 52 个国家出席的旧金山会议，并操纵会议通过了对日和约，还宣布对日和约 4 月 28 日生效。对于中国将由国、共哪一方与日本缔约问题，美国强调"应由日本去决定"。这种做法使中国在对日和约问题上失去了主动地位。

退居台湾的国民党当局为了争得与日本缔约的所谓"正统地位"，转

第六章　中华民族的抗日战争

而承认旧金山和约。而日本为谋取最大的利益，利用台湾急于与之缔约的心理，不时散布一些可能与北京缔约的言论。日本政要的一系列言论，使台湾当局如坐针毡。在这种形势逆转的情势下，蒋介石政府急于取得正统地位，在赔偿问题上做出全面让步，于1952年3月25日决定放弃全部赔偿。当时中共对国民党的做法予以了指责，而一直没有承认国民党的这一放弃赔款的决定。

然而，20年以后，1972年田中角荣上台后，表示了要与中华人民共和国恢复邦交的愿望。但这必须有两个先决条件，一个是三原则：一是中华人民共和国是代表中国的唯一合法政府；二是台湾是中华人民共和国领土不可分割的一部分；三是日台条约是非法的、无效的，必须废除。另一条便是战争赔偿的问题，日本方面希望中方高抬贵手。中国为了与日本实现邦交正常化，关于日本战争赔偿的问题，中国做出了让步。在中方草案第六条这样写着："为了中日两国人民的友谊，中华人民共和国政府放弃对日本国要求战争赔偿的权利。"至此，中日两国间悬而未决长达27年之久的赔偿问题，以中国政府的大义放弃而画上了句号。

五 教学小结

通过本章教学，使学生认识到日本对中国的侵略蓄谋已久，是其推行大陆政策的重要步骤。中国人民的反侵略斗争是民族的正义的战争，也是世界反法西斯战争的重要组成部分。同时，抗日战争的胜利，也是近代以来中国人民取得的反帝斗争的第一次彻底的胜利，抗日战争的胜利有重大的世界意义，对中华民族的复兴也发挥了巨大的作用。在课后，可以设计几个不同层次的问题，如中日两国每一百年就发生一场战争，原因是什么？再过一百年中日两国是否还会爆发战争？如果会，你认为最可能是因为哪些问题？应该如何避免？通过以上三个问题的层层设问，学生的思维积极性被大大地诱发了，一次又一次地突破学生的思维空间，进行探究性学习。

第七章　为新中国而奋斗

授课对象

全日制普通本科生

学时安排

2 学时

教学目的

让学生了解抗日战争胜利后的时局，认识两种命运、两种前途的决战的历程；了解国民党政权的反动本质及其所面临的全面危机，认识这一政权迅速走向崩溃的根本原因；了解"第三条道路"幻想破灭的历史必然性；了解中国新民主主义革命胜利的基本经验，进一步认识"没有共产党就没有新中国"的真理。

PBL 重点

①三条道路的角逐，为何共产党的主张变成了现实？

②为什么共产党在国共实力对比悬殊的情况下却最终取得了胜利？

教学难点

①如何认识民主党派的历史作用？

②为什么说"没有共产党就没有新中国"？

③中国革命取得胜利的基本经验是什么？

课后作业

①抗日战争胜利后，国民党政府为什么会陷入全民的包围中并迅速走向崩溃？

②如何认识民主党派的历史作用？

③为什么说"没有共产党就没有新中国"？

第七章 为新中国而奋斗

一 抗战胜利后中国的形势及其变化

战后的政治形势，总的说来，对中国人民实现建设新中国的目标是有利的。在国际上，帝国主义遭到削弱，社会主义国家、民族解放运动的力量有了新的发展，世界反动势力已经难以集中起来干涉中国革命。在国内，中国人民的觉悟程度、组织程度空前提高，人民军队发展到120万人，解放区扩大到1亿人口。抗战胜利后，中共已拥有120万党员，并且同国统区的民主党派和民主人士建立了密切的联系，中共在全国政治生活中所占的比重，已经同抗战前大不相同了。但与国民党相比，共产党无论在解放区面积、人口还是军队实力方面，都处于弱势。现将战后国共两党实力对比如下：

（一）战后国共两党实力对比

1. 概况 1946 年 6 月（兵力约 3.4：1）

	占领区及人口	兵力	正规军	编制
国民党	730 万占 76% 3.5 亿占 71%	430 万（其中空军 16 万，飞机 900 余架；海军 4 万，舰艇 550 多艘）	220 万	86 个整编师（军）
共产党	230 万占 24% 1.3 亿占 29%	127 万（无空军、海军）	61 万	22 个纵队（军）

注：美国在日本投降后到 1946 年 6 月一年不到的时间里给予国民党的援助相当于抗战时期给予援助的两倍——总价值约 13 亿美元。其中提供了飞机 936 架，舰艇 271 艘；还提供了陆军 64 个师和其他部队共 86 万人的装备；训练了包括飞行员、步兵、炮兵、通信、军医、参谋等在内各种人员约 15 万；派遣约 2000 人的军事顾问团来帮助国民党军在各方面的正规化建设；直接给蒋介石装备了 22 个整编师。

2. 精锐部队比较

部队番号	冲锋枪	火炮	火箭筒	汽车
国民党编制第 11 师（五大主力军之一）	1500 支	440 门（8 门 105MM 美式）	120 筒	360 辆
东北民主联军第 1 纵队（万毅）	192 支	46 门（12 门 75MM 日制）		

3. 武器生产能力

国民党：有兵工厂 15 家，员工约 4 万人，能生产步枪、机枪、冲锋枪、山炮、榴弹炮及其弹药。还有飞机制造厂和造船厂各 3 家，年产飞机 4 架，炮艇 20 艘。

共产党：虽然各解放区共有兵工厂 65 家，但生产能力并不高，月产步枪 1000 支，机枪 15 挺，迫击炮 2 门。这种生产规模远不能适应战争的需要，因此解放军的武器装备主要来自战场缴获。正如游击队之歌所描述的：没有吃没有穿，只有那敌人送上前，没有枪没有炮，敌人给我们造。由上可见，国民党军无论在兵力上还是装备上都占有明显优势，兵力几乎是解放军的 3.4 倍，火力上的差距更大，机动能力也大大强于解放军。

然而，短短三年之内，国共实力对比却发生了巨大变化，共产党转弱为强，国民党转强为弱。

第七章 为新中国而奋斗

（二）解放战争期间国共实力对比的变化

战争第一年，即1946年7月到1947年6月，是国民党进行战略进攻，解放军实行战略防御的阶段。国民党军先发动全面进攻，后又改为对陕北、山东实施重点进攻。其间国民党军多次寻求与解放军主力决战，都未得逞。解放军采取的是以消灭敌有生力量为目标，不计较一城一地得失的积极防御战略。第一年作战结果，国民党军占领解放区城镇335座，解放军收复288座，两相比较，国民党军多出47座。在一年的战争中，国民党军损失约120万人，解放军伤亡约36万人。双方经过补充，国民党军总兵力下降到了373万人，而解放军总兵力则上升到195万人。

第一年战果对比：（兵力约2：1）

两大政党	据点	损失	增加兵员	总兵力
国民党	335个（占领）	120万人	63万人	373万人
共产党	288个（收复）	36万人	104万人	195万人

战争第二年，即1947年7月到1948年6月，解放军转入战略进攻。1946年6月30日，由刘伯承、邓小平率领的晋冀鲁豫野战军主力强渡黄河，千里跃进大别山。随后陈毅、粟裕率华东野战军外线兵团挺进豫皖苏，陈赓、谢富志太岳兵团挺进豫西，三路大军在中原地区呈"品"字形展开，完全撕开了国民党军的战略防御体系。与此同时，山东、西北、华北、东北各地解放军也发起进攻，取得了巨大胜利。

第二年作战的结果，解放区人口增加了3700万。在这一年战争中，国民党军损失约152万人，解放军伤亡约45万。和战争初期相比，解放区面积达到235万平方公里，约占全国面积的24.5%，人口1.6亿，约占全国人口的35%，解放军总兵力上升到280万人，其中野战军149万人。对比如下：

第二年战果对比：（兵力约 1.3：1）

两大政党	占领区及人口	损失	增加兵员	总兵力
国民党	725 万平方公里占 75.5% 2.97 亿人占 65%	152 万	144 万	365 万（正规军 198 万）
共产党	235 万平方公里占 24.5% 1.6 亿人占 35%	45 万	130 万	280 万（野战军 149 万）

在兵力对比上，国共两党由战争初期的 3.4：1 变成了 1.3：1。国民党军虽在总数上稍占优势，但第一线的机动兵力反而处于劣势。在整个战局上，其正规军的主力 147 万人被分割在东北、华北、西北、中原、华东五个战场上，处于全面被动。

战争进入了第三个年头。国共双方不约而同地召开会议对两年来的战争进行总结，并提出了今后的作战任务与计划。

国民党方面：于 1948 年 8 月 3 日，召开了由各剿匪总部、绥靖公署、兵团指挥官参加的军事检讨会，提出增加兵力，维持兵额 500 万人，并在长江以南、西南、西北组建 50 个步兵师和 10 个骑兵师。

共产党方面：于 1948 年 9 月 8 日，在河北省平山县西柏坡村召开政治局会议，提出建军 500 万人的目标，制订了歼敌 115 个旅的作战计划，并对军队进行整编。

从这里可以看出，国共两党在战争的第三个年头（两个 500 万人），已摆出决战的架势，二者将会决一雌雄。在这种背景下，国共两党的大决战拉开了。

1948 年 9 月初，中共中央决定首先从东北战场开始进行战略决战。9 月 12 日，东北野战军以 70 余万兵力发起辽沈战役，解放了东北全境。11 月 6 日起，由华东、中原野战军以约 60 万兵力发起淮海战役，解放了长江中下游以北的广大地区。11 月 29 日起，东北野战军会同华北野战军主力共 100 万兵力，联合发起平津战役，解放了华北大部地区。三大战役共歼敌 154 万余人，占当时国民党军总兵力的 42%，为其第一线总兵力的

第七章 为新中国而奋斗

90%。至此，国民党政权赖以发动内战和维护其统治的主力部队基本上归于消灭。

1949年3月，中共中央召开七届二中全会，制定了党对取得全国胜利及其后的基本政策。4月21日，毛泽东和朱德发布了《向全国进军的命令》。中国人民解放军强渡长江天堑，23日解放南京，宣告国民党22年统治的覆灭。随后各路解放军解放了除台、澎、金、马等岛屿以外的全部国土。在4年时间里，消灭了国民党军807万余人。（号称800万军队由此而得名）

二 共产党为何能以少胜多、以弱胜强？

（一）共产党在舆论上占优势

1. 大胆赴会，不惜生命去争取和平

在抗战即将胜利结束的时候，毛泽东在中共第七次全国代表大会上提出了"建立联合政府"的主张。由于共产党在抗日战争期间的卓越战斗，从而发展为拥有军队数量 120 万，控制着中国 1/3 左右的地区和人口。此时的共产党已是一个不容忽视的政党，其主张在全国有着巨大的影响。这种事实让蒋介石无法容忍，在国民党的"攘外安内"这两大任务中，本以为先安内再攘外，然而因各种原因，阴差阳错，却先完成了攘外的任务。因此，在抗战胜利后，蒋介石必然再次把"安内"的任务提了出来，希望完成其未竟的事业，然而此时的共产党已今非昔比了，并非短时间可以剿灭，需要时间准备。又由于十四年的抗战，使全国人民饱受战争之苦，每个人都渴望和平建设新的国家。如果在这个时候发动剿共的内战，必然会遭到人民的反对。由于内战时机不成熟，蒋介石于是发起了政治上的攻势，即以主动的姿态邀请毛泽东等中共代表赴重庆谈判。蒋介石的这一举动一方面向世人证明他是主张和平建国的，另一方面也可以为内战准备挤出时间。蒋介石本以为毛泽东不会去国民党统治的中心重庆（因为在中国历史上鸿门宴式的事例没少有过）的，因而没有就谈判细节作深入思考和

第七章 为新中国而奋斗

准备。然而,毛泽东出乎意料地去了重庆。毛泽东这种置生命安危于不顾的胆略与行动,证明了共产党和平建国的诚意,体现了毛泽东等中共领导人对民族高度负责的精神,从而赢得了社会各界的广泛赞誉。毛泽东的这一举动被舆论界认为"这是一个比日本宣布投降更使人喜欢的消息";认为毛泽东"维系中国目前和未来人民的幸福";此人真乃"弥天大勇"。

(插播录像《重庆谈判》片段)毛泽东不仅到了重庆,而且是有备而来。在临行前共产党就制定了谈判的基本原则:①承认解放区的民选政府和抗日军队;②划定八路军、新四军及华南抗日纵队受降地区;③严惩汉奸,解散伪军;④公平合理地整编军队;⑤承认各党派合法地位,解放爱国政治犯;⑥立即召开各党派和无党派代表人物的会议,商讨抗战结束后的各项重大问题,成立举国一致的民主联合政府。由于蒋介石断定毛泽东不会来重庆谈判,因而没有准备谈判方案,只好以共产党制定的这些原则为谈判的基础,从而使共产党在谈判中一开始就占据上风。经过43天的谈判,虽然在最关键的问题——"军队国家化,政治民主化"上没有达成一致,但蒋介石又不得不接受召开全国政治协商会议和停止内战的条款。这样一来,一旦将来蒋介石发动内战,他就违背了这一停战原则,他就会遭到人民的反对。正如11日毛泽东回到延安后所言:"谈判的结果,国民党承认了和平团结的方针,这样很好。国民党再发动内战,他们就在全国和全世界面前输了理,我们就更有理由采取自卫战争,粉碎他们的进攻。"

2. 以词会友,赢得社会各界广泛赞誉

毛泽东到重庆以后,除了主持谈判等方面的事务以外,他还广泛接触社会各界友人。柳亚子是毛泽东在第一次国共合作时结识的老朋友。8月30日,刚到重庆不久,毛泽东就在重庆桂园寓所,宴请柳亚子、沈钧儒等人。席间,柳亚子赠毛泽东七律一首:"阔别羊城十九秋,重逢握手喜渝州,弥天大勇诚能格,遍地劳民战尚休。霖雨苍生新建国,云雷青史旧同舟。中山卡尔双源合,一笑昆仑顶上头。"毛泽东在重庆期间,柳亚子正准备编辑一本《民国诗选》,希望收录毛泽东的一首诗,那时虽然毛泽东已写了几十首诗,但在国统区流传的就只有斯诺所著的《西行漫记》中所引用的《七律·长征》一首。由于在传抄中难免有错,所以柳亚子在刊出之前正好请毛泽东亲自改正一下。然而,毛泽东认为这首诗不适合在重庆发表，因为他来重庆的目的是和平谈判，而长征这首诗有明显的反蒋意味，如果发表，不利于团结。于是毛泽东把写于1936年2月7日的一首《沁园春·雪》赠送给柳亚子。

原文如下：北国风光，千里冰封，万里雪飘。望长城内外，惟余莽莽；大河上下，顿失滔滔。山舞银蛇，原驰蜡象，欲与天公试比高。须晴日，看红装素裹，分外妖娆。江山如此多娇，引无数英雄竞折腰。惜秦皇汉武，略输文采；唐宗宋祖，稍逊风骚。一代天骄，成吉思汗，只识弯弓射大雕。俱往矣，数风流人物，还看今朝。

柳亚子深为毛泽东这首词的磅礴气势所感染，依毛泽东原韵，和了一首《沁园春》。柳亚子这首诗于10月25日柳亚子和画家尹瘦石在重庆举办的"柳诗尹画联展"中展出。由于这首诗是毛泽东《沁园春·雪》的和诗，于是一并把毛泽东的原词也公开展出了。这首词展出后，引起了参观者的莫大兴趣，传抄者甚众。11月14日，重庆《新民报晚刊》首次刊载了毛泽东的《沁园春·雪》，毛泽东的诗在重庆的发表引起了轰动。许多国统区读者，原先只知"毛匪"，这才头一回得知，原来毛泽东写得一手好诗。这"土匪"，原本是"白面书生"呢！

蒋介石作为一介武夫，论武可以与毛泽东试比高低，但论文蒋介石却无法与毛泽东相比。当毛泽东的诗在重庆引起了轰动之后，蒋介石深感不安。他找来同乡心腹、国民党中央政治局会议秘书长、被称为"国民党内一支笔"的陈布雷，询问这首词的有关情况。蒋介石问："照你看，这词真的是毛泽东写的？"陈布雷可以说是国民党方面读毛泽东文章最多、最细心的一个，深知毛泽东的文学功底。陈布雷不仅认为这首词一定出自毛泽东之手，而且还大加赞赏。蒋介石不甘心地说"我看他的词有帝王思想，他想复古，想效法唐宗宋祖，称王称霸"。于是蒋介石命陈布雷赶紧写文章以评论毛泽东诗词的名义，批判他的帝王思想，要让全国人民知道，毛泽东来重庆不是来和谈的，而是为称帝而来的。于是，一时间，重庆各大报纸媒体纷纷发表文章，来批判毛泽东的这首词。不仅如此，国民党中宣部在蒋介石的授意下，通知各级党组织，要求会咏诗作词的国民党党员，每人写一首或数首《沁园春》，中央将在写得好的词作中选择几首意境、气势和文笔超过毛泽东的，以国民党主要领导人的名义发表，希望

第七章 为新中国而奋斗

以此将毛泽东比下去。据不完全统计，毛泽东的词发表后不长时间里，国民党控制的《中央日报》《和平日报》《文化先锋》《益世报》等报刊，相继刊出近30首《沁园春》。后来，当陈布雷捧着一叠征集来的词稿请蒋介石过目时，蒋不屑一顾地说："你们的词，带有一股从棺材里发出来的腐臭味，怎么能和毛泽东比！"蒋介石看来在诗词方面是比不过毛泽东了，也只好作罢。还说"此事比在战场上打一场败仗还丢人，从此以后不许再提此事"。国民党对毛泽东诗词的恐慌和批判，反而更衬托毛泽东的非凡，更扩大了他在国统区的影响。他的领袖风范与诗人气质已为国统区人民广泛认同。这不能不说是在舆论上的又一次胜利。

顺便提一句，蒋介石其实也能写诗，虽说"蒋诗"极为罕见。1979年，宋美龄在和美国《人物杂志》专栏作者哈妮谈话时，说及蒋介石曾经写过许多诗。宋美龄透露，在1950年到1957年，蒋介石曾写了旧体诗词43首、新诗1首、自嘲打油诗2首。当蒋介石在1975年病逝之后，宋美龄曾想出版这些"蒋诗"，但蒋经国阅后，以为："父亲的诗作，虽然制作精巧，但大都品位不高，使人阅后很容易联想起南唐亡国之君李后主……"宋美龄以为言之有理，遂把这些"蒋诗"付之一炬。至于这些"蒋诗"是否尚有抄本在世，就不得而知，因此眼下也就难以将"蒋诗"跟"毛诗"加以比较了。

第三，适当让步，表达了共产党真诚和平的愿望

中国共产党在谈判中做出重大让步：表示愿意承认蒋介石的领导地位，承认国民政府的统治权，承认国民党是第一大党，并决定宣布将共产党领导的广东、浙江、苏南、皖中、皖南、湖南、湖北、河南（豫北不在内）八个解放区让出来，将军队集中于淮北及黄河以北地区。至于军队，中共提出在未实现政治民主化之前，可以先行公平合理地整编军队，中共愿意与国民党以一比六甚至一比七的比例整编缩减。相比之下，国民党方面竟未作任何让步，仍然拒绝承认解放区和人民军队的合法地位。

这些让步，表明共产党宽宏的胸怀，以及顾全大局的作风，从而使共产党在国统区树立了良好的形象。9月10日，以李公朴、罗隆基为首的628人发表"和平建设新中国"通电，向国共两党提出六项建议。9月29日，叶圣陶、沈志远、陈白尘、姚雪垠等248人发表对时局的呼吁，向国

共两党提出六项建议。这些通电和建议，基本上都赞同共产党的主张。这表明，中共的和平建国方针赢得了各方民主人士的支持。

（二）在军事上的正确策略

"有备无患"——毛泽东虽然去了重庆，但毛泽东对谈判根本不抱任何希望，他说："绝对不要依靠谈判，绝对不要希望国民党发善心；要准备同他们进行针锋相对的斗争。于是作了周密部署，随时准备歼灭来犯之敌。"事实证明，蒋介石一面邀请毛泽东等人赴重庆谈判，另一面却命令阎锡山的13个师向山西上党解放区发起疯狂进攻，企图用军事上的进攻来逼迫中共在谈判中让步。8月14日蒋介石发出第一封邀请电，19日阎锡山部队即侵入上党（19军史泽波）。20日蒋向毛主席发出第二次邀请电，21日阎军即侵占长子县城。23日蒋介石第三次电请毛主席，阎军即侵占屯留县城。这表明蒋介石没有放弃武装争夺，为了与蒋介石做针锋相对的斗争，8月25日，毛主席电复蒋介石将亲自赴重庆的当天，即派刘伯承、邓小平飞返上党。毛主席说："你们回到前方去，放手打就是了。不要担心我在重庆的安全问题，你们打得越好，我越安全，谈得越好。别的办法是没有的。"在重庆谈判期间，刘伯承、邓小平指挥的"上党战役"大获全胜，该战役消灭敌军3.5万余人，并活捉敌军高级将领近30人。上党战役的胜利，挫败了国民党企图以军事压力逼迫共产党接受他的谈判主张，有力地配合了共产党的谈判。

"巧妙战术"——为了粉碎国民党军的进攻，中国共产党制定了内线作战和以歼灭敌人有生力量为主而不以保守或夺取地方为主的战略方针，逐渐地消耗了敌人的战略机动兵力。例如，从1947年3月起，国民党军队放弃全面进攻，将进攻的重点放在山东和陕北战场。3月19日，解放军在完成了掩护党政军领导机关转移和群众疏散的任务后，主动撤出延安。毛泽东、周恩来、任弼时率党中央的精干机关继续转战陕北达1年零5天，就在敌人的眼皮底下指挥全国各战场的作战。毛泽东根据胡宗南急于与我军主力决战的野心及敌强我弱的特点，制定了"蘑菇战术"（即先同敌人周旋一个时期，待敌十分疲劳、十分缺粮后，寻机歼敌），效果十分明显，

第七章 为新中国而奋斗

硬是拖垮了胡宗南部队的主力,并取得了青化砭、羊马河、蟠龙三次胜利,给胡宗南部以沉重打击,稳住了陕北的战局。

"抓住决战时机"——发动决战不是在我军兵力完全大于敌军时,而事实上发动决战时中国共产党的军队才280万人,而国民党仍有365万人。但此时国民党军队已被分割于东北、华北、华东、中原、西北几个战区,各大区之间相隔遥远,无法协同作战。解放军只要集中兵力,在任何一个区域内都处于战略优势。再加上经过两年的战争,解放军的装备因为大量缴获而明显改善,战斗力大大提高,士气更为高涨。

"全局考虑,先易后难"——三大战役首战在东北。毛泽东和中央军委对全国战局的各个战场综合分析考虑,决定从东北战场首先发起决战,因为,解放军在东北战场具有其他战场所不具备的许多有利条件,尤其是在总兵力与经济实力方面,东北战场的解放军都占有极大优势,这是其他战场所不具备的,同时,东北具有极为重要的战略地位,一旦东北决战取得胜利,拥有百万之众的东北野战军就能成为强大的战略机动力量,随时可以入关作战;而东北解放区就会成为解放军巩固而且强大的战略总后方,其雄厚的经济实力和工业基础,将有力支援全国的解放战争。而事实也表明,辽沈战役的胜利,对决战的胜利乃至全国的胜利有着巨大作用。正如美国驻华使馆在致美国国务院的报告中所称,国民党在东北的失败是其军事上一连串失败的开始。

"分割包围"——分散敌人主力。辽沈战役中,将东北国民党军分割在长春、沈阳、锦州三处相对孤立的地区;淮海战役中,将参战的国民党军分割在碾庄、徐州、蚌埠、蒙城四个地区;平津战役中,将华北国民党军分割在张家口、新保安、北平、天津、塘沽五个地区。

"集中优势兵力,各个歼灭敌人"——虽然兵力总量处于劣势,但必须确保在具体战役中要处于绝对优势。淮海战役中,集中了华东、中原两大野战军;平津战役中,集中了东北、华北两大野战军。如在攻打锦州时,以16个师对敌7个师;围歼廖耀湘兵团时,以29个师约45万人对敌12个师约10万人;围歼黄百韬兵团时,以13个师对敌8个师;围歼黄维兵团时,以29个师对敌10个师;围歼杜聿明集团时,以26个师对敌20个师;围攻新保安时,以9个师对敌2个师;攻打张家口时,以11个师对敌 7 个师；攻打天津时，以 22 个师约 34 万人对敌 10 个师约 13 万人。

"宽待俘虏，将功赎罪"——战时兵员补充，主要来自俘虏。由于这场战争是国内战争，交战双方都是中国人，所以战争往往是点到为止。中国共产党能善待俘虏。其具体做法是，免于不死，投入新的战斗，将功赎罪。淮海战役中有一个典型例子：如华东野战军第 4 纵队，战役发起时，全纵队 18704 人，经 40 天的作战，伤亡达 9362 人，几乎相当于总兵力的一半，但在战役过程中实行以俘虏补充部队的方法，到战役结束时，全纵队不仅补充了战斗的伤亡，还大为发展，达到 43072 人，几乎是战役开始时的 2 倍，其中俘虏成分占总兵力的 80%。

"分化瓦解"——策动国民党军队投诚。随着中国共产党取得军事上、政治上的胜利，其主张日益深入人心。在这种形势下，中共利用国民党军队中的矛盾，积极争取、策动国民党爱国将领起义投诚，取得了很大的成功。上至"剿总"司令、集团军总司令、省政府主席，下至警察局长、师旅长等，纷纷倒戈。从 1946 年 7 月到 1950 年 6 月的 4 年中，共争取敌军 84 万人起义。从而动摇了国民党的军心，削弱了国民党的力量，加速了解放战争的胜利。主要有：

吴化文起义：1948 年 9 月 16 日，济南战役中，国民党守军的西线指挥官第 96 军军长吴化文起义，敞开城门，使解放军迅速攻占济南。

曾泽生起义、郑洞国投诚：1948 年 10 月 17 日，长春守军国民党第 60 军军长曾泽生，在我 10 万兵力的长围久困下，率所部 4 万余人通电宣布起义。曾泽生的起义，极大地震动了国民党东北"剿总"副司令郑洞国（剿总卫立煌），严重动摇了长春国民党守军的军心。中共也加紧了对他的争取工作，周恩来亲自致书郑洞国，规劝他"时机急迫，速下决心"。郑接到信后，终于下定决心，于 10 月 19 日率第一兵团直属机关部队和新七军全部官兵投诚，使长春和平解放，加速了整个辽沈战役的进程。

傅作义起义与北平和平解放：傅作义是国民党的著名爱国将领，从 1933 年到 1945 年一直战斗在抗日战争的前线，战功卓著。由于他能较好地与共产党合作抗战，与共产党的干部交往较多，引起了阎锡山、蒋介石的猜忌与不满，说他的部队"成了'七路半'了"。（意即与"八路军"相差不远了）傅作义时任华北"剿总"司令。到 1948 年 11 月，随着东北

第七章 为新中国而奋斗

解放军的秘密进关和对傅军的分割包围，围而不打，使他欲走无路，欲战不能。与此同时，共产党通过多种途径，运用各种手段，对傅作义进行争取工作。于1949年1月21日向下属宣布了《关于和平解决北平问题的协议》，毅然率领所属的50万官兵站到人民的阵营中来，1月31日，中国人民解放军举行入城式，万人空巷欢庆北平和平解放。

除上述重大起义外，在解放战争时期，国民党海军、空军也有许多官兵起义。如国民党海军巡洋舰重庆号舰长邓兆祥于1949年2月率官兵570多人于吴淞口外起义，加入中国人民解放军，从此共产党终于拥有了海军。继之"灵甫号""长治号""昆仑号"等10艘军舰相继投诚。早在1946年6月26日，正是国民党蒋介石集团片面撕毁国共两党签订的停战协定和政协决议，发动了全面内战的当天，国民党空军第8大队上尉飞行参谋刘善本率机组驾驶一架B-24型轰炸机起义，从成都飞到延安。在整个解放战争期间，国民党共有110名空军飞行人员驾驶133架飞机起义投诚。

所有上述国民党军政要人、爱国将领的起义，对于壮大人民军队的力量，加速国民党军队的失败，促进解放战争的胜利发展，最终打败蒋介石、建立新中国起了重要作用。

（三）共产党在政治上争取中间势力

在重庆谈判的基础上，共产党极力推进和平建国的步骤。在1946年1月10日至31日召开的政治协商会议上，共产党倡导并最终与国民党签订的《停战协定》及《和平建国方案》，深受各界爱国人士的欢迎。共产党在其中的努力及所做出的让步，深受各界赞赏。

然而，国民党包括蒋介石在内，都对政协会议及其决议不满，并通过制造一系列的事端来挑衅，如：1946年2月10日，国民党在重庆较场口造成一起血案，打伤郭沫若、李公朴等民主人士；3月初，国民党在其六届三中全会上作出决定，继续坚持国民党一党专政；1946年6月，国民党公开撕毁和平协定及政协决议，挑起了针对共产党领导的解放区的内战。7月，又制造了"李闻血案"。国民党制造的这一系列事端，引起了全国人民的公愤,各地群众纷纷游行示威,表示抗议。1946年12月,又发起了反对美军暴行的游行示威运动;1947年5月,全国举行了反饥饿、反内战、反迫害的群众运动。这些群众运动表明,在全国范围内已形成了一条反蒋战线。与之相对照,共产党不仅在战场上不断胜利,在政治上也得到了广大中间势力的支持。如,1948年4月30日,中共中央发出召开新的政治协商会议的号召,迅速得到社会各界的响应。从此以后,直到1949年9月新政协的召开,全国各政治势力几乎都团结到了共产党周围,积极为新中国的创建而出谋划策。

(四)共产党在经济上努力满足人民群众,赢得了群众的支持

1947年10月10日,中国共产党公布了《中国土地法大纲》,在解放区彻底实行土地改革,从而极大地提高了广大农民支援革命战争的积极性。农民出钱、出粮、出人,直接支援共产党领导的解放战争。当时解放区人民提出的口号是:"倾家荡产,支援前线,忍受一切艰难,克服一切困难,争取战役的胜利。"从三大战役中看到群众的支援:

	民工数(万人)	担架(万)	大车(万辆)	牲畜(万头)	粮食(亿斤)
辽沈	183	13.7	12.9	30	1.1
淮海	543	20.6	88	76.7	4.34
平津	571	2	40	400	3.1

第七章　为新中国而奋斗

三　教学小结

　　通过对解放战争的学习，使学生明白是历史和人民最终选择了可以代表他们根本利益的中国共产党。通过对民主党派形成、中间路线的破产、中国共产党与民主党派团结合作的历史的学习，理解中国共产党领导的多党合作制的形成过程、特点及其优越性。该部分的讲解，在阐述第一个问题时使用了图表，图表中的数据清晰直观地显示了国共双方力量对比，从三个图表可清晰看出双方力量的转移过程。在阐述第二个问题时直接设问，使学生抱着问题追寻答案，激发学生寻求答案的积极主动性。

下篇综述：辉煌的历史征程

授课对象

全日制普通本科生

学时安排

2 学时

教学目的

通过本专题的讲授，使学生认识到中华人民共和国成立的伟大历史意义，懂得中国社会由新民主主义向社会主义转变是历史发展的必然，把握我国对生产资料私有制的社会主义改造的基本历程和经验，并在此基础上深刻理解社会主义制度在中国的确立，是历史和人民的选择。

PBL 重点

①中华人民共和国的成立及其伟大意义。

②社会主义制度的确立,即中国为什么选择社会主义?

③新中国成立以来的中国的发展历程、成就以及挫折。

教学难点

①正确认识新民主主义社会的性质、特征,以及中国社会由新民主主义向社会主义转变是历史发展的必然。

②正确认识和评价中国在 20 世纪 50 年代中期进行的社会主义改造,尤其是将社会主义改造与 1978 年以后中国的改革进行对比,理解中国社会主义改造的伟大意义。

课后作业

①为什么说中华人民共和国的成立开创了中国历史的新纪元?

②新中国成立以来取得了哪些历史性成就?这些成就说明了什么?

下篇综述：辉煌的历史征程

一 中华人民共和国的成立

（一）中华人民共和国成立的历史意义

1949年10月1日，中华人民共和国宣告成立，中国历史由此开辟了一个新纪元。

第一，帝国主义列强压迫中国、奴役中国人民的历史从此结束，中华民族一洗百年耻辱，以崭新姿态屹立于世界民族之林。

第二，本国封建主义、官僚主义统治的历史从此结束，长期遭受压迫的广大人民在政治上翻身做主人。

第三，军阀割据、战乱频仍、匪患不断的历史从此结束，基本达到国家统一，民族团结，政治局面趋于稳定，人民开始过上安居乐业的生活。

第四，从根本上改变了中国社会的发展方向，为实现由新民主主义向社会主义的过渡，创造了前提条件。

第五，中国共产党成为全国范围内的执政党，可以运用国家政权凝聚和调集全国力量，巩固民族独立和人民解放的成果，解放并发展生产力，造福于民。

总之，中华人民共和国的成立，标志着中国的新民主主义革命取得了基本的胜利，标志着半殖民地半封建社会的结束和新民主主义社会在全国范围内的建立。这是马克思主义同中国实际相结合的伟大胜利。中国人民完成了第一项历史任务,即求得民族独立和人民解放;第一项历史任务的完成为第二项任务做了良好的铺垫,即实现国家的繁荣富强和人民的共同富裕。

(二) 新中国面临的严峻考验

新中国成立初期,也面临着许多严重的困难和一些紧迫的问题,这对于刚刚执掌政权的中国共产党来说,是新的严峻的考验。

第一,能不能保卫人民胜利的成果,巩固新生的人民政权。当时解放全中国的任务还没有完成;国民党退居台湾后留下的100余万军队、200多万政治土匪和60多万特务分子还有待肃清。广大城乡还存在危害人民生命财产安全的黑恶势力;广大的新解放区还没有进行封建土地制度的改革。

第二,能不能战胜严重的经济困难,迅速恢复和发展国民经济。当时中国的经济不仅远远落后于欧美发达国家,就是与一些亚洲国家相比也有很大差距。1949年,人均国民收入只有27美元,相当于亚洲国家平均值的2/3。同历史上最高水平相比,1949年,工业总产值减少一半,粮食产量减少约1/10。

第三,能不能巩固民族独立,维护国家主权和安全。新中国的诞生打破了帝国主义在东方划定的势力范围,它们企图通过强硬的对华政策,从根本上搞垮新中国。

第四,能不能经受住执政的考验,继续保持谦虚、谨慎、不骄、不躁的作风和艰苦奋斗的作风。毛泽东在七届二中全会上讲话:"敌人的武装是不能征服我们的,这点已经得到证明了。资产阶级的捧场则可能征服我们队伍中的意志薄弱者。"提醒队伍谨防"糖衣炮弹"的阴柔袭击。

案例:1949年3月5日到13日,中共中央在西柏坡举行了七届二中全会。这次会议是在即将夺取全国胜利的前夜召开的,是一次制定夺取全国政权及胜利后各项方针政策的极其重要的会议。毛泽东在会上作了报告和总结。他在报告的结尾处特别警告全党,全国革命胜利以后,资产阶级的"糖衣炮弹"将成为我们所面临的主要危险:"因为胜利,党内的骄傲情绪,以功臣自居的情绪,停顿起来不求进步的情绪,贪图享乐不愿再过艰苦生活的情绪,可能生长。因为胜利,人民感谢我们,资产阶级也会出来捧场。敌人是不能征服我们的,这点已经得到了证明了。资产阶级的捧场则可能征服我们队伍中的意志薄弱者。可能有这样一些共产党人,他们是不曾被拿枪的敌人征服过的,他们在这些敌人面前不愧英雄的称号,但是经不起人们用糖衣裹着的炮弹的攻击,他们在糖弹面前要打败仗。我们必须预防这种情况。"这像一个预言,它充分体现出毛泽东作为战略家的预见性和非凡的洞察力。对于胜利之后因居功自傲而产生腐败的问题,毛泽东早就注意到了。

(三) 中国共产党和人民政府的应对措施

第一,完成民主革命的遗留任务。追剿残余敌人,基本完成大陆统一;摧毁旧政权,使人民开始行使当家做主的民主权利;继续实行土地制度的改革;废除封建婚姻制度;开展大规模的镇压反革命运动。

第二,领导国民经济恢复工作。没收官僚资本,在企业内部开展民主改革和生产改革,稳固人民政权的经济基础。同时开展稳定物价的斗争和统一全国财政经济的工作。

第三,巩固民族独立,维护国家主权和安全。新中国废除了帝国主义国家依据不平等条约在中国享有的一切特权;收回了外国列强在中国的兵营,驻扎在中国领土上的一切外国军队被迫撤走;收回了海关的治权,中国人民重新掌握了国门的钥匙。新中国的抗美援朝的胜利,使全世界对新中国刮目相看,为其经济建设和社会改革赢得了一个相对稳定的和平环境。

第四,加强中国共产党的自身建设。针对中国共产党成为全国范围的执政党、党的工作重心从农村转向城市的新情况,党和政府教育广大干部和党员必须经受住执政的考验、接管城市的考验和生活环境变化的考验。进城后,政府工作人员和解放军指战员纪律严明、清正廉洁,同国民党官员的腐败风气形成鲜明的对比。1950年和1952年在全党范围内开展了整风整党运动。1951年至1952年开展的"三反""五反"运动对于在执政的条件下保持共产党人的革命精神,促进中国共产党和人民政府的廉政建设,起到了重要作用。

二 新中国成立后的发展历程

（一）社会主义改造时期

从1949年10月1日中华人民共和国成立到1956年这七年，是基本完成社会主义改造的时期。

中国在民主革命取得全国性胜利后，存在着两种基本的矛盾：国内是工人阶级和资产积极的矛盾；国外是帝国主义国家和中国的矛盾。在两面夹击中，刚开始了从新民主主义向社会主义的过渡。

1949年到1952年，全国人民集中力量完成民主革命的遗留任务，并开始恢复国民经济，争取国家财政经济状况基本好转的工作，同时适时开展带有社会主义革命性质的工作。1953年，中共提出了过渡时期的总路线，开始进行有计划的经济建设。于1956年创造性地完成了对农业、手工业、资本主义工商业的社会主义改造，从而为中国的发展进步奠定了基础。

近代以来，中国面临着争取民族独立、人民解放和实现国家的繁荣富强即实现国家经济的现代化这样两项根本性的历史任务。1949年中华人民共和国的成立，标志着第一项历史任务的基本实现。随着民主革命遗留任务的完成和国民经济的恢复，集中力量进行经济建设即为实现第二项历史任务而奋斗，被突出地提上了党和国家的议事日程。

下篇综述：辉煌的历史征程

进行经济建设，首先要把中国从一个落后的农业国变为一个先进的工业国，实现国家的工业化。怎样才能发展经济，实现国家的工业化？从世界历史上看，主要有两条道路：一条是资本主义工业化的道路，这是欧洲各国、美国和日本走过的，而且走通了；一条是社会主义工业化的道路，这是苏联走过的，而且也走通了。十月革命前，俄国是欧洲的一个比较落后的国家，由于实现了社会主义的工业化，苏联成了欧洲的第一强国、世界上最强大的两个国家之一。

中国究竟应该走哪条道路呢？近代以来的历史表明，资本主义工业化的道路在中国是走不通的。从19世纪60年代末70年代初中国民族资本主义工业产生以来，由于受到外国垄断资本的压迫和本国封建生产关系的束缚，始终处于举步维艰的境地。经过七八十年的发展，到1949年，整个民族工业资本不过只有20.08亿元人民币（1952年币值）。独立以后的中国如果不搞社会主义，而走资本主义道路，它就仍然不可能摆脱对于外国垄断资本的依赖。这样，中国就会成为外国垄断资本的加工厂和单纯的廉价原料、廉价劳动力的供应地，就像亚洲、非洲、拉丁美洲的许多国家和地区那样。中国这样一个大国，想主要靠外国提供资金和机器设备等来求得发展，特别是要想成为世界强国，是不可想象的。而且，由于经济上依赖外国，在政治上就挺不起腰杆，连已经争得的政治独立也可能丧失。中国走资本主义道路，其经济可能会有一时的发展，但终究还是要成为西方资本主义大国的附庸。中国通过走资本主义道路实现现代化的历史机遇已经丧失了。为了实现国家的工业化，中国必须走社会主义的道路。

1. 提出过渡时期总路线

中共中央在1952年底开始酝酿并于1953年正式提出党在过渡时期的总路线，明确规定："党在这个过渡时期的总路线和总任务，是要在一个相当长的时期内，逐步实现国家的社会主义工业化，并逐步实现国家对农业、对手工业和对资本主义工商业的社会主义改造。"当时，对这条总路线的内容有过一种通俗的解释："好比一只鸟，它要有一个主体，这就是发展社会主义工业；它又要有一双翅膀，这就是对农业、手工业和私营工商业的社会主义改造。"只有进行社会主义改造，鸟的两翼丰满了，鸟的主体才能腾飞起来。这里所要表达的意思是最清楚不过的：主要的任务是实现国家工业化；而为了实现国家工业化，就必须进行社会主义改造，全面确立社会主义的基本制度。

2. 进行社会主义改造的必要性和现实性

第一，社会主义性质的国有经济力量相对来说比较强大，它是实现国家工业化的主要基础。建国初期，没收官僚资本，确立社会主义性质的国营经济的领导地位。新中国成立以后，没收官僚资本的工作即在全国范围展开，并于1952年基本完成。

没收官僚资本，具有两重性质：从反对外国帝国主义的附庸——中国的买办资产阶级的意义上看，它具有民主革命的性质；从反对中国的大资产阶级的意义上看，它又具有社会主义革命的性质。通过没收官僚资本，中国资本主义经济的主体部分被改造为社会主义性质的国有经济了，中国的大资产阶级被消灭了。随着没收官僚资本工作的完成，社会主义性质的国有经济确立了自己在国民经济中的领导地位，这就为全面进行社会主义改造奠定了重要的物质基础。

国有工业产值在全国工业总产值中所占的比重，1949年为34.2%，1952年为56%。与私营工业相比，国营工业规模大，技术设备先进，不仅有轻工业，而且有重工业。在劳动生产率等方面，国有企业也优于私营企业。在这种情况下，所谓充分利用原有的工业，首先和主要的，就是要办好原有的国营工业，并依据需要和可能改建、扩建这些工业。

建设新的工业，首先和主要的，也是要发展国营工业。因为在中国，私人是没有能力投资兴建新的、足以为国家的工业化奠定基础的那种大型工业企业的。只有国家才有能力来做这件事。

第二，资本主义经济力量弱小，发展困难，不可能成为中国工业起飞的基地。而且，它对国家和国有经济有很大的依赖性，不可避免地要向国家资本主义的方向发展。

第三，对个体农业进行社会主义改造，是保证工业发展、实现国家工业化的一个必要条件。

土地改革以后，农业生产摆脱了封建生产关系的束缚，一个时期有过相当大的发展，但是，由于实行个体经营，这种发展又受到很大的限制。

建国初期引导个体农民在土地改革后逐步走上互助合作的道路。1952

年，全国已有40%的农户参加了互助组，少数农户还参加了半社会主义及全社会主义性质的农业生产合作社。这些在实际工作中积累起来的农业互助合作经验，实际上已成为对个体农业进行社会主义改造的最初步骤。

第四，当时的国际环境也促使中国选择社会主义。

新中国成立以后，长期受到美国等西方资本主义国家经济上、外交上和军事上的严密封锁和遏制。中国不但不可能从资本主义大国得到什么援助，而且连进行普通的贸易和交往都很困难。当时只有社会主义国家和第二次世界大战后为独立而斗争的国家同情中国，只有苏联能够援助中国。这种国际环境，也是中国选择社会主义的基本因素之一。

（二）全面建设社会主义的十年

从1956年社会主义改造基本完成到1966年"文化大革命"前夕，是开始全面建设社会主义的十年。社会主义改造基本完成之后，国内的主要矛盾，已经是人民对于建立先进的工业国的要求同落后的农业国的现实之间的矛盾，已经是人民对于经济文化迅速发展的需要同当前经济文化不能满足人民需要的状况之间的矛盾。"党和全国人民的当前的主要任务，就是要集中力量来解决这个矛盾，把我国尽快地从落后的农业国变为先进的工业国。"

1. 早期探索的积极成果

第一，《论十大关系》的发表。

从1956年初开始，以毛泽东为主要代表的中国共产党人，对中国的社会主义建设道路进行了艰苦的探索，并取得了积极的成果。毛泽东先后在4月25日中央政治局扩大会议和5月2日最高国务会议上作《论十大关系》的报告。这个报告，总结经济建设的初步经验，借鉴苏联建设的经验教训，概括提出了十大关系。这十大关系，围绕一个基本方针，"就是要把国内外一切积极因素调动起来，为社会主义事业服务"。这成为同年9月召开的中共八大的指导思想。

《论十大关系》是以毛泽东为主要代表的中国共产党人探索中国社会主义建设道路的开端，是在新的历史条件下，在经济方面（这是主要的）

和政治方面提出了新的指导方针，为中共八大的召开作了理论准备。后来，毛泽东回顾说："前八年照搬外国的经验，但从1956年提出十大关系起，开始找到自己的一条适合中国的路线。"

第二，中共八大路线的制定。

1956年9月15日至27日，中国共产党第八次全国代表大会在北京召开。毛泽东致开幕词，刘少奇作政治报告，周恩来作关于国民经济发展第二个五年计划建议的报告，邓小平作关于修改党章的报告。

中共八大正确分析了社会主义改造完成后中国社会的主要矛盾和主要任务，指出：社会主义制度在我国已经基本上建立起来，国内主要矛盾已经是人民对于经济文化迅速发展的需要同当前经济文化不能满足人民需要的状况之间的矛盾。"党和全国人民的当前的主要任务，就是要集中力量来解决这个矛盾，把我国尽快地从落后的农业国变为先进的工业国。"

在经济建设上，大会坚持既反保守又反冒进即在综合平衡中稳步前进的方针。在政治建设上，提出要扩大社会主义民主、健全社会主义法制，使党和政府的活动做到"有法可依"和"有法必依"。在执政党建设上，强调要提高全党的马克思列宁主义思想水平，发展党内民主生活，健全党内民主集中制，坚持集体领导制度，反对个人崇拜。

第三，《关于正确处理人民内部矛盾的问题》的发表。

1957年2月，毛泽东在扩大的最高国务会议上发表《关于正确处理人民内部矛盾的问题》的讲话，提出必须区分社会主义社会两类不同性质的社会矛盾，把正确处理人民内部矛盾作为国家政治生活的主题。他联系农业合作化问题、工商业者问题、知识分子问题、少数民族问题、少数人闹事问题、与民主党派关系问题等，系统地阐明了正确处理各种人民内部矛盾的方针和方法。

毛泽东提出正确处理人民内部矛盾的问题，有一个重要的指导思想，这就是："团结全国各族人民进行一场新的战争——向自然界开战，发展我们的经济，发展我们的文化，使全体人民比较顺利地走过目前的过渡时期，巩固我们的新制度，建设我们的新国家。"

毛泽东还对社会主义社会的基本矛盾作了科学分析。他指出：矛盾是普遍存在的。社会主义社会充满着矛盾，正是这些矛盾推动着社会主义社会不断向前发展。"在社会主义社会中，基本的矛盾仍然是生产关系和生产力之间的矛盾、上层建筑和经济基础之间的矛盾。"这些矛盾，可以通过社会主义制度本身的自我调整和完善不断地得到解决。这在实际上为进行社会主义体制改革奠定了理论基石。《关于正确处理人民内部矛盾的问题》是一篇重要的马克思主义文献，是对科学社会主义理论的重要发展，对中国社会主义事业具有长远的指导意义。

2. 十年建设的成就

这一时期最大的建设成就，是初步形成了独立的、比较完整的工业体系和国民经济体系，从根本上解决了工业化中"从无到有"的问题。新中国刚刚建立时，由于没有自己独立的工业体系，主要工业产品全部依赖进口。从"一五"计划开始，国家以苏联援建的156项重点工程、694个大中型建设项目为中心，进行了大规模投资，建成了一批门类比较齐全的基础工业项目，涉及冶金、汽车、机械、煤炭、石油、电力、通信、化学、国防等领域，为国民经济的进一步发展打下了坚实的基础。国家基本建设投资，从"一五"时期到"四五"时期，累计达4956.43亿元。

中国共产党和人民政府始终十分关注人民群众的生活，把满足人民基本生活需要作为发展经济的根本目的。通过兴修水利、开展农田基本建设、培育推广良种、提倡科学种田，较大幅度地提高了粮食生产水平和抵御自然灾害的能力。全国人口总数从1949年的5.4亿增长到1976年的9.3亿，同期粮食的人均占有量从418市斤增加到615市斤。全国居民的人均消费水平，农民从1952年的62元增加到1976年的125元，城市居民同期从148元增加到340元。在全国人民缩衣节食支援国家工业化基础建设的情况下，尽管人民群众生活逐年改善的增幅不大，但初步满足了占世界1/4人口的基本生活需求，这在当时被世界公认为是一个奇迹。

新中国成立后在文化建设方面的一件大事，就是扫除文盲、大力推广普通话，并加大对小学、中学和高等教育的投资。从1949年到1976年，初等小学从34.7万所发展到104.4万所，在校生从2439万人发展到1.5亿人；中等学校从4045所发展到19.2万所，在校生从103.9万人发展到5836.5万人；高等学校从205所发展到434所，在校生从11.7万人发展到67.4万人。医疗事业也得到蓬勃发展。1949年全国拥有医院2600家，到

1976年发展到6.3万家,其中县以上医院7952家。医院床位,从1949年的8万张发展到1976年的168.7万张。全国人口的死亡率从1949年的20‰下降到1976年的7.25‰。新中国高度重视发展体育事业,提出了"发展体育运动,增强人民体质"的指导方针。从1956年到1976年,中国运动员先后有123人次打破世界纪录。

新中国在核技术、人造卫星和运载火箭等尖端科学技术领域,也取得了一系列重要的成就。1964年10月,中国爆炸了第一颗原子弹。1967年6月,爆炸了第一颗氢弹。1970年1月,第一枚中远程导弹发射成功。同年4月,第一颗人造地球卫星发射成功。1975年,可回收人造卫星试验成功。这些成就表明,中国在尖端科技领域的某些方面正接近世界先进水平。

新中国先后制定了两个科学技术长远发展规划。其中,1956年制定的第一个"十二年发展规划"提前实现。1963年又提前制定了"十年发展规划"。新中国还专门成立了中国科学院,一些重要的现代科学分支和新兴应用技术,如生物物理学、分子物理学、地球化学、射电天文、高能物理以及核技术、喷气技术、计算机技术、半导体技术、自动化技术、无线电技术等,也都在这一时期逐步发展起来。

3. 国际地位的提高与国际环境的改善

新中国从建立之日起,就把坚持独立自主、维护世界和平、实现祖国统一作为奋斗目标,努力为国内和平建设创造良好的外部环境。在新中国成立后长达20年的时间里,美国等国不但拒不承认其合法地位,而且实行封锁、遏制政策,阻挠中国统一,并让台湾当局长期占据中国在联合国的席位。新中国在成立初期,一面奉行独立自主基础上的"一边倒"政策,积极争取苏联和其他社会主义国家对中国国内建设与外交工作的支持、援助;一面不失时机地发展同西方国家的民间外交,同这些国家进行贸易往来,以民(间)促官(方),以经(济)促政(治),并在1964年实现了中法建交。

在这10年中,中国的社会主义建设事业取得了很大的成就,但中国共产党的工作在指导方针上也有过重大失误,经历了曲折的发展过程。尤其是1958年的"大跃进"和人民公社化运动,造成了严重的消极后果,最终导致了"文化大革命"。

(三)"文化大革命"时期

"文化大革命"是一场由领导者错误发动,被反革命集团利用,给党和国家以及各族人民带来深重灾难的内乱。它使新中国遭受自成立以来最严重的挫折和损失。中共虽然在此期间遭受了艰难曲折的斗争,但仍取得了不少进展。粮食生产保持了比较稳定的增长,工业交通、基本建设以及科学技术方面取得了不少成就,外交工作也取得了新进展。但是如果没有"文化大革命",社会主义事业本应取得更大的成果。

(四)改革开放和社会主义现代化建设的新时期

1976年,江青反革命集团崩溃后,国家进入了新的发展时期。拨乱反正的起步和改革开放的酝酿由此开始。但是由于当时"两个凡是"的横行,党和国家的工作依然在徘徊中前进。1978年召开的十一届三中全会,实现了新中国成立以来党的历史上具有深远意义的伟大转折,重新确立了马克思主义的思想路线、政治路线和组织路线,党和国家的工作重心终于转移到现代化建设上来,改革开放的序幕由此拉开。

1989年中共十四届三中全会以来,以江泽民为代表的中国共产党人,坚持"一个中心,两个基本点"的基本路线不动摇,确立了建设社会主义市场经济体制的改革目标。在党建过程中形成的"三个代表"思想,实现了指导思想的又一次与时俱进。十六大以来,以胡锦涛为代表的中共中央提出科学发展观以及构建社会主义和谐社会和建设社会主义新农村的战略思想。

三　新中国成立以来的历史性成就

新中国成立以来，中国人民沿着社会主义道路，经过半个世纪的艰苦奋斗，取得了举世瞩目的成就。

第一，从争取经济独立到建设社会主义现代化国家。半个世纪以来，中国共产党领导全国人民发挥社会主义制度所具有的集中力量办大事的优越性，艰苦奋斗，在一穷二白的基础上建立了独立的、相对完整的工业体系和国民经济体系，使经济文化极度落后的旧中国变成了一个初步繁荣昌盛的社会主义新中国。

第二，从赢得政治独立到建设社会主义民主政治。半个世纪来，在确立工人阶级领导的人民民主专政的国家制度、赢得政治独立的基础上，人民代表大会制度、中国共产党领导的多党合作政治协商制度、民族区域制度等社会主义基本制度的确立、坚持和进一步的完善。

第三，从发展新民主主义文化到建设中国特色社会主义文化。中国特色社会主义文化是从新民主主义文化发展而来的，体现了中国共产党在坚持马克思主义的指导地位、推进中国先进文化建设方面的一脉相承又与时俱进。在建设中国特色社会主义文化的方针指导下，积极发展面向现代化、面向世界、面向未来的，民族的、科学的、大众的社会主义文化。

第四，从打破封锁到全方位对外开放。新中国成立之日起，就为打破西方国家的封锁，为国内和平建设取得良好的外部条件，作了不懈的

下篇综述：辉煌的历史征程

努力。

　　1950年至1953年的抗美援朝战争，以及随后召开的日内瓦国际会议和万隆会议，极大地提高了新中国的国际地位，初步树立起它作为负责任的东方大国的形象。随后，中国同印度、缅甸等国共同提出的和平共处五项原则，更成为处理国与国关系的公认的国际准则。同中国接壤或邻近的亚洲国家，绝大多数是新兴的民族独立国家。1960年1月到1963年3月，中国先后同缅甸、尼泊尔、蒙古国、巴基斯坦、阿富汗等国妥善地解决了边界问题。从20世纪50年代到70年代中期，中国长期支持越南人民的民族解放战争。先是支持越南人民赢得了抗法战争的胜利，随后又积极支持越南人民的抗美战争。美国深陷越南战争的泥潭之中，难以自拔。20世纪50年代，亚洲、非洲、拉丁美洲的广大地区出现了民族解放运动的高潮。中国在支持民族解放运动中同广大发展中国家建立了友好关系。这些国家积极争取恢复新中国在联合国的合法席位，并在1971年10月获得成功。从此，中国在联合国中发挥日益重要的作用，成为维护世界和平、反对霸权主义的中坚力量。

　　新中国长期不懈的外交努力，终于打开了中美关系正常化的大门。20世纪60年代末，尼克松就任美国总统，开始检讨美国的对华政策，向中国领导人发出改善关系的信息。毛泽东、周恩来敏锐地觉察到美方的变化，抓住时机向美国发起了"乒乓外交"，被国际舆论称为"小球转动了大球"。1972年2月美国总统尼克松访华，并发表中美上海联合公报。

　　中美关系开始正常化，使1972年出现了对华建交热潮，推动了中国外交格局的重大变化。中国同英国、荷兰、希腊、联邦德国、日本等国先后建立大使级外交关系，同西方国家的关系从此出现重大转机。这为后来中国逐步实行对外开放政策创造了有利条件。同中国建交的国家，从1965年的49个增加到1976年的111个，仅1970年以后的新建交国就有62个。中国进入改革开放的新时期后，邓小平曾指出："我们能在今天的国际环境中着手进行四个现代化建设，不能不铭记毛泽东同志的功绩。"

　　第五，从"小米加步枪"到逐步实现国防现代化。近代以来屈辱的历史告诉我们，要维护国家的尊严和主权，就必须要有强大的现代化国防。

四　教学小结

　　通过本章教学，使学生认识到：在新中国建立初期，中国共产党在面临的各种考验面前，不但能够励精图治，战胜困难，而且能够使新中国很快走上健康发展道路，说明中国共产党不但能够破坏旧世界，还能够领导人民建设新世界，从而使学生坚定对党的信念。历史昭示我们，只有社会主义才能救中国，才能发展中国，中国共产党是领导中国革命、建设、改革事业的核心力量。只有在中国共产党的领导下，走中国特色社会主义道路，才能实现中华民族的伟大复兴。

第八章　社会主义基本制度在中国的确立

授课对象

全日制普通本科生

学时安排

2 学时

教学目的

让学生了解中国新民主主义社会的性质、特征及主要矛盾和任务；理解中国社会由新民主主义向社会主义转变是历史发展的必然，是社会生产力发展的客观要求；把握我国对生产资料私有制的社会主义改造的基本历程和经验，并深刻理解社会主义制度在中国的确立是历史和人民的选择。

PBL 重点
①党在过渡时期的总路线的内容以及历史必然性。
②中国进行社会主义改造的历史经验是什么？
③我国从新民主主义过渡到社会主义的必然性。

教学难点
通过中国的社会主义革命与社会主义改革对比、新民主主义中国与改革开放之后中国的对比，理解社会主义改造与社会主义改革的联系和本质区别（改革不是对改造的否定），理解社会主义改造和社会主义改革的历史必然性。

课后作业
①为什么说新民主主义社会是一个过渡性的社会？
②怎样理解社会主义制度在中国的确立是历史和人民的选择？
③中国的社会主义改造与社会主义改革有何区别与联系？

第八章　社会主义基本制度在中国的确立

一　从新民主主义向社会主义过渡的开始

（一）新民主主义社会的性质

1. 新民主主义社会的建立

中国的新民主主义社会经历了两个发展阶段。新中国成立以前，新民主主义社会是在局部地区建立起来的，这就是当时的各个解放区。在这里，半殖民地半封建的社会制度被废除，但民主革命的任务尚未完成，这时的新民主主义社会还不具备向社会主义过渡的条件。1949年中华人民共和国的成立，标志着新民主主义革命阶段的基本结束和社会主义革命阶段的开始，即进入由新民主主义到社会主义的过渡时期。这时的新民主主义社会，就已经是一个"属于社会主义体系的和逐步过渡到社会主义社会去的过渡性质的社会"了。

2. 中共中央对新民主主义社会的分析

对于新民主主义革命胜利后所建立起来的新民主主义社会的性质，1948年9月召开的中共中央政治局会议做过分析。毛泽东指出，"把我们社会的经济称作'新资本主义'是不妥当的，因为它没有说明在我们社会经济中起决定作用的东西是国营经济、公营经济，这个国家是无产阶级领导的，所以这些经济都是社会主义性质的"。我们的经济的名字还是叫"新民主主义经济"好。而新民主主义经济，就是"社会主义经济领导之下的经济体系"。刘少奇提出,民主革命胜利以后产生的新社会的主要矛盾,是"无产阶级与资产阶级的这种斗争,是社会主义与资本主义的两条路线的斗争"。毛泽东赞同刘少奇的这个观点,并且说,"我们要努力发展经济,由发展新民主主义经济过渡到社会主义"。1949 年 3 月,中共七届二中全会决议分析了新民主主义社会的经济状况和基本矛盾,论述了从农业国转变为工业国、新民主主义社会转变为社会主义社会的任务及其主要途径。

(二) 开始向社会主义过渡

1. 开始采取向社会主义过渡的实际步骤

新中国成立后的最初三年,在着重完成民主革命的遗留任务的同时,社会主义革命的任务实际上也开始实行了。这主要表现在以下三个方面。

第一,没收官僚资本,确立社会主义性质的国营经济的领导地位。到 1950 年初,人民政府共接管官僚资本的工矿企业 2800 余家,金融企业 2400 余家,这些企业成为新中国成立初期国营经济的主要组成部分。没收官僚资本,具有两重性质:从反对外国帝国主义的附庸——中国的买办资产阶级的意义上看,它具有民主革命的性质;从反对大资产阶级意义上看,它又具有社会主义革命的性质。通过没收官僚资本,并在企业内部进行民主改革和生产改革,中国资本主义经济的主体部分被改造为社会主义性质的国有经济了,中国的大资产阶级被消灭了。社会主义性质的国有经济确立了自己在国民经济中的领导地位,这就为全面进行社会主义改造奠定了重要的物质基础。

第二,开始将资本主义纳入国家资本主义轨道。新中国在利用资本主义工商业的过程中,已经开始对它进行适当的限制,并把其中的大部分引上了初级形式的国家资本主义的道路。1952 年,私营工业产值的 56%,已属于加工、订货、统购、包销部分。私营经济中不利于国计民生的部分被削弱以至淘汰。私营经济在数量上是明显上升的,但在国民经济中的比重却下降了。

第三,引导个体农民在土地改革后逐步走上互助合作的道路。1952

第八章　社会主义基本制度在中国的确立

年，全国已有40%的农户参加了互助组，少数农户还参加了半社会主义或社会主义性质的农业生产合作社。

2. 对新民主主义社会过渡性认识的深入

以上事实表明，新民主主义社会不是一个凝固不变的、独立的社会形态。它本身具有过渡性，它是处在很深刻的变动之中的。1954年9月15日，刘少奇在《关于中华人民共和国宪法草案的报告》中，对新民主主义社会的过渡性再次做出深入的论证。他说："我国正处在建设社会主义社会的过渡时期。在我国，这个时期也叫作新民主主义时期，这个时期在经济上的特点，就是既有社会主义，又有资本主义。"

二 社会主义道路：历史和人民的选择

（一）工业化的任务和发展道路

1. 提出国家工业化的任务

进行经济建设，首先要把中国从一个落后的农业国变为一个先进的工业国，实现国家的工业化。1952 年国民经济恢复工作完成时，中国工业发展的水平仍然是很低的。现代工业在工农业总产值中的比重只有 26.6%，重工业在工业总产值中的比重只有 35.5%。苏联在第一个五年计划开始前的 1928 年，这两个比重已经分别达到 45.2% 和 39.5%。发展工业，改变中国作为农业国的贫穷落后的面貌，这是全国人民的共同要求，是摆在党和人民政府面前的重要任务。从 1953 年开始的发展国民经济的第一个五年计划，把优先发展重工业作为建设的中心环节，特别是大力发展钢铁、煤、电力、石油、机器制造、飞机、坦克、拖拉机、船舶、车辆制造、国防工业、有色金属和基本化学工业。中国近代以来无数仁人志士梦寐以求的工业化建设从此大规模地开展起来。

2. 选择社会主义工业化的道路

怎样才能发展经济，实现国家的工业化？从世界历史上看，主要有两条道路：一条是资本主义工业化的道路，这是欧洲各国、美国和日本走过的，而且走通了；一条是社会主义工业化的道路，这是苏联走过的，而且

第八章 社会主义基本制度在中国的确立

也走通了。十月革命前,俄国是欧洲的一个比较落后的国家,由于实现了社会主义的工业化,苏联成了欧洲的第一强国、世界上最强大的两个国家之一。由于社会主义制度具有集中力量办大事、促进社会生产力迅速发展的优越性,对于中国这样一个经济文化落后的国家来说,通过社会主义道路实现国家工业化,这是最好的选择。

(二) 过渡时期总路线反映了历史的必然性

1. 过渡时期总路线的提出

第一,在七届二中全会的报告中提出要使中国稳步地由农业国转变为工业国。新中国成立前夕,毛泽东在中共七届二中全会上的报告中明确指出,应当"在革命胜利以后,迅速地恢复和发展生产,对付国外的帝国主义,使中国稳步地由农业国转变为工业国,把中国建设成一个伟大的社会主义国家"。

第二,新中国成立之初设想要经过一段相当长的时间过渡到社会主义。新中国成立之初,中共中央领导人根据当时的具体情况,决定在民主革命遗留任务彻底完成、国民经济基本恢复之前,先不急于明确提出向社会主义过渡的任务。至于中国到底什么时候过渡到社会主义,当时的设想大致是:经过一段相当长的时间(估计至少要 10 年,多则 15 年或 20 年),工业发展了,国有经济壮大了,就可以采取"严重的社会主义的步骤",一举实行资本主义工商业的国有化和个体农业的集体化。

第三,国民经济恢复任务完成后提出"从现在逐步过渡到社会主义去"。随着实践的发展和经验的积累,对于如何向社会主义过渡的步骤,中共中央的认识发生了变化。1953 年 9 月 24 日,毛泽东在中共中央书记处会议上提出,我们要在"十到十五年,基本上完成社会主义,不是十年以后才过渡到社会主义"。刘少奇、周恩来等也都论述过"从现在逐步过渡到社会主义去"的设想。这种认识上的改变,主要有两方面的原因。

一方面,随着民主革命遗留任务的彻底完成,国内的阶级关系和主要矛盾发生了深刻的变化。1952 年 6 月,在"三反""五反"运动行将结束、全国范围内土地改革基本完成之际,毛泽东即指出:"在打倒地主阶级和官僚资产阶级以后,中国内部的主要矛盾即是工人阶级与民族资产阶级的矛盾,故不应再将民族资产阶级称为中间阶级。"这说明,明确提出向社会主义过渡的任务已经成为必要的了。另一方面,随着国民经济的恢复和初步发展,中国社会的经济成分(即生产关系)发生了重要变化。这集中地表现在公私比例的变化上。以工业为例,1949年到1952年,国有经济从34.2%上升到56%,私营经济从62.7%下降到34%。这种变化,用周恩来的话说,就是"社会主义成分的比重一天一天增加,国营经济的领导地位一天一天加强"。这说明,中国向社会主义过渡在实际上已经开始了。

第四,1953年正式提出党在过渡时期的总路线正是从以上两个方面变化了的实际情况出发,中共中央在1952年底开始酝酿并于1953年正式提出党在过渡时期的总路线,明确规定:"党在这个过渡时期的总路线和总任务,是要在一个相当长的时期内,逐步实现国家的社会主义工业化,并逐步实现国家对农业、对手工业和对资本主义工商业的社会主义改造。"当时,对这条总路线的内容有过一种通俗的解释:"好比一只鸟,它要有一个主体,这就是发展社会主义工业;它又要有一双翅膀,这就是对农业、手工业和私营工商业的社会主义改造。"

2. 实行社会主义改造的国内外条件

当时中国之所以要着力进行和可能进行社会主义改造,主要是因为:

第一,社会主义性质的国有经济力量相对强大,是实现国家工业化的主要基础。国家的社会主义工业化,是国家独立和富强的当然要求和必要条件。发展工业,一方面是要充分利用原有的工业,另一方面是要建设新的工业。随着没收官僚资本工作的完成和工业建设的初步开展,中国已经有了比较强大的社会主义性质的国有经济。与私营工业相比,国营工业规模大,技术设备先进,不仅有轻工业,而且有重工业。在劳动生产率等方面,国营企业也优于私营企业。

第二,资本主义经济力量弱小,发展困难,不可能成为中国工业起飞的基础,它对国家和国有经济有很大的依赖性,不可避免地要向国家资本主义的方向发展。在帝国主义对华封锁的情况下,民族资本由于向外发展的渠道被阻断,就更加重了它对国家和国营经济的这种依赖性。1950年以

第八章　社会主义基本制度在中国的确立

后,在对资本主义工商业进行调整的过程中,加工订货、经销代销、统购包销、公私合营等形式的国家资本主义有了相当程度的发展。这就为对资本主义工商业进行社会主义改造积累了初步的经验。

第三,对个体农业进行改造,是保证工业发展、实现国家工业化的必要条件。土地改革以后,农业生产摆脱了封建生产关系的束缚,一个时期有过相当大的发展。但是,由于实行在土地私有基础上的个体经营,这种发展又受到很大的限制。许多农户不仅无力进行扩大再生产,就连简单再生产也难以维持。事实上,在土改以后,许多地区的农民从发展生产的需要出发,已经在探索组织起来的各种途径,开始有了实行互助合作的实践。这也为对个体农业进行社会主义改造积累了初步的经验。

第四,当时的国际环境也促使中国选择社会主义。新中国成立以后,长期受到美国等西方资本主义国家在经济上、外交上和军事上的严密封锁和遏制。中国不但不可能从资本主义大国得到什么援助,而且连进行普通的贸易和交往都很困难。当时只有社会主义国家和第二次世界大战后为独立而斗争的国家同情中国。只有苏联能够援助中国。这种国际环境,也是中国选择社会主义的基本因素之一。

三 有中国特色的向社会主义过渡的道路

（一）社会主义工业化与社会主义改造同时并举

中国共产党在过渡时期的总路线，一方面要求把实现社会主义工业化作为全党、全国人民面前的基本任务，另一方面要求通过对农业、手工业和资本主义工商业的社会主义改造来促进生产力的发展，以利于社会主义工业化的实现。这两个任务是互相关联而不可分离的。

1. 编制发展国民经济的第一个五年计划

编制发展国民经济的第一个五年计划的工作，在1951年就在着手进行。1952年12月，中共中央发出《关于编制1953年计划及长期计划纲要的指示》。1953年4月，中央批准下达1953年计划提要。"一五"计划的编制，历时四年，五易其稿，到1954年9月基本确定下来，在1955年7月召开的第一届全国人大二次会议上通过。从当时中国的实际出发，计划规定：集中主要力量发展重工业，建立国家工业化和国防现代化的初步基础；相应地发展交通运输业、轻工业、农业和商业；相应地培养建设人才；保证在发展生产的基础上逐步提高人民的物质生活和文化生活的水平。计划规定，五年内国家用于建设的投资总额为766.4亿元，折合黄金7亿两。这在中国历史上是空前的。没有全国财政经济工作的统一，不发挥社会主义可以集中力量办大事的优越性，经济落后的中国在当时进行这

第八章　社会主义基本制度在中国的确立

样巨额的投资是不可想象的。

2. 社会主义改造围绕社会主义工业化建设的任务进行

在社会主义改造过程中，党和政府采取的实际步骤总是力求与经济发展的要求相适应，以便促进生产力的发展，而不允许对生产力造成破坏。正因为如此，社会主义改造这样一场极其深刻的社会变革，不仅没有引起激烈的社会动荡和经济破坏，而且使生产逐年增加。它成了社会主义建设的直接推动力量。第一个五年计划规定的到1957年应达到的指标，在1956年底就提前达到了。

（二）农业合作化运动的发展

1. 农业合作化任务的提出

土地改革后，一方面农村的生产迅速发展了，农民的生活也有了明显的改善；另一方面许多农民尤其是贫农、贫下中农由于缺少农具、耕畜和资金，生产经营上的困难仍然比较大，而且由于小农经济的不稳定性，农村中的贫富分化也开始了。针对这种情况，党和人民政府决定，不待农民在土改中激发出来的政治热情冷却，不待农村发生剧烈的贫富两极分化，就采取积极领导的方针，教育、推动和帮助农民走互助合作的道路。这样，在土改后，互助组很快就在农村中相当普遍地发展起来。1951年12月，中共中央下发了《关于农业生产互助合作的决议（草案）》。草案指出，中国农民在土改基础上所发扬起来的生产积极性，集中地表现在两种积极性上，即个体经济的积极性和劳动互助的积极性。

2. 农业合作化的基本方针

中共中央在1953年12月通过的《关于发展农业生产合作社的决议》总结互助合作运动的经验，概括提出引导农民走向社会主义的几种过渡性经济组织形式。第一是互助组，这具有社会主义的萌芽。第二是初级农业生产合作社，在土地及牲畜、大农具私有的基础上土地入股、统一经营，有较多的公共财产，实行土地分红和按劳分配相结合的原则。这具有半社会主义的性质。第三是高级农业生产合作社，将土地及其他主要生产资料归集体所有，统一经营、集体劳动，实行各尽所能、按劳分配的原则。这

229

具有社会主义的性质。采取这种逐步过渡的办法，是中国农业合作化运动中的一项重要的创造。

实践证明，中国共产党对农业合作化运动的指导方针是正确的，由此开创了一条有中国特色的农业合作化道路。其基本原则和方针是：

第一，在中国现有的条件下，可以走先合作化、后机械化的道路。在土地改革基本完成后，及时将农民"组织起来"作为农村工作的一件大事来抓。

第二，充分利用和发挥土改后农民的两种生产积极性，通过互助组、初级农业生产合作社、高级农业生产合作社这种由低到高的互助合作的组织形式，实行积极发展、稳步前进、逐步过渡的方针。

第三，农业互助合作的发展，要坚持自愿和互利的原则，采取典型示范、逐步推广的方法，发展一批，巩固一批。

第四，要始终把是否增产作为衡量合作社是否办好的标准。

第五，要把社会改造同技术改造相结合。在实现农业合作化以后，国家应努力用先进的技术和装备发展农业经济。

3. 农业合作化的发展和基本完成

在党的上述方针的指引下，农村的互助合作积极、稳步地向前推进。到 1954 年底，互助组从 1951 年底的 400 多万个发展到近 1000 万个；初级社从 1951 年底的 300 多个增加到 1953 年的 1.4 万个，1954 年秋为 10 万个，1954 年底猛增到 48 万个。1955 年夏季，由于对农业合作化形势的看法不同，在中国共产党内部引发了关于农业合作化发展速度问题的一场争论。1955 年夏季以后，农业合作化运动加速发展，出现了农业合作化高潮。到 1956 年底，农业合作化基本完成。加入合作社的农户占全国农户总数的 96.3%，其中参加高级社的农户达到 87.8%。

对个体农业的社会主义改造，由于要求过急，工作过粗，改变过快，形式也过于简单划一，以致遗留了一些问题。尽管如此，农业合作化在总体上是成功的。在农业合作化运动期间，从 1953 年到 1956 年，农业生产力不断发展，全国农业总产值平均每年递增 4.8%。农民安居乐业，生产有所发展，生活有所改善。中国农村在发展稳定的气氛中完成了从几千年的分散个体劳动向集体所有、集体经营的历史性转变。这是中国历史上一

第八章 社会主义基本制度在中国的确立

次伟大的社会变革、社会进步。

4. 手工业合作化的实现

在推进手工业合作化的过程中,中国共产党采取的是积极领导、稳步前进的方针。手工业合作化的组织形式,是由手工业生产合作小组、手工业供销合作社到手工业生产合作社,步骤是从供销入手,由小到大,由低到高,逐步实行社会主义改造和生产改造。农业合作化的迅猛发展,也极大地加快了手工业合作化的步伐。1955年底,党和国家提出要在两年内基本完成手工业合作化。实际上,由于改变了过去按行业分期、分批、分片改造的办法,而采取手工业全行业一起合作化的办法,到1956年底,参加合作社的手工业人员已占全体手工业人员的91.7%。手工业的合作化也基本完成了。

(三)对资本主义工商业赎买政策的实施

1. 经过国家资本主义走向社会主义

在农业合作化运动迅速发展的同时,对资本主义工商业的改造也开始推进。

第一,对民族资产阶级实行赎买政策

民族资产阶级在社会主义时期仍然具有两面性。他们既有剥削工人取得利润的一面,又有拥护宪法、愿意接受社会主义改造的一面。对资本主义工商企业进行社会主义改造,就是要把民族资本主义工商业改造成为社会主义性质的企业,并对民族资产阶级实行赎买政策。采取这样的政策,既可以在一定时期利用资本主义工商业的积极作用(如增加产品供应、扩大商品流通、维持工人就业、为国家提供税收等),又有利于争取民族资产阶级及其知识分子,并减少他们接受社会主义改造的阻力。

第二,国家资本主义经济的各种形式

国家资本主义经济是在人民政府管理之下的,用各种形式和国营社会主义经济联系着的,并受工人监督的资本主义经济。它有初级形式和高级形式的区别。初级形式的国家资本主义企业仍由资本家经营,它同国营社会主义经济通过订立合同等办法,在企业外部建立多种联系。其形式,在工业中有收购、加工、订货、统购、包销；商业中有经销、代销、代购代销、公私联营等。高级形式的国家资本主义就是公私合营。实行公私合营以后，原来的资本主义企业同社会主义经济的联系已经不仅限于流通领域，而是深入到了企业内部，深入到了生产领域。社会主义经济在企业中已经具有决定意义的作用了。

新中国成立初期，着重发展的是加工订货、经销代销等初级形式的国家资本主义。1954年1月，中央人民政府财政经济委员会提出《关于有步骤地将有十个工人以上的资本主义工业基本上改造成为公私合营企业的意见》，高级形式的国家资本主义进一步发展起来。开始时，主要是个别企业的公私合营。在这种合营企业中，公方代表已经居于领导地位。企业利润采取"四马分肥"的办法，即分为国家所得税、企业公积金、工人福利费、股金红利四个部分。企业收益大部分归国家和工人，资本家所得不足四分之一。这种企业已经具有不同程度的社会主义性质。

1955年，合营工业的产值占到全部私营工业产值（包括已合营的在内）的49.6%。这一年，北京、上海、天津的一些行业先后实行全行业公私合营。这时，国家对资本家原有的生产资料进行清理估价，以核实私股股额；在合营期间，每年发给资本家5%的股息，这就叫定股定息。全行业公私合营以后，这些企业基本上已经是社会主义性质的经济，除资本家领取定息外，同国有企业已经没有原则的区别。1956年1月，北京市首先在全市范围内完成全行业公私合营。到这年年底，全国私营工业户的99%、私营商业户的82.2%，都走上了全行业公私合营的道路。

2. 和平赎买政策的实现

第一，对资本家采取和平赎买的政策。

经过国家资本主义来改造资本主义工商业，意味着国家对资本家采取和平赎买的政策。中共中央在《关于资本主义工商业改造问题的决议》中指出："我们对于资产阶级，第一是用赎买和国家资本主义的方法，有偿地而不是无偿地，逐步地而不是突然地改变资产阶级的所有制；第二是在改造他们的同时，给予他们以必要的工作安排；第三是不剥夺资产阶级的选举权，并且对于他们中间积极拥护社会主义改造而在这个改造事业中有所贡献的代表人物给予恰当的政治安排。在资产阶级没有别的出路的条件

第八章　社会主义基本制度在中国的确立

下，这是他们能够接受的方案。"

第二，实现了马克思、恩格斯的设想。

对资产阶级实行赎买，这是马克思、恩格斯提出的设想。十月革命后，列宁打算在俄国对"文明的资本家"采取这种做法，但俄国资产阶级不接受。中国共产党把这种设想付诸实施并取得成功，资产阶级中的绝大多数人公开表示接受这样的方案。按照1956年全行业公私合营时核定的资本家所有的资产，总数为24.2亿元人民币。在赎买政策的实施过程中，资本家先后共获得人民币32.5亿元，超过了其原来所有的资产总额。资本家的所得包括：1949年至1955年间的利润13亿元，1955年至1968年的定息11亿元，高薪8.5亿元。

第三，使原工商业者提高了觉悟。

在实行全行业公私合营时，国家为资本家安排了工作，许多人担负了一定的领导职务。这既有利于发挥他们在经营管理方面的特长，又可以使他们成为自食其力的劳动者。国家还安排他们进行学习和组织他们到各地参观访问，帮助他们了解国内外形势，更好地掌握自己的命运。许多原工商业者提高了觉悟，拥护共产党的领导和社会主义制度，为国家建设事业做出了贡献。邓小平说："我国资本主义工商业社会主义改造的胜利完成，是我国和世界社会主义历史上最光辉的胜利之一。这个胜利的取得，是由于中国共产党领导全体工人阶级执行了毛泽东同志根据我国情况制定的马克思主义政策，同时，资本家阶级中的进步分子和大多数人在接受改造方面也起了有益的配合作用。"

四 社会主义基本制度在中国的全面确立

（一）社会主义改造的基本完成

到1956年，随着社会主义改造的基本完成，社会主义的基本经济制度在中国全面地建立起来了。这是中国进入社会主义社会的最主要的标志。这表明，中国已经胜利地完成了从新民主主义到社会主义的过渡。

社会主义改造是在生产关系方面由私有制到公有制的一场伟大的变革，它对生产力的发展直接起到了促进作用。

社会主义改造的胜利，为中国全面进行社会主义建设奠定了基础，开辟了道路。农业和手工业由个体所有制变为社会主义的集体所有制，私营工商业由资本主义所有制变为社会主义所有制，这就使社会生产力从旧的生产关系的束缚中解放出来，为在社会主义条件下取得比资本主义更快更好的现代化发展速度铺平了道路。

（二）在社会主义条件下推进工业化、现代化

社会主义革命的目的是解放生产力。在社会主义改造基本完成后，中国人民面临的主要任务，就是进一步推进工业化、现代化建设，为实现国家的繁荣富强和人民的共同富裕而奋斗。而社会主义制度的全面确立，正

第八章 社会主义基本制度在中国的确立

是为推进中国的工业化、现代化事业,为中国以后一切的进步和发展,奠定了基础。

中国是在没有实现工业化的情况下进入社会主义的。一方面,正如邓小平所说,"当时中国有了先进的无产阶级的政党,有了初步的资本主义经济,加上国际条件,所以在一个很不发达的中国能搞社会主义。这和列宁讲的反对庸俗的生产力论一样"。另一方面,由于经济文化比较落后,正如党后来指出的,中国的社会主义还只能是初级阶段的社会主义,或者说只能是社会主义的初级阶段。不经过生产力的巨大发展,是不可能越过这个阶段的。

五　教学小结

通过本章教学，使学生了解新民主主义社会的政治、经济和文化特点，以及我国对农业、手工业和资本主义工商业进行的社会主义改造过程和经验，对社会主义在中国的确立过程有一个总体的了解。通过对社会主义初期共产党领导下中国人民取得成就的介绍，使学生燃起对中国共产党的自信心和自豪感。

第九章　社会主义建设在探索中曲折发展

授课对象

全日制普通本科生

学时安排

2 学时

教学目的

通过本章的学习，使学生了解社会主义制度建立以后前 20 年的发展历程，把握以毛泽东为代表的中国共产党人在经历挫折的同时，领导全国人民建设社会主义所取得的重大成就，深刻理解只有从中国的实际出发，才能找到建设社会主义的正确道路，从而坚定走中国特色社会主义道路的信心。

PBL 重点

①认识中国社会主义建设道路探索中的严重挫折。

②在探索社会主义建设道路初期取得的积极成果。

③党在探索社会主义道路初期犯严重错误的原因。

教学难点

①在社会主义建设问题上,如何避免"左"的或右的错误?

②通过中国社会主义建设初期的曲折经历,掌握坚持和发展马克思主义、社会主义理论的正确方法。

课后作业

①中国共产党人在1956年至1957年的早期探索中对社会主义建设有哪些理论建树?

②怎样认识建立独立的、比较完整的工业体系和国民经济体系的重大意义?

③为什么说毛泽东是探索中国社会主义建设道路的开创者?怎样正确认识和评价毛泽东的历史地位?

第九章　社会主义建设在探索中曲折发展

一　良好的开局

（一）全面建设社会主义的开端

1. 提出马克思主义和中国实际的"第二次结合"

1956年，社会主义基本制度的全面确立，标志着中国进入开始全面建设社会主义的历史阶段。

新中国成立初期我国照搬苏联模式的原因。为了生存与安全不得不与苏联结盟；新中国成立初期我国生产力水平非常落后；党刚刚取得政权没有经验。中国已经是一个社会主义国家，但又是一个经济文化落后、人口众多、幅员辽阔、发展极不平衡的国家。怎样建设社会主义，怎样巩固和发展社会主义，并没有现成的道路可循，必须在实践中进行艰苦的探索。新中国成立初期，因为没有经验，在经济建设上只得学习甚至照搬苏联的做法。"这在当时是完全必要的，同时又是一个缺点，缺乏创造性，缺乏独立自主的能力。这当然不应当是长久之计。"

开始探索适合中国情况的社会主义建设道路。1956年2月召开的苏共二十大，进一步暴露了苏联在社会主义建设中存在的缺点和错误。在这种情况下，中国共产党人决心走自己的路，开始探索适合中国情况的社会主义建设道路。探索中国的社会主义建设道路，首先有一个如何把马克思列宁主义原理同中国实际相结合的问题。1956年4月初，在中共中央书记处会议上，毛泽东提出：我认为最重要的教训是独立自主，调查研究，摸清本国国情，把马克思列宁主义的基本原理同我国革命和建设的具体实际结合起来，制定我们的路线、方针、政策。现在是社会主义革命和建设时期，我们要进行第二次结合，找出在中国进行社会主义革命和建设的正确道路。毛泽东提出的关于实行马克思主义同中国实际"第二次结合"的任务，为探索适合中国情况的社会主义建设道路，提供了基本的指导原则。

2. 在社会主义制度下保护和发展生产力

社会主义制度的确立，为进一步保护和发展生产力创造了更为有利的条件。1956年1月，中共中央召开关于知识分子问题会议，动员全党和全国人民特别是广大知识分子"向现代科学进军"。周恩来在会上指出，"在社会主义时代，比以前任何时代都更加需要充分地提高生产技术，更加需要充分地发展科学和利用科学知识"。"知识分子绝大多数已经是劳动人民的知识分子"，"他们是社会主义建设事业中一支伟大的力量。正确地估计和使用这些知识分子，有计划地帮助他们在政治上和业务上不断进步，是党和国家的极其重要的任务"。会后，国务院成立了科学规划委员会，集中数百名科学家，经过反复研究，于同年10月制定了《1956—1967年科学技术发展远景规划纲要》。这个规划的实施，填补了科学技术领域的诸多空白，奠定了中国在自然科学和工程技术方面的重要基础。

（二）早期探索的积极进展

1. 《论十大关系》的发表

从1956年初开始，以毛泽东为主要代表的中国共产党人，对中国的社会主义建设道路进行了艰苦的探索，并取得了积极的成果。为准备召开中国共产党第八次全国代表大会，毛泽东、刘少奇等领导人进行了大规模的调查研究工作。从1956年2月到4月，毛泽东等先后听取了国务院工业、农业、运输业、商业、财政、计划等34个部门的工作汇报。这是新中国成立以来中央领导集体开展的一次广泛而深入的对经济工作的调查研究。在听取汇报的基础上，毛泽东逐渐形成《论十大关系》的基本思路，并先后在4月25日中央政治局扩大会议和5月2日最高国务会议工作《论十大关

第九章　社会主义建设在探索中曲折发展

系》的报告。这个报告，总结经济建设的初步经验，借鉴苏联建设的经验教训，概括提出了十大关系。这十大关系，围绕一个基本方针，即："一定要努力把党内党外、国内国外的一切积极的因素，直接的、间接的积极因素，全部调动起来，把我国建设成为一个强大的社会主义国家"。这成为同年9月召开的中共八大的指导思想。

2. 中共八大路线的制定

中共八大的召开。1956年9月15日至27日，中国共产党第八次全国代表大会在北京举行。毛泽东致开幕词，刘少奇作政治报告，周恩来作关于国民经济发展第二个五年计划建议的报告，邓小平作关于修改党章的报告。

中共八大正确分析了社会主义改造完成后中国社会的主要矛盾和主要任务，指出：社会主义制度在我国已经基本上建立起来；我们还必须为解放台湾、为彻底完成社会主义改造、最后消灭剥削制度和继续肃清反革命残余势力而斗争，但是国内主要矛盾已经不再是工人阶级和资产阶级的矛盾，而是人民对于经济文化迅速发展的需要同当前经济文化不能满足人民需要的状况之间的矛盾；全国人民的主要任务是集中力量发展社会生产力，实现国家工业化，逐步满足人民日益增长的物质和文化需要；虽然还有阶级斗争，还要加强人民民主专政，但其根本任务已经是在新的生产关系下面保护和发展生产力。

八大提出的社会主义建设的各项方针。在经济建设上，大会坚持既反保守又反冒进即在综合平衡中稳步前进的方针。在政治建设上，提出要扩大社会主义民主、健全社会主义法制，使党和政府的活动做到"有法可依"和"有法必依"。在执政党建设上，强调要提高全党的马克思列宁主义思想水平，健全党内民主集中制，坚持集体领导制度，反对个人崇拜，发展党内民主和人民民主，加强党和群众的联合。

对适合中国特点的经济体制的探索。在大会发言中，陈云提出"三个主体、三个补充"的思想，即：国家经营和集体经营是主体，一定数量的个体经营为补充；计划生产是主体，一定范围的自由生产为补充；国家市场是主体，一定范围的自由市场为补充。这个思想为大会所采纳，并写入决议，成为突破传统观念、探索适合中国特点的经济体制的重要步骤。

随后召开的中共八届一中全会，选举毛泽东为中央委员会主席，刘少奇、周恩来、朱德、陈云为副主席，邓小平为总书记，由他们组成中央政治局常务委员会。中共八大的路线是正确的，它为社会主义事业的发展和党的建设指明了方向。中共八大后，中国共产党在探索中又提出一些重要的新思想。同年 12 月，毛泽东提出，可以消灭了资本主义，又搞资本主义，并把这称作"新经济政策"。这个意见得到了刘少奇、周恩来等领导人的赞同。

3. 《关于正确处理人民内部矛盾的问题》的发表

社会主义改造基本完成后，不少人对新的社会制度还不能马上适应，再加上党和政府的一些工作部门存在着主观主义、官僚主义作风，引起一些群众的不满。1956 年下半年，一些地区出现了工人罢工、学生罢课、农民退社等情况。与此同时，国际上出现的波兰、匈牙利事件，也在国内引起一些人的思想波动。各级领导干部对此缺乏思想准备，或者束手无策，或者习惯于把一些闹事问题作为敌我矛盾来处理。

第一，提出社会主义社会两类不同性质矛盾理论。1957 年 2 月，毛泽东在扩大的最高国务会议上发表《关于正确处理人民内部矛盾的问题》的讲话，指出：在社会主义制度下，人民的根本利益是一致的，但还存在着敌我矛盾和人民内部矛盾。必须区分社会主义社会两类不同性质的社会矛盾，把正确处理人民内部矛盾作为国家政治生活的主题。他强调，不能用解决敌我矛盾的方法去解决人民内部矛盾，只能用民主的、说服的、教育的、"团结—批评—团结"的方法去解决。毛泽东提出正确处理人民内部矛盾的问题，有个重要的指导思想，这就是："团结全国各族人民进行一场新的战争——向自然界开战，发展我们的经济，发展我们的文化，使全体人民比较顺利地走过目前的过渡时期，巩固我们的新制度，建设我们的新国家。"

第二，对社会主义社会的基本矛盾做出科学分析。他指出：矛盾是普遍存在的。社会主义社会充满着矛盾，正是这些矛盾推动着社会主义社会不断向前发展。在社会主义社会中，基本的矛盾仍然是生产关系和生产力之间的矛盾、上层建筑和经济基础之间的矛盾。这些矛盾，可以通过社会主义制度本身的自我调整和自我完善不断地得到解决。这实际上为社会主

第九章　社会主义建设在探索中曲折发展

义制度的完善和发展奠定了理论基石。《关于正确处理人民内部矛盾的问题》是一篇重要的马克思主义文献。它创造性地阐述了社会主义社会矛盾学说，是对科学社会主义理论的重要发展，对中国社会主义事业具有长远的指导意义。

4. 整风运动和反右派斗争

1957年4月27日，中共中央下发《关于整风运动的指示》，指出：由于党在全国范围内处于执政地位，有必要在全党进行一次反对官僚主义、宗派主义和主观主义的整风运动。在执政的条件下，党容易产生脱离群众的官僚主义等错误倾向，更需要采取整风的办法来加以解决。根据中共中央的设想，这次整风应当是一次既严肃认真又和风细雨的思想教育运动，是一次认真开展批评和自我批评的自我教育运动，通过发动群众向党员和党的各级组织提意见，帮助党来纠正官僚主义等问题。

整风运动的形式。这场运动采取开门整风的形式。各级党组织纷纷召开座谈会和小组会，听取党内外群众的意见，迅速在全社会形成一个"鸣放"的高潮。毛泽东和中共中央真诚地希望通过这种方式，加强党外人士对共产党员特别是党员领导干部的批评、监督，进一步密切党同群众的联系。

极少数资产阶级右派分子的进攻。在整风运动中人们提出的各种意见，绝大多数是诚恳的。但确有极少数资产阶级右派分子乘机向党和新生的社会主义制度发动进攻。他们把共产党在国家政治生活中的领导地位攻击为"党天下"，要求"轮流坐庄"；他们竭力抹杀社会主义改造和建设的成绩，根本否认社会主义的优越性；他们还把人民民主专政制度说成是产生主观主义、官僚主义和宗派主义的根源。有的人甚至散布煽动性言论，鼓动一些不明真相的人上街闹事。这说明，事情正在起变化。

反右派运动的全面展开及扩大化。1957年6月8日，中央发出组织力量反击右派分子进攻的党内指示，《人民日报》发表题为"这是为什么？"的社论。一场全国规模的群众性反右派运动全面展开。对极少数右派分子的进攻实行坚决反击，是完全正确的和必要的。在涉及重大政治原则的大是大非问题上如果不能旗帜鲜明，就会造成思想上和政治上的混乱。但是反右派斗争被严重地扩大化了。到1958年夏运动结束时，全国划定的右派分子达 552877 人，其中绝大多数属于错划。许多党的干部和有才华的知识分子由此受到长期压抑和打击。这不仅是他们个人的损失，更是党和国家整个事业的严重损失。而在运动中采取的大鸣、大放、大辩论、大字报的错误斗争方式，也是反右派斗争严重扩大化的一个重要因素。

　　反右派斗争严重扩大化的重要影响。使 1957 年 10 月至 11 月召开的中共八届三中全会开始改变党的八大关于社会主要矛盾的正确判断，认为当前国内的主要矛盾仍然是无产阶级和资产阶级、社会主义道路和资本主义道路的矛盾。后来召开的中共八大二次会议正式确认了这个判断。这一理论上和指导思想上的失误造成了长时期的严重后果。

第九章　社会主义建设在探索中曲折发展

二　探索中的严重曲折

（一）"大跃进"及其纠正

1. "大跃进"和人民公社化运动的发动

揭开"大跃进"的序幕。1957年"一五"计划提前完成，极大地激发了全国人民在短时间内彻底改变祖国"一穷二白"面貌的斗志，增强了中国共产党人领导经济建设的自信心。在胜利面前，毛泽东以及中央和地方不少领导干部滋长了骄傲自满情绪，夸大了主观意志和主观努力的作用，忽视经济规律，急于求成，对社会主义建设的长期性、复杂性严重估计不足。同年10月至11月召开的中共八届三中全会通过农业发展纲要40条，随后在农村开展了关于农业生产建设的大辩论。11月13日《人民日报》社论提出："在生产战线上来一个大的跃进。""大跃进"的序幕也由此拉开。

错误地批判反冒进。1958年1月和3月，毛泽东先后在广西南宁和四川成都主持召开中央工作会议，错误地改变了中共八大确定的在经济建设上既反保守又反冒进即在综合平衡中稳步前进的方针，严厉批判反冒进，一些坚持正确意见的中央领导人被迫在会上作了检讨。这些做法破坏了党的集体领导原则和民主集中制。

提出社会主义建设总路线。同年5月，中共八大二次会议通过了"鼓足干劲、力争上游、多快好省地建设社会主义"的社会主义建设总路线。这条总路线及其基本点,其正确的一面,是反映了广大人民群众迫切要求改变国家经济文化落后状况的普遍愿望;其缺点是忽视了客观的经济规律。总路线提出的"多快好省"这四个字,本来是相互制约的,但在宣传中和实际工作中片面地突出了一个"快"字,提出"速度是总路线的灵魂"。"大跃进"的发动表明,中国共产党力图抓住20世纪50年代中期出现的有利于国内和平建设的不可多得的历史机遇,在中国社会主义现代化建设上开创一个跨越式发展的局面。但是,实践的结果证明,由于错误地批判反冒进,实际上改变了中共八大确定的既反保守又反冒进即在综合平衡中稳步前进的经济建设方针,又没有经过认真的调查研究和试点,就轻率地发动了"大跃进"和人民公社化运动,使得以高指标、瞎指挥、浮夸风和"共产风"为主要标志的"左"倾错误严重地泛滥开来。由于"大跃进"中片面地追求建设的高速度、高指标,在各项高指标中又特别突出地强调钢铁指标和粮食指标,严重地破坏了国民经济各部门的综合平衡。

开展农村人民公社化运动。在误以为农村集体经济的规模越大、公有化程度越高,就越能促进增产增收的思想指导下,1958年7月、8月,毛泽东在视察期间对小社并大社的做法给予肯定。同年8月,中共中央政治局北戴河会议通过了《关于在农村建立人民公社问题的决议》,提出"应该积极地运用人民公社的形式,摸索出一条过渡到共产主义的具体途径"。9月初,《人民日报》公布了这一决议,在全国范围掀起了农村人民公社化运动的高潮。在一个多月的时间里,全国74万个农业生产合作社合并成为2.6万多个人民公社。人民公社实行"政社合一"的体制,其基本特点被概括为"一大二公",实际上就是搞"一平二调"。所谓"大",就是规模大,原来一二百户规模的农业生产合作社被合并成拥有四五千户甚至一两万户的人民公社;所谓"公",就是公有化程度高。它严重地脱离了农村的生产力水平,致使"一平二调"之风泛滥,损害了广大社员和小集体的利益。

2. 初步纠正"左"倾错误的努力

毛泽东是"大跃进"和人民公社化运动的积极倡导者和推动者,又是中央领导集体中较早地觉察并实际纠正"左"倾错误的领导人。1958年

第九章　社会主义建设在探索中曲折发展

11月，毛泽东主持召开第一次郑州会议，指出当时大有立即宣布全民所有、废除商业、消灭商品生产之势，发展下去势必会重犯苏联剥夺农民的历史性错误。这次会议对于正在急剧膨胀的"左"倾错误起了一定程度的遏制作用。

1958年11月、12月间，毛泽东在武昌先后主持召开中共中央政治局会议和八届六中全会，着重纠正急于向全民所有制和向共产主义过渡的倾向，以及企图过早地取消商品生产和商品交换的倾向，并决定开展整顿人民公社的工作。1959年2月，毛泽东主持召开第二次郑州会议，针对人民公社存在的平均主义和过分集中的问题，提出队为基础、分级管理、三级核算、各计盈亏、按劳分配、承认差别的方针。同年3月、4月间召开的中共中央政治局上海会议制定了《关于人民公社的十八个问题》，并开始调整钢产量的高指标，进一步巩固了武昌会议和第二次郑州会议的纠"左"成果。

3. 庐山会议与纠"左"进程的中断

1959年7月2日至8月1日，中共中央在江西庐山召开政治局扩大会议。毛泽东提出18个问题，要求与会者讨论。其出发点是统一全党的认识，巩固纠"左"成果。但是党内的高层领导对1958年以来的工作和当前形势的估计存在着严重分歧。7月14日，彭德怀给毛泽东写信，着重指出"大跃进"存在的严重问题和突出矛盾，认为这些矛盾的性质"是具有政治性的"；犯错误的主观原因，一是"犯了不够实事求是的毛病"，二是"小资产阶级的狂热性"。7月23日，毛泽东在会上发表讲话，错误地对彭德怀的信提出尖锐批评，认为这代表了党内外的右倾势力对"三面红旗"（总路线、"大跃进"、人民公社）的猖狂进攻。8月2日至16日，毛泽东在庐山主持召开中共八届八中全会，做出了《关于以彭德怀同志为首的反党集团的错误的决议》，随后在全党范围开展了"反右倾"斗争。

这场斗争，在经济建设上打断了纠"左"的进程，使错误延续了更长时间，造成了更加严重的国民经济比例失调，尤其是使农业生产遭到了极大破坏；由于把党内正常的意见分歧当作阶级斗争来处理，这就使阶级斗争扩大化的错误理论和实践进一步升级，党内从中央到基层的民主生活遭到严重损害。主要由于"大跃进"和"反右倾"斗争的错误，加上当时的自然灾害和苏联政府背信弃义地撕毁合同、撤走全部专家，中国国民经济在 1959 年到 1961 年发生严重困难。1960 年粮食和棉花产量均跌落到 1951 年的水平。许多地方因饥荒普遍地发生浮肿病，不少省份农村人口死亡增加，加上出生率大幅度降低，1960 年全国总人口比上一年减少 1000 万人。

4. 国民经济的调整

1961 年 1 月，中共八届九中全会决定对国民经济实行"调整、巩固、充实、提高"的八字方针，毛泽东在会上号召全党大兴调查研究之风。同年 3 月，毛泽东在广州主持起草了《农村人民公社工作条例（草案）》（简称农业六十条），之后又几经修改，确定以生产队为基本核算单位，要求认真贯彻按劳分配的原则，废除供给制，停办公共食堂。农业六十条的贯彻执行，对于克服严重存在的平均主义，调动农民的生产积极性，推动恢复和发展农业生产，起到了十分重要的作用。由于调整经济的正确方针的贯彻执行，社会主义建设逐步地重新出现欣欣向荣的景象。

5. "七千人大会"的召开及影响

"七千人大会"的召开。1962 年 1 月、2 月间召开的扩大的中央工作会议（即"七千人大会"），在三年调整时期具有关键性的作用。当时，调整初见成效，但困难依然很大，党内的高级干部对形势和问题的看法还很不一致。为了统一思想，会议采取充分发扬党内民主的做法。来自中央、大区、省区市、地区、县五级的党政军领导干部七千余人，围绕讨论和修改刘少奇 1 月 27 日向大会提交的书面报告，畅所欲言，开展批评和自我批评。毛泽东在讲话中着重阐述了民主集中制的极端重要性，并带头做了自我批评。这次会议恢复和发扬了党内的民主精神和自我批评精神，统一了全党的认识，对全面贯彻八字方针起了极其重要的推动作用。

调整国民经济任务基本完成。从 1962 年到 1965 年，由于全党和全国人民的主要注意力一直放在贯彻执行八字方针上，加上党和国家在经济、政治方面采取的有力措施，国民经济开始得到比较顺利的恢复和发展。1964 年底到 1965 年初召开的第三届全国人民代表大会提出"四个现代化"的宏伟目标，并宣布：调整国民经济的任务已经基本完成，整个国民经济将进入一个新的发展时期。今后发展国民经济的主要任务，是要在不太长的历史时期内，把我国建设成为一个具有现代农业、现代工业、现代国防和现代科学技术的社会主义强国,赶上和超过世界先进水平。

"左"倾错误在政治和思想文化方面的发展。20世纪50年代后期开始的"左"倾错误,在经济工作指导思想中尚未得到彻底纠正,在政治和思想文化方面还有发展。1962年9月召开的中共八届十中全会上,毛泽东把社会主义社会中一定范围内存在的阶级斗争扩大化和绝对化,后来更发展成为"以阶级斗争为纲"的指导思想。1963年至1965年间,中共中央领导进行了城乡社会主义教育运动。这一运动虽然对于解决干部作风和经济管理等方面的问题起了一定作用,但由于把这些不同性质的问题都认为是阶级斗争或者是阶级斗争在党内的反映,在1964年下半年使不少基层干部受到不应有的打击,1965年初又错误地提出了运动的重点是整所谓"党内走资本主义道路的当权派"。

在意识形态领域,也对一些文艺作品、学术观点和文艺界学术界的一些代表人物进行了错误的、过火的政治批判,在对待知识分子问题、教育科学文化问题上发生了愈来愈严重的"左"的偏差,并且在后来发展成为"文化大革命"的导火线。不过,这些错误当时还没有达到支配全局的程度。

(二)"文化大革命"的十年

1. "文化大革命"的发动

1966年5月至1976年10月的"文化大革命",是全局性的、长时间的"左"倾严重错误。它使中国共产党、国家和人民遭到新中国成立以来最严重的挫折和损失。这场"文化大革命"是毛泽东发动和领导的。

毛泽东发动"文化大革命"的主观愿望,是为抵御帝国主义"和平演变"的图谋,消除官僚主义和特权思想等现象,防止国内资本主义复辟,并为人民群众参与对国家事务的监督和管理寻找一条途径。新中国成立后,他曾为此做过多次尝试。然而,到了20世纪60年代中期,在"以阶级斗争为纲"的指导思想支配下,毛泽东对当时国内阶级斗争形势以及党和国家的政治状况做出了严重的错误估计,甚至认为中央出了修正主义,整个国家面临资本主义复辟的现实危险,因此只有实行"文化大革命",

公开地、全面地、自下而上地发动群众来揭发上述阴暗面，才能把被"走资本主义道路的当权派"篡夺的权力重新夺回来。

毛泽东发动"文化大革命"的主要论点。一大批资产阶级的代表人物、反革命的修正主义分子，已经混进党内、政府里、军队里和文化领域的各界里，一个相当大的多数的单位的领导权已经不在马克思主义者和人民群众手里。党内走资本主义道路的当权派在中央形成了一个资产阶级司令部，它有一条修正主义的政治路线和组织路线，在各省、自治区、直辖市和中央各部门都有代理人。这实质上是一个阶级推翻另一个阶级的政治大革命，以后还要进行多次。上述论点曾被概括成为所谓"无产阶级专政下继续革命的理论"。他在晚年提出的这些理论及其实践严重地背离了客观实际，明显地脱离了毛泽东思想的轨道，并被他重用过的林彪、江青、康生等人所利用。

"文化大革命"的发动。1965年11月10日，姚文元的文章《评新编历史剧（海瑞罢官）》在上海《文汇报》发表，成为毛泽东发动"文化大革命"的导火线。1966年5月，中共中央召开政治局扩大会议。会议通过的《中共中央通知》（即"五一六通知"），系统地阐发了发动"文化大革命"的主要论点。会议还决定设立"中央文化革命小组"。这个小组被江青等人把持，实际上凌驾于中央政治局之上。随后，由毛泽东批示在全国广播了北京大学聂元梓等人攻击中共北京大学党委和中共北京市委的大字报，对于鼓动许多城市的大中学生"踢开党委闹革命"起了推波助澜的作用，许多学校的党组织陷于被动以至瘫痪。同年8月1日至12日，毛泽东主持召开中共八届十一中全会，并在全会上印发《炮打司令部——我的一张大字报》，对"文化大革命"进行再次发动。全会通过的《关于无产阶级文化大革命的决定》（简称"十六条"），成为"文化大革命"的指导方针。

2. 全面内乱的形成

全国掀起"打倒一切、全面内战"狂潮。1967年1月，上海造反派头目王洪文等人在张春桥、姚文元的策划下，夺取了中共上海市委、市人民委员会的领导权，号称"一月革命"。毛泽东肯定了上海造反派的夺权斗争。在夺权过程中，各地的造反派组织普遍形成两大对立面，加上江青、

第九章　社会主义建设在探索中曲折发展

陈伯达、康生、张春桥等人趁机煽动,在全国掀起了"打倒一切、全面内战"的狂潮。他们把批判的矛头,集中指向刘少奇、邓小平等老一辈无产阶级革命家。实际上,党内根本不存在所谓以刘少奇、邓小平为首的"资产阶级司令部";在运动中被打倒的所谓"走资派",是党和国家各级组织中的领导干部,即社会主义事业的骨干力量。在运动中,党的各级领导干部普遍受到批判和斗争,党的各级组织普遍受到冲击并陷于瘫痪、半瘫痪状态,党长期依靠的许多积极分子和基层群众受到排斥。这些情况,不可避免地给一些投机分子、野心家、阴谋家以可乘之机,其中有不少人还被提拔到了重要的以至非常重要的领导岗位。

老一辈革命家的抗争被诬为"二月逆流"。同年2月中旬,在有部分中共中央政治局委员、国务院和中共中央军委领导人参加的碰头会上,谭震林、陈毅、叶剑英、李富春、李先念、徐向前、聂荣臻等对中央文革小组的错误做法提出强烈的批评。然而,这次抗争却被诬称为"二月逆流"而遭到压制。

许多地方发生大规模武斗。按照毛泽东原先的估计,"全面夺权"在1967年2月、3月、4月就要看出眉目来。然而,同年6月到8月,中央文革小组煽动北京和外地的上千个造反派组织成立"揪刘(少奇)火线",聚集上万人围困中南海。7月22日,江青提出"文攻武卫"口号。8月7日,公安部部长谢富治提出"砸烂公(公安系统)检(检察院系统)法(法院系统)",中央文革小组成员王力煽动夺外交部大权。此后,许多地方发生大规模武斗,局势发展到几乎失控的地步。

各地成立"革命委员会"。为了稳定局势,毛泽东采取了一系列非常措施,如派人民解放军实行三支两军(支左、支工、支农、军管、军训),派工人宣传队进入学校等。经过1967年初至1968年10月历时20个月的社会大动乱,在中共八届十二中全会前夕,各省、自治区、直辖市相继成立了"革命委员会"。1968年10月13日至31日,中共八届扩大的十二中全会在北京举行。在极不正常的情况下,全会通过所谓《关于叛徒、内奸、工贼刘少奇罪行的审查报告》,并错误地做出"把刘少奇永远开除出党,撤销其党内外的一切职务"的决议。确凿的事实证明,加给刘少奇的所谓"叛徒""内奸""工贼"的罪名,是林彪、江青等人的诬陷。

九大使"文化大革命"的错误理论和实践合法化。1969年4月1日至24日,中国共产党第九次全国代表大会在北京召开。这次大会使"文化大革命"的错误理论和实践合法化,加强了林彪、江青、康生等人在党中央的地位。九大在思想上、政治上和组织上的指导方针都是错误的。

3. 粉碎林彪反革命集团

林彪集团"抢班夺权"阴谋被识破。中共九大闭幕后,按照毛泽东的部署,全国开展了"斗、批、改"运动。1970年3月,毛泽东提出准备召开第四届全国人民代表大会并修改宪法,还建议不设国家主席。林彪集团把召开四届人大和修改宪法看成是夺取更多政治权力的机会,认为不设国家主席"林彪不好摆",并同江青集团产生了尖锐的矛盾。同年8月23日至9月6日,中共九届二中全会在江西庐山召开。林彪在开幕会上讲话,把原定的全会议程搁置一边,抢先表态,坚持在宪法草案中"肯定毛主席的伟大领袖、国家元首、最高统帅的这种地位",坚持称"毛主席是天才"的观点。随后,按照事前统一的口径,陈伯达和林彪集团其他成员在各小组讨论会上一齐发难,企图左右全会的进程。毛泽东由此觉察到林彪等人的宗派活动,决定停止讨论林彪讲话,对陈伯达实行审查。1971年4月,党中央召开批陈整风汇报会,责令有关人员检讨。林彪反革命集团决心铤而走险。他们一面敷衍检讨,一面策划武装政变。同年8月中旬,毛泽东到南方巡视,尖锐地提出林彪问题。林彪等人获悉后大为恐慌,在密谋杀害毛泽东未遂后,于9月13日凌晨仓皇出逃,在蒙古人民共和国境内温都尔汗附近坠机身亡。毛泽东在周恩来等协助下领导全党进行的粉碎林彪反革命集团的斗争,使党和国家避免了一场大分裂。随后,周恩来在毛泽东的支持下主持中央日常工作,逐步落实干部政策,并进行整顿,提出批判极"左"思潮,努力恢复国家的正常秩序,使各方面的工作有了转机。

"四人帮"反革命集团形成。毛泽东承认自己用错了人、听信了谗言,并对错批"二月逆流"承担了责任,但不允许从根本上纠正"文化大革命"的错误。1973年8月召开的党的十大,继续了九大的"左"倾错误方针。江青、张春桥、姚文元、王洪文在中央政治局内结成"四人帮"。王洪文还当上了中共中央副主席。

第九章　社会主义建设在探索中曲折发展

4. 挫败"四人帮""组阁"图谋

中共十大后,毛泽东希望实现安定团结的政治局面,尽快地把国民经济搞上去。江青等人在1974年初开始的"批林批孔"运动中,把矛头指向周恩来。一时间派系斗争又起,极"左"思潮再度猖獗。江青等人还利用筹备全国四届人大之机,达到实现"组阁"的图谋。1974年7月17日,毛泽东在中共中央政治局会议上批评江青,告诫她"不要搞成四人小宗派",并当众宣布:"她并不代表我,她只代表她自己。"随后,他建议周恩来继续担任国务院总理,由邓小平担任国务院第一副总理。江青等人的"组阁"图谋遭到挫败。1975年1月13日至17日,第四届全国人民代表大会第一次会议在北京召开。周恩来在政府工作报告中重申了实现四个现代化的宏伟蓝图。大会决定了周恩来为总理、邓小平等为副总理的国务院领导人选。会后,周恩来病重,邓小平在毛泽东的支持下主持中共中央和国务院的日常工作。

5. 1975年整顿和"文化大革命"的结束

邓小平1975年的全面整顿。经过八年"文化大革命",问题成堆,困难重重。1975年,邓小平着手对各方面的工作进行整顿,形势开始有了明显好转。这次整顿实际上是后来拨乱反正的预演。邓小平领导的整顿最初得到了毛泽东的支持。5月27日和6月3日,邓小平主持中共中央政治局会议,讨论毛泽东对江青等人的批评意见,王洪文、江青被迫作了检讨。

"批邓、反击右倾翻案风"运动。随着整顿的深入发展,逐渐涉及"文化大革命"的指导思想及其政策本身。毛泽东不能容忍邓小平系统地纠正"文化大革命"的错误,在1975年底发动了所谓"批邓、反击右倾翻案风"运动。"四人帮"趁机想把一大批老一辈革命家和老干部重新打倒,全国又陷入混乱。

悼念周总理、反对"四人帮"的群众运动。1976年1月8日,周恩来逝世,举国悲痛。清明节前后,爆发了以天安门事件为代表的悼念周总理、反对"四人帮"的运动。这场运动实质上是拥护以邓小平为代表的中国共产党的正确领导,并为后来粉碎"四人帮"奠定了群众基础。当时,中共中央政治局和毛泽东受到"四人帮"的蒙蔽,对天安门事件的性质做出错误判断,错误地撤销了邓小平的党内外一切职务。毛泽东提议华国锋担任中共中央第一副主席、国务院总理。

6. 粉碎江青反革命集团

同年9月9日，毛泽东逝世。江青反革命集团加紧进行夺取党和国家最高领导权的阴谋活动。10月6日晚，中共中央政治局执行党和人民的意志，毅然粉碎了江青反革命集团，结束了"文化大革命"。在这场斗争中，华国锋、叶剑英、李先念等起了重要作用，做出了重要贡献。10月14日，中共中央公布粉碎"四人帮"的消息，举国上下一片欢腾。中国人民在经历了十年磨难和挫折之后，终于迎来了社会主义现代化事业发展的新时期。

7. "文化大革命"的性质

历史已经判明，"文化大革命"是一场由领导者错误发动，被反革命集团利用，给党、国家和各族人民带来严重灾难的内乱。"文化大革命"造成的这种历史悲剧，决不允许重演。"文化大革命"给党、国家和民族造成的损失是十分巨大的，它所提供的教训是极为沉痛和深刻的。对于"文化大革命"这一全局性的、长时间的"左"倾严重错误，毛泽东负有主要责任。但是，错误和挫折并没有摧毁中国共产党。它能够从自己所犯的错误中学习，最终还是依靠自身的力量和人民群众的支持、帮助，彻底纠正了这些错误，使党和国家的工作重新回到正确的轨道。

（三）严重的曲折，深刻的教训

1. 错误的性质

对于发动"文化大革命"，邓小平说过，"就毛主席本身的愿望来说，是出于避免资本主义复辟的考虑，但对中国本身的实际情况做了错误的估计。这样就打击了原来在革命中有建树的、有实际经验的各级干部，并在全国范围内造成了严重的灾难。

毛泽东是伟大的马克思列宁主义者，但也是一位犯了严重错误而不自觉其为错误的马克思列宁主义者。他在犯严重错误的时候，还多次要求全党认真学习马克思、恩格斯、列宁的著作，还始终认为自己的理论和实践是马克思主义的，是为巩固无产阶级专政所必需的。就毛泽东的一生来

第九章　社会主义建设在探索中曲折发展

说，他的功绩是第一位的。

2. 犯错误的原因

毛泽东作为伟大的无产阶级革命家之所以会犯像"文化大革命"这样的全局性严重错误，"文化大革命"之所以会发生并且持续十年之久，是有深刻的社会历史原因的。这些错误发生的原因是多方面的。

第一，由于社会主义运动的历史不长，社会主义国家的历史更短，中国的社会主义建设刚刚处于起始阶段。

第二，党在观察和处理问题时出现了主观主义和教条主义。

第三，党的民主集中制和集体领导制度遭到了严重破坏。

第四，国际共产主义运动史上由于没有正确解决领袖和党的关系问题而出现过的一些严重偏差，对中国共产党也产生了消极的影响。

3. 对错误进行科学分析

对这一时期中国共产党所犯的错误，需要做具体的、历史的分析：中国共产党在犯严重错误的时候，其性质和宗旨都没有改变。人民群众依然把它看作是自己根本利益的代表者，对它表示信任并寄予希望；中国共产党能够紧紧依靠广大党员、干部和人民群众，并在广大群众的支持和帮助下，发现错误，抵制错误，纠正错误；即使在中国共产党和毛泽东犯了严重错误的历史时期，社会主义建设的各项事业仍然取得了举世公认的重要成就。历史一再表明，中国人民是伟大的人民，中国共产党是伟大的党，社会主义制度具有顽强的生命力。

三 建设的成就，探索的成果

中国从开始全面建设社会主义以来，尽管经历了严重的曲折，还是取得了重大的显著的成就。这主要表现在以下几个方面。

（一）独立的、比较完整的工业体系和国民经济体系的基本建立

（1）较快的发展速度；
（2）从根本上解决"从无到有"的问题。

（二）人民生活水平的提高与文化、医疗、科技事业的发展

（1）保障人民的基本生活需要；
（2）提高人民的文化素质和健康水平；
（3）取得一批重要的科技成果。

（三）国际地位的提高与国际环境的改善

新中国从建立之日起，就把坚持独立自主、维护世界和平、促进人类进步事业作为对外工作的目标，努力为国内和平建设创造良好的外部

第九章　社会主义建设在探索中曲折发展

环境。

1. 提高了新中国的国际地位

在新中国成立后长达20年的时间里,美国等国不但拒不承认其合法地位,而且实行封锁、遏制政策,阻挠中国统一,并让台湾当局长期占据中国在联合国的席位。新中国在成立初期,一面奉行独立自主基础上的"一边倒"政策,积极争取苏联和其他社会主义国家对中国国内建设与外交工作的支持、援助;一面不失时机地发展同西方国家的民间外交,同这些国家进行贸易往来,以民(间)促官(方),以经(济)促政(治),并在1964年实现了中法建交。1950年至1953年的抗美援朝战争,以及随后召开的日内瓦国际会议和万隆会议,极大地提高了新中国的国际地位。中国同印度、缅甸等国共同倡导的和平共处五项原则,更成为处理国与国关系的公认的国际准则。

2. 同发展中国家建立了友好关系

同中国接壤或邻近的亚洲国家,绝大多数是新兴的民族独立国家。1960年1月到1963年3月,中国先后同缅甸、尼泊尔、蒙古国、巴基斯坦、阿富汗等国妥善地解决了边界问题。从20世纪50年代到70年代中期,中国长期支持越南人民的民族解放战争,先是支持越南人民赢得了抗法战争的胜利,随后又积极支持越南人民的抗美战争。美国深陷于越南战争的泥潭之中,难以自拔。20世纪50年代,亚洲、非洲、拉丁美洲的广大地区出现了民族解放运动的高潮。中国在支持民族解放运动中同广大发展中国家建立了友好关系。这些国家积极争取恢复新中国在联合国的合法席位,并在1971年10月获得成功。从此,中国在联合国中发挥日益重要的作用,成为维护世界和平、反对霸权主义的一支中坚力量。

3. 中国外交格局发生重大变化

新中国长期不懈的外交努力,终于打开了中美关系正常化的大门。20世纪60年代末,尼克松就任美国总统,开始检讨美国的对华政策,向中国领导人发出改善关系的信息。毛泽东、周恩来敏锐地觉察到美方的变化,抓住时机向美国发起了"乒乓外交",被国际舆论称为"小球转动了大球"。1972年2月,美国总统尼克松访华,中美双方在上海发表联合公报。同年9月,中日两国发表关于建交的联合声明。

随着中美关系开始正常化，1972年出现了西方国家对华建交热潮，中国外交格局发生重大变化。中国同英国、荷兰、希腊、联邦德国等国先后建立大使级外交关系，同西方国家的关系从此出现重大转机。中苏关系也趋于缓和。这为后来中国逐步实行对外开放政策创造了有利条件。同中国建交的国家，从1965年的49个增加到1976年的111个，仅1970年以后的新建交国就有62个。中国进入改革开放的新时期后，邓小平曾指出："我们能在今天的国际环境中着手进行四个现代化建设，不能不铭记毛泽东同志的功绩。"

（四）探索中形成的建设社会主义的若干重要原则

在探索刚刚起步时，毛泽东就论述了必须实行马克思主义与中国实际"第二次结合"的基本思想，提出了社会主义社会矛盾的学说，阐明了建设社会主义的基本方针。此后，毛泽东等又进一步总结经验，对社会主义的发展阶段问题初步做出了正确的论述，提出了中国实现现代化的目标、步骤，并且阐述了社会主义建设的若干重要原则。

第九章　社会主义建设在探索中曲折发展

四　教学小结

　　通过本章学习，使学生认识到我国在开始建设社会主义初期的曲折探索及其出现挫折的原因。在八大前后，毛泽东便提出了"以苏联为鉴戒"的方针，试图走出一条中国特色的社会主义建设道路。然而，由于对马克思主义、对社会主义的误解，最终没能跳出"教条主义"的藩篱。中国在社会主义建设中出现了严重挫折。这一历程，说明了坚持马克思主义，走社会主义道路必须充分结合中国的实际，努力探索有中国特色的马克思主义理论和中国特色的社会主义道路。

　　在教学方法上，鼓励同学们阅读关于改革开放前20年中国的相关文献或著作，了解当时国际国内环境，了解中国社会主义建设初期的具体历程。并结合影视资料，再现"大跃进""文化大革命"时期的社会面貌，让同学们对这一段历程有更直观的认识。本章的落脚点在于，让学生去思考中国社会主义建设初期为什么会出现那么严重的长时间的错误，从中我们应当吸取什么样的教训。在拓展学生知识的同时，树立其正确坚持和运用马克思主义理论的原则和方法。

第十章　改革开放与现代化建设

授课对象

全日制普通本科生

学时安排

2学时

教学目的

了解邓小平成为党的第二代领导核心后，带领全国人民找到了一条社会主义的强国之路；了解以江泽民为核心的第三代领导集体提出了"三个代表"的重要思想和新战略；了解十六大后以胡锦涛为核心的党中央提出科学发展观，建设社会主义和谐社会。

第十章　改革开放与现代化建设

PBL 重点

①十一届三中全会的历史功绩。

②中国改革开放的历史进程。

③改革开放以来我国取得的成就。

教学难点

①十一届三中全会的转折意义，其前后中国的对比。这涉及一个基本问题：什么是社会主义和如何建设社会主义。对这两个问题的回答过程也正是中国特色社会主义道路的探索过程。

②改革开放和社会主义现代化建设的巨大成就。

课后作业

①为什么说改革开放是中国社会主义道路发展的历史必然？

②在不断推进改革开放和现代化建设的历史进程中，实践创新和理论创新的关系是怎样的？

③中共十一届三中全会以来中国特色社会主义事业取得了哪些主要成就？

一　历史性的伟大转折和改革开放的起步

（一）伟大的历史性转折

1. 在徘徊中前进和关于真理标准问题的讨论

第一，华国锋坚持"两个凡是"的错误方针。

1976年10月粉碎"四人帮"的胜利，挽救了中国共产党和中国的社会主义事业。在粉碎"四人帮"以后，广大干部和群众强烈要求纠正"文化大革命"的错误理论、方针和政策，彻底扭转十年内乱造成的严重局势，使中国从危难中重新奋起。当时主持中央工作的华国锋在粉碎"四人帮"、开展揭批"四人帮"运动等方面发挥了积极作用，但他坚持"两个凡是"的错误方针，在1977年2月7日，《人民日报》、《红旗》杂志和《解放军报》上发表社论《学好文件抓住纲》，公开提出"两个凡是"的错误方针，即"凡是毛主席作出的决策，我们都坚决维护；凡是毛主席的指示，我们都始终不渝地遵循"，使彻底纠正"文化大革命"错误的要求和愿望遇到严重阻碍，党和国家的工作出现了在徘徊中前进的局面。

第二，邓小平公开批判"两个凡是"。

在全党的要求下，1977年7月召开的中共十届三中全会决定恢复邓小平在1976年被撤销的一切职务。1977年8月召开的中国共产党第十一次全国代表大会，宣告"文化大革命"结束，但仍然肯定了"文化大革命"的错误理论和实践。大会新产生的中央委员会选举华国锋为中共中央主席，叶剑英、邓小

第十章　改革开放与现代化建设

平、李先念、汪东兴为副主席。为了冲破"两个凡是"的严重束缚，邓小平提出要完整地、准确地理解毛泽东思想的科学体系，强调毛泽东思想的精髓就是实事求是，旗帜鲜明地提出"两个凡是"不符合马克思主义。

第三，开展关于真理标准问题的大讨论。

1978年5月11日，《光明日报》发表了《实践是检验真理的唯一标准》的文章，尖锐地提出，"四人帮"加在人们身上的精神枷锁还远没有粉碎，对"四人帮"设置的禁区"要敢于去触及，敢于去弄清是非"，并提出不能拿现成的公式去限制、宰割、剪裁无限丰富的飞速发展的革命实践，应该勇于研究新的实践中提出的新问题。邓小平还同叶剑英、陈云、李先念、胡耀邦等支持和领导从1978年5月开始的关于真理标准问题的大讨论，强调实践是检验真理的唯一标准。1978年6月2日，邓小平在全军政治工作会议上严肃批评了"两个凡是"论者。他说：有些同志虽然天天讲毛泽东思想，却往往忘记、抛弃甚至反对毛泽东的实事求是，一切从实际出发，理论与实践相结合的这样一个马克思主义根本观点、根本方法。"凡是毛泽东圈阅的文件都不能动，凡是毛泽东做过的说过的都不能动，这不叫高举毛泽东思想的旗帜，这样搞下去，要损害毛泽东思想。"

这场讨论，是继延安整风之后又一场马克思主义思想解放运动，成为拨乱反正和改革开放的思想先导，为党重新确立实事求是的思想路线，纠正长期以来的"左"倾错误，实现历史性的转折作了思想理论准备。

2. 中共十一届三中全会的伟大转折

第一，中央工作会议奠定重要基础。

1978年11月10日至12月15日，中共中央在北京召开工作会议。会议原定是讨论经济工作。中央工作会议前，根据邓小平的提议，中共中央政治局常委会议、政治局会议决定，这次中央工作会议先用两三天的时间讨论从1979年起把全党工作重点转移到社会主义现代化建设上来的问题。中央工作会议开始后，陈云在分组讨论中提出要系统地解决历史遗留问题的意见，得到与会者的响应，从而改变了会议议程。在与会者的强烈要求下，11月25日，中央政治局做出为"天安门事件""反击右倾翻案风"等重大错案平反的决定。12月13日，邓小平在中央工作会议闭幕会上做了题为"解放思想，实事求是，团结一致向前看"的讲话。这个讲话实际上是三中全会的主题报告，它为全会实现具有划时代意义的伟大转折奠定了重要基础。

第二，全会解决的认识问题。

1978年12月18日至22日，中共十一届三中全会在北京召开。全会冲破长期"左"的错误的严重束缚，彻底否定了"两个凡是"的错误方针，高度评价了关于真理标准问题的讨论，并且断然否定"以阶级斗争为纲"的指导思想，做出了把工作重点转移到社会主义现代化建设上来和实行改革开放的战略决策，重新确立了马克思主义的思想路线、政治路线和组织路线。全会恢复了党的民主集中制的优良传统，审查解决了历史上遗留的一批重大问题和一些重要领导人的功过是非问题。

中共十一届三中全会是新中国成立以来党的历史上具有深远意义的伟大转折。全会结束了粉碎"四人帮"后两年在徘徊中前进的局面，开始了中国共产党在思想、政治、组织等领域的全面拨乱反正，形成了以邓小平为核心的党的中央领导集体，揭开了社会主义改革开放的序幕。以这次全会为起点，中国进入了改革开放和社会主义现代化建设的历史新时期。

（二）改革开放的起步

1. 拨乱反正的推进和国民经济的调整

第一，平反大量冤、假、错案。

中共十一届三中全会后，党和国家按照实事求是、有错必纠的原则加快了平反冤、假、错案的步伐。1980年2月，中共十一届五中全会决定为刘少奇彻底平反并恢复名誉。此后，又先后为党和国家其他领导人、各族各界的代表人物恢复了名誉，复查和平反了大量冤、假、错案，改正了错划右派分子的案件。同时，还采取措施调整各种社会关系，摘掉地主、富农分子的帽子，为国民党投诚起义人员落实政策，将小商、小贩、小手工业者等劳动者同原工商业者区别开来，支持各民主党派恢复活动，认真落实民族政策和宗教政策，重申侨务政策，等等。这就为有效地调动社会各阶层人员的积极性、实现改革开放和开创现代化建设的新局面，奠定了必不可少的社会基础和群众基础。

第二，提出对国民经济实行后八字方针。

第十章　改革开放与现代化建设

在此期间，针对1977年至1978年这两年中出现的国民经济比例失调的情况，1979年4月召开的中共中央工作会议，提出对国民经济实行"调整、改革、整顿、提高"的方针，坚决纠正前两年经济工作中的失误，认真清理过去在这方面长期存在的"左"倾错误影响。会议强调，经济建设必须从国情出发，符合经济规律和自然规律；必须量力而行，循序渐进，经过论证，讲求实效，使发展生产同改善生活紧密结合；必须在独立自主、自力更生的基础上，积极开展对外经济合作和技术交流。这些在科学地总结已有经验的基础上提出的经济建设的指导思想，保证了国民经济调整工作的顺利进行。

2. 农村改革的突破性进展

第一，改革在农村的突破性进展。

中共十一届三中全会后，农业和农村经济的发展面临两大问题。一是"政社合一"的人民公社体制亟待改革；二是还有1亿农民的温饱问题尚未解决。这些都涉及农村生产关系的调整问题。从1978年开始，安徽、四川的基层干部和农民群众，在省委支持下，开始探索试行包产到组、包产到户、包干到户等多种形式的农业生产责任制，取得了很好的效果。其他一些地方也开始实行农村联产责任制。1979年9月，中共十一届四中全会通过了《关于加快农业发展若干问题的决定》，提出要保障基层干部和农民因时因地制宜的自主权，发挥其主动性。1980年5月，邓小平发表《关于农村政策的谈话》，肯定了包产到户这种形式，指出它不会影响我们制度的社会主义性质。后来，中央又进一步肯定包产到户、包干到户是社会主义集体经济的生产责任制，是合作经济的一个经营层次。

在中共中央的支持和推动下，以包产到户、包干到户为主要形式的家庭联产承包责任制，在全国各地逐渐推广开来。"统分结合"的农村家庭联产承包责任制的普遍实行，促进了"政社合一"的人民公社体制的解体。1983年10月，中央做出决定，废除人民公社，建立乡（镇）政府作为基层政权，同时成立村民委员会作为村民自治组织。

第二，以城市为重点的经济体制改革。

这期间，城市经济体制改革也开始进行探索。如逐步扩大国有企业经营自主权，把部分中央和省属企业下放给城市管理，开始实行政企分开，进行城市经济体制综合改革试点等。对外开放也迈出了较大的步伐。1980年3月,中央决定在深圳、珠海、汕头、厦门设立经济特区,采取多种形式吸引和利用外资,学习国外的先进技术和经营管理方法。此后,经济特区加快发展。

第三,开始政治体制改革和其他方面体制的改革和建设。

在推进经济体制改革的同时,也开始了政治体制和其他体制的改革与建设。逐步废除干部领导职务实际上存在的终身制,推进干部队伍的革命化、年轻化、知识化、专业化。加强各级人民代表大会的工作,省、县两级人代会增设常设机构,县级和县级以下人民代表普遍实行由选民直接选举的制度。恢复、制定和施行了一系列重要的法律法规,加强了司法、检察和公安机关的工作。

3. 对外政策的调整

1978年8月12日,中日两国签署了《中华人民共和国和日本国和平友好条约》。同年10月,邓小平访问日本。中日睦邻友好关系发展到一个新起点。1979年1月1日,中美两国正式建立外交关系。同年1月,邓小平访问美国,实现了中国领导人对美国的首次国事访问。这些外交成就,为进行改革开放和现代化建设提供了有利的外部条件。

根据新的国际局势,1980年1月,邓小平在《目前的形势和任务》的讲话中做出重要判断:"如果反霸权主义斗争搞得好,可以延缓战争的爆发,争取更长一点时间的和平。"还提出:"我们的对外政策,就本国来说,是要寻求一个和平的环境来实现四个现代化。"这为中国调整外交战略提出了重要的思路。

(三)拨乱反正任务的胜利完成

1. 阐明必须坚持四项基本原则

在拨乱反正的过程中,广大干部和群众从过去一个时期内盛行的个人崇拜和教条主义的精神枷锁中解脱出来,党内外思想活跃,出现了努力研究新情况和解决新问题的生动景象。但与此同时,出现了一些值得引起注意和警觉的现象。极少数人利用中国共产党进行拨乱反正的时机,打着

第十章　改革开放与现代化建设

"解放思想"的幌子,对新中国成立以来党的错误加以夸大和渲染,企图从根本上否定毛泽东思想、中国共产党的领导、人民民主专政和社会主义道路。在中国共产党内,也有极少数人对这股资产阶级自由化思潮给予支持。这种情况如果任其发展,必将导致迷失政治方向、破坏安定团结、妨碍集中力量进行改革开放和现代化建设。

针对这种情况,1979年3月30日,邓小平在理论工作务虚会上发表的讲话中指出:坚持社会主义道路,坚持人民民主专政,坚持共产党的领导,坚持马克思列宁主义、毛泽东思想这四项基本原则,"是实现四个现代化的根本前提"。"如果动摇了这四项基本原则中的任何一项,那就动摇了整个社会主义事业,整个现代化建设事业。"邓小平的讲话不仅在当时,而且在以后的党和国家政治生活中,对排除来自"左"的和右的方面的干扰和影响,保证改革开放和现代化建设事业的顺利进行,提供了可靠的政治基础,指明了正确的方向。

2. 全面总结新中国的历史,科学评价毛泽东和毛泽东思想

从1979年11月起,在邓小平主持下,中共中央着手起草《关于建国以来党的若干历史问题的决议》。经过一年半时间的讨论和修改,1981年6月,中共十一届六中全会通过了这个决议。决议科学地评价了毛泽东和毛泽东思想的历史地位,指出:毛泽东同志是伟大的马克思主义者,是伟大的无产阶级革命家、战略家和理论家。他虽然在"文化大革命"中犯了严重错误,但是就他的一生来看,他对中国革命的功绩远远大于他的过失。他的功绩是第一位的,错误是第二位的。他为中国共产党和中国人民解放军的创立和发展,为中国各族人民解放事业的胜利,为中华人民共和国的缔造和中国社会主义事业的发展,建立了永远不可磨灭的功勋。决议对毛泽东思想的科学体系和活的灵魂(即实事求是、群众路线、独立自主)作了概括,指出:毛泽东思想是马克思列宁主义在中国的运用和发展,是被实践证明了的关于中国革命和建设的正确的理论原则和经验总结,是中国共产党集体智慧的结晶。决议强调:"毛泽东思想是我们党的宝贵的精神财富,它将长期指导我们的行动。"历史决议的通过,标志着党和国家在指导思想上拨乱反正的胜利完成。从中共十一届三中全会至此,经过3年多的时间,中国的面貌大为改观。

二　改革开放和现代化建设新局面的展开

（一）改革开放的全面展开

1. 社会主义现代化建设宏伟纲领的制定

1982年9月1日至11日，中国共产党第十二次全国代表大会在北京召开。邓小平在开幕词中提出，"把马克思主义的普遍真理同我国的具体实际结合起来，走自己的道路，建设有中国特色的社会主义"。这是总结党的长期历史经验得出的基本结论，成为新时期指引全党和全国人民前进的基本口号。十二大提出，中国共产党在新的历史时期的总任务是："团结全国各族人民，自力更生，艰苦奋斗，逐步实现工业、农业、国防和科学技术现代化，把我国建设成为高度文明、高度民主的社会主义国家。"报告根据邓小平的设想，进一步提出了国内工农业生产总值在20世纪末"翻两番"的奋斗目标，即由1980年的7100亿元增加到2000年的2.8万亿元左右，人民的物质文化生活达到小康水平。

中共十二大以后不久，1982年11月至12月召开的第五届全国人大第五次会议，完成了修改《中华人民共和国宪法》的工作。这部新宪法，彻底纠正了1975年第四届全国人大一次会议通过的宪法和1978年第五届全国人大一次会议通过的宪法中存在的问题，充分体现了十一届三中全会以来党和国家在社会主义现代化建设和社会主义民主法制建设方面的新思

第十章　改革开放与现代化建设

想、新举措和新要求。

2. 改革重点从农村转向城市

中共十二大以后，经济体制改革全面展开。随着农村经济发展，大批富余劳动力逐渐从土地上转移出来，从事工业和加工业，使乡镇企业异军突起。1984年10月，中共十二届三中全会通过《关于经济体制改革的决定》（以下简称《决定》）。《决定》总结了新中国成立以来特别是十一届三中全会以来经济体制改革的经验，比较系统地提出和阐明了经济体制改革中的一系列重大理论和实践问题。《决定》突破把计划经济同商品经济对立起来的观点，指出我国社会主义经济是在公有制基础上的有计划的商品经济。《决定》的作出和实施，使经济体制改革以城市为重点全面展开，在一些方面取得重要进展。所有制结构突破单一公有制结构，形成以公有制为主体、多种经济成分开始发展的局面。国有企业的经营自主权逐步扩大，所有权和经营权适当分离。改革高度集中的计划管理体制，经济杠杆在国家宏观调控中的作用明显增强。

3. 多层次对外开放格局的形成

在继续推进城乡改革的同时，对外开放也进一步扩大。1983年4月，中共中央和国务院决定对海南岛实行经济特区的某些政策，给予较多的自主权，以加速海南岛的开发，并于1988年4月建立海南省，将全海南岛辟为经济特区。

1984年1月，邓小平视察深圳、珠海、厦门等地，对经济特区的发展给予充分肯定。根据他的建议，同年5月，中共中央决定进一步开放天津、上海、大连、秦皇岛、烟台、青岛、连云港、南通、宁波、温州、福州、广州、湛江、北海14个沿海港口城市。1985年2月，决定把长江三角洲、珠江三角洲、闽南厦门泉州漳州三角地区开辟为沿海经济开放区。

这样，就逐步形成了"经济特区—沿海开放城市—沿海经济开放区—内地"这样一个多层次、有重点、点面结合的对外开放格局，在引进外资、先进技术和设备以及提高出口创汇能力方面取得显著成效。到1987年，全国累计签订利用外资协议（合同）项目10350项，累计协议金额625.091亿美元。

4. 整党和精神文明建设

中共十二大决定，从 1983 年下半年开始，用三年时间分期分批对党员作风和党的组织进行一次全面整顿。1983 年 10 月召开的十二届二中全会做出关于整党的决定，开始全面整党。这次整党的任务是：统一思想，纠正一切违反四项基本原则、违反十一届三中全会以来党的路线的"左"的和右的错误倾向；整顿作风，纠正各种利用职权谋取私利的行为；加强纪律，坚持民主集中制的组织原则，改变党组织的软弱涣散状况；纯洁组织，把坚持反对党、危害党的分子清理出去。这次整党历时三年半，到 1987 年 5 月基本结束。经过整党，全党在思想、作风、组织、纪律等方面都有了进步，并积累了在新时期正确处理党内矛盾和问题的经验，推进了党的建设。

随着改革开放的全面展开，加强社会主义精神文明建设的任务被进一步提上了日程。1986 年 9 月，中共十二届六中全会做出《关于社会主义精神文明建设指导方针的决议》，阐述了社会主义精神文明建设的战略地位和根本任务、基本方针，提出要以经济建设为中心，坚定不移地进行经济体制改革，坚定不移地进行政治体制改革，坚定不移地加强精神文明建设，并且使这几个方面互相配合，互相促进。社会主义精神文明建设的根本任务，是适应社会主义现代化建设的需要，培养有理想、有道德、有文化、有纪律的社会主义公民，提高整个中华民族的思想道德素质和科学文化素质。邓小平在全会上强调，必须坚持反对资产阶级自由化。"搞自由化，就会破坏我们安定团结的政治局面，没有一个安定团结的局面，就不可能搞建设。"

（二）改革开放和现代化建设的深入推进

1. 社会主义初级阶段理论和党的基本路线的提出

1987 年 10 月 25 日至 11 月 1 日，中国共产党第十三次全国代表大会在北京举行。大会比较系统地阐述了关于社会主义初级阶段的理论，完整地概括了中国共产党在社会主义初级阶段"一个中心、两个基本点"的基本路线，制定了下一步经济体制改革和政治体制改革的基本任务和奋斗

第十章　改革开放与现代化建设

目标。

大会指出，我国正处在社会主义的初级阶段。这个论断，包括两层含义。第一，我国社会已经是社会主义社会。我们必须坚持而不能离开社会主义。第二，我国的社会主义社会还处在初级阶段。我们必须从这个实际出发，而不能超越这个阶段。党在社会主义初级阶段的基本路线是，领导和团结全国各族人民，以经济建设为中心，坚持四项基本原则，坚持改革开放，自力更生，艰苦创业，为把我国建设成为富强、民主、文明的社会主义现代化国家而奋斗。

2. "三步走"发展战略的制定和实施

中共十一届三中全会以后，随着改革开放的不断深入，邓小平对经济发展战略的思考不断趋于成熟。十三大正式制定了社会主义现代化建设"三步走"的战略部署：第一步，实现国民生产总值比1980年翻一番，解决人民的温饱问题，这个任务已经基本实现；第二步，到20世纪末，使国民生产总值再增长一倍，人民生活达到小康水平；第三步，到21世纪中叶，人均国民生产总值达到中等发达国家水平，人民生活比较富裕，基本实现现代化。"三步走"的发展战略，既表明党和国家制定的不是一个过急的目标，又表明中国人民决心用一百年左右的时间，走完发达国家用几百年走过的路程，体现了中国社会主义现代化建设的长期性和中国人民的雄心壮志。为了更好地实现"三步走"的战略，邓小平提出了"台阶式"发展的思想，要求抓住机遇，加快发展，争取每隔几年使国民经济上一个新台阶。同时，还进一步阐明了允许和鼓励一部分地区、一部分人先富起来，逐步达到共同富裕的政策。

"三步走"发展战略及相关政策的制定，进一步解决了中国现代化建设的目标、步骤等关系全局的重大问题，对中国未来几十年的发展产生了深远的影响。中共十一届三中全会以来的实践历程，正是"三步走"的现代化建设宏伟蓝图逐步变为现实的过程。

3. 政治体制改革基本思路的提出

1980年8月，邓小平在中共中央政治局扩大会议上发表《党和国家领导制度的改革》的讲话，分析了党和国家领导体制中存在的问题和弊端，提出了政治体制改革的基本任务。1986年，他又在多次讲话中阐明了政治体制改革的基本思路。他指出：政治体制改革要认真解决官僚主义、权力过分集中、党政不分、事实上存在的领导职务终身制等问题，认真肃清封建主义残余影响和资产阶级思想影响，发展社会主义民主，调动广大人民群众的积极性。政治体制改革是社会主义制度的自我完善，必须以四项基本原则为指导，遵循统一领导、循序渐进的原则，在中国共产党的领导下有步骤、有秩序地推进；必须坚持从本国国情出发，总结本国的实践经验，同时借鉴人类政治文明的有益成果，绝不应照搬西方政治制度的模式，绝不能搞资产阶级自由化。根据邓小平提出的上述基本思路，1986年9月，中共十二届六中全会把坚定不移地进行政治体制改革，确定为社会主义现代化建设的总体布局的重要内容之一。1987年10月，中共十二届七中全会讨论并原则通过中央制定的《政治体制改革总体设想》，决定将其主要内容写入十三大报告稿，提交大会审议。十三大报告将政治体制改革问题列为重要内容，阐述了政治体制改革的任务、性质、目标以及方法、步骤等一系列问题。

（三）中国特色社会主义事业的继续推进

1. 1989年政治风波的发生与平息

1989年春夏发生的政治风波，是极少数敌对势力利用党在工作中的失误，利用人民群众对腐败现象的不满，掀起的一场有计划、有组织、有预谋的政治动乱。从5月13日起，北京的非法组织在天安门广场煽动一些不明真相的人绝食。随即，许多大中城市出现未经批准的大规模游行活动，党政机关受到冲击。5月20日，国务院发布命令，在北京部分地区实行戒严。动乱的组织者利用政府的克制态度，继续占领天安门广场，煽动拦截参加戒严的军车，最终发展成反革命暴乱。在关键时刻，中共中央总书记赵紫阳犯了支持动乱和分裂党的严重错误。中共中央政治局在邓小平和其他老一辈革命家坚决有力的支持下，采取果断措施，在6月4日平息了这场政治风波，捍卫了社会主义国家政权。6月9日，邓小平接见首都戒严部队军以上干部，并发表讲话。他指出极少数敌对势力反对共产党、反对社会主义的目的"是要建立一个完全西方附庸化的资产阶级共和国"。他强调要坚定不移地执行党的十一届三中全会以来制定的一系列路线、方针、政策，要认真总结经验，对的要继续坚持，失误的要纠正，不足的要加点劲。这篇讲话在关键时刻坚定了全国人民对于贯彻落实中共十一届三中全会以来制定的"一个中心、两个基本点"的基本路线的信心和决心，坚定了进一步推进改革开放和现代化建设的信心和决心。

2. 向新的中共中央领导集体的顺利过渡

1989年6月23日至24日，中共十三届四中全会举行。全会决定撤销赵紫阳的中共中央总书记等职务，选举江泽民为中共中央总书记，增选江泽民、宋平、李瑞环为中共中央政治局常委。江泽民在会上讲话，强调要继续坚决执行党的十一届三中全会以来的路线、方针和政策，继续坚决执行党的十三大确定的"一个中心、两个基本点"的基本路线。四项基本原则是立国之本，必须毫不动摇、始终一贯地加以坚持；改革开放是强国之路，必须坚定不移、一如既往地贯彻执行，绝不能回到闭关锁国的老路上去。

1989年9月，邓小平向中共中央郑重提出了从领导岗位退下来的请求。同年11月召开的中共十三届五中全会接受了邓小平辞去中央军委主席职务的请求，决定由江泽民任中共中央军事委员会主席。全会高度评价邓小平对党和国家建立的卓著功勋，指出：邓小平是中国各族人民公认的享有崇高威望的杰出领导人，在党所领导的革命和建设的各个历史时期都做出了重大贡献。特别是中共十一届三中全会后，邓小平成为党的第二代领导集体的核心，领导中国人民在社会主义现代化建设中取得举世瞩目的成就，在社会主义新中国的历史上开创了一个新的时期。邓小平提出的建设有中国特色的社会主义的理论，是毛泽东思想的重要组成部分，是毛泽东思想在新的历史条件下的继承和发展，是中国共产党和中国人民的宝贵精神财富。

3. 继续开展国民经济的治理整顿工作

中共十三届四中全会后，中共中央把一度被延误的国民经济治理整顿工作重新提上日程。1989年11月6日至9日召开的中共十三届五中全会，通过了《关于进一步治理整顿和深化改革的决定》，明确了治理整顿的主要目标和必须抓好的重要环节。治理整顿在实践中进展顺利，到1990年底就取得了明显的成效。在治理整顿的同时，改革开放也进一步推进，推出了搞活国有大中型企业的一系列措施。

中国农业的改革与发展，是邓小平十分关注的重要问题。1990年3月3日，他在同江泽民等谈话时提出了"两个飞跃"的思想。对这个问题，他后来又讲过多次。他强调：中国社会主义农业的改革和发展会有两个飞跃，第一个飞跃是废除人民公社，实行家庭联产承包为主的责任制，第二个飞跃就是发展集体经济。社会主义经济以公有制为主体，农业也一样，最终要以公有制为主体。从长远的观点看，科学技术发展了，管理能力增强了，又会产生一个飞跃。农村经济最终还是要实现集体化和集约化。仅靠双手劳动，仅是一家一户的耕作，不向集体化集约化经济发展，农业现代化的实现是不可能的。就是过一百年、二百年，最终还是要走这条路。这是一个长期发展的历史过程。

4. 对外工作在打破对华"制裁"中全方位推进

为打破1989年政治风波后以美国为首的西方国家对华的"制裁"，中国政府作了多方面的努力。

从1989年9月到1990年，邓小平多次接见美国政要和学者，指出：第一，中国目前的局势是稳定的；第二，中国人吓不倒。在判断中国局势的时候，这两点必须看清楚。结束中美关系的严峻事态要由美国采取主动。随后，邓小平又根据苏联解体、东欧剧变后国际格局的重大变化，提出冷静观察、稳住阵脚、沉着应付、韬光养晦、善于守拙、决不当头、有所作为的方针。这些正确的方针，使党和国家在打破美国等西方国家对华"制裁"、应对东欧剧变后的国际局势的过程中始终处于主动的地位。

中国政府既坚持原则，顶住压力，又利用矛盾，多做工作，积极开展睦邻外交，稳定同周边国家的关系，加强同第三世界国家的友好合作，继续发展同西方发达国家的关系。这一时期，中国同沙特阿拉伯、新加坡、文莱、以色列、韩国、独联体各国建立了外交关系，中越关系实现正常化，同印度尼西亚恢复了外交关系。与此同时，中国政府继续坚持全方位对外开放的方针。继1985年和1988年中国吸收外商直接投资的两次高潮之后，在1991年出现了第三次投资高潮。到1992年，中国已同200多个国家和地区发展贸易、科技、文化交流与合作，赢得了更加有利的国际环境和周边环境。

5. 全面推进中国共产党的自身建设

党要管党、从严治党，是以江泽民为核心的中央领导集体紧抓不放的一件大事。1990年3月召开的中共十三届六中全会，通过了《关于加强党同人民群众联系的决定》，强调能否始终保持和发展党同人民群众的血肉联系，直接关系到党和国家的盛衰兴亡；提出在党内普遍深入地进行马克思主义群众观点和群众路线的再教育，克服党内存在的各种腐败现象。这次全会以后，中共中央政治局常委带头，深入基层，深入群众，认真开展调查研究工作，对全党转变工作作风起了极大的推动作用。1991年6月，《毛泽东选集》第一至四卷第二版出版。同年7月，党中央发出学习《毛泽东选集》第二版的通知，充分肯定毛泽东思想在新的历史时期的指导意义，要求把学习《毛泽东选集》同学习十一届三中全会以来的路线、方针、政策结合起来，同学习邓小平著作结合起来。

三 改革开放和现代化建设发展的新阶段

（一）改革开放新的历史性突破

1. 邓小平南方谈话

1992年1月18日至2月21日，邓小平先后视察武昌、深圳、珠海、上海等地，发表重要谈话。邓小平强调，革命是解放生产力，改革也是解放生产力。

邓小平指出，计划多一点还是市场多一点，不是社会主义与资本主义的本质区别。计划经济不等于社会主义，资本主义也有计划；市场经济不等于资本主义，社会主义也有市场。计划和市场都是经济手段。社会主义的本质，是解放生产力，发展生产力，消灭剥削，消除两极分化，最终达到共同富裕。他强调，右可以葬送社会主义，"左"也可以葬送社会主义。中国要警惕右，但主要是防止"左"。

邓小平强调，发展才是硬道理。抓住时机，发展自己，关键是发展经济。我国的经济发展，总要力争隔几年上一个台阶。

中国要出问题，还是出在共产党内部，对这个问题要清醒。要坚持两手抓，一手抓改革开放，一手抓打击各种犯罪活动。这两只手都要硬。在整个改革开放过程中都要反对腐败。

邓小平的南方谈话，在重大历史关头，科学地总结了十一届三中全会

第十章　改革开放与现代化建设

以来党的基本实践和基本经验，明确回答了长期困扰和束缚人们思想的许多重大认识问题，对整个社会主义现代化建设事业产生了重大而深远的影响。

2. 确立社会主义市场经济体制的改革目标

1992年10月12日至18日，中国共产党第十四次全国代表大会在北京召开。

大会确立了邓小平建设有中国特色社会主义理论在全党的指导地位，概括了建设有中国特色社会主义理论的主要内容，指出这个理论第一次比较系统地初步回答了中国这样的经济文化比较落后的国家如何建设、巩固和发展社会主义的一系列根本性问题，是马克思列宁主义基本原理同当代中国实际和时代特征相结合的产物，是毛泽东思想的继承和发展，是全党和全国人民集体智慧的结晶，是中国共产党和中国人民最可宝贵的精神财富。大会提出，我国经济体制改革的目标是建立社会主义市场经济体制。

（二）进一步推进改革开放和现代化建设

1. 经济体制改革的深入推进

1993年11月召开的中共十四届三中全会，通过了《关于建立社会主义市场经济体制若干问题的决定》，将十四大提出的社会主义市场经济体制改革的目标和基本原则具体化，进一步勾画了社会主义市场经济体制的基本框架，明确了国有企业改革的基本方向，成为20世纪90年代进行经济体制改革的行动纲领。

这一时期，对外开放也迈出了重大步伐。建立起一批经济技术开发区和保税区，开放了哈尔滨等4个边境、沿海省会城市和太原等11个内陆省会城市及一大批内陆市县。到1997年，中国对外开放的一类口岸达到235个，二类口岸达到350个，逐步形成了从沿海到沿江、从沿边到内陆，多层次、多渠道、多种形式的全方位对外开放的新格局。

2. 正确处理改革、发展、稳定的关系

1993年底，中共中央根据十四大的精神，立足改革发展的实际，提出了"抓住机遇、深化改革、扩大开放、促进发展、保持稳定"的基本方针，要求全党在各项工作中认真加以贯彻。1994年5月，江泽民进一步提出：稳定是前提，改革开放与现代化建设改革是动力，发展是目的，三者相互促进。

3. 精神文明建设与民主法制建设不断加强

1996年10月，中共十四届六中全会做出了《关于加强社会主义精神文明建设若干重要问题的决议》，对新形势下的精神文明建设做出了具体部署和规划，强调要以科学的理论武装人，以正确的舆论引导人，以高尚的精神塑造人，以优秀的作品鼓舞人，培养有理想、有道德、有文化、有纪律的社会主义公民。这个决议的贯彻，使社会主义精神文明建设得到进一步加强，为继续深化改革、加快发展创造了良好氛围。社会主义民主法制建设也取得重大进展。

（三）中国特色社会主义事业的跨世纪发展

1. 高举邓小平理论伟大旗帜，提出跨世纪发展战略

1997年2月19日，中国社会主义改革开放和现代化建设的总设计师邓小平逝世。邓小平逝世后，中国能否继续沿着邓小平开辟的建设中国特色社会主义道路走下去，即中国今后举什么旗、走什么路，举世关注。同年9月12日至18日，中国共产党第十五次全国代表大会在北京召开。大会的主题是：高举邓小平理论伟大旗帜，把建设有中国特色社会主义事业全面推向二十一世纪。大会把邓小平理论同马克思列宁主义、毛泽东思想一道确立为中国共产党的指导思想，并写入修改后的《中国共产党章程》。大会阐明了建设中国特色社会主义的经济、政治和文化的基本目标和基本政策，提出了党在社会主义初级阶段的基本纲领。这是党的基本路线在经济、政治、文化等方面的展开，是这些年来最主要经验的总结。

中共十五大在世纪之交的关键时刻，继承邓小平遗志，承前启后、继往开来，明确回答了中国的改革开放和现代化建设继续向前发展的一系列重大理论问题和政策问题，从思想上、政治上、组织上为中国特色社会主义事业的跨世纪发展提供了根本保证。

第十章 改革开放与现代化建设

2. 改革开放和现代化建设在经受风险考验中前进

1997年爆发的亚洲金融危机，对中国经济产生了严重冲击。1998年，长江、嫩江和松花江等流域发生了历史上罕见的洪涝灾害。1999年，又接连发生以美国为首的北大西洋公约集团（简称北约）袭击中国驻南斯拉夫大使馆、李登辉抛出"两国论""法轮功"邪教组织策划和煽动非法聚众闹事。面对这些风险和考验，中共中央、国务院冷静分析，正确把握，果断决策，采取一系列措施，取得了一个又一个胜利，保证了改革开放和现代化建设的航船沿着正确的方向破浪前进。2001年12月11日，经过长达15年的艰苦谈判，中国正式加入世界贸易组织，标志着对外开放进入一个新阶段。

3. 祖国统一大业的推进

完成祖国和平统一大业，是中华民族的根本利益所在，是全中国人民包括台湾同胞、港澳同胞和海外侨胞在内的共同愿望。20世纪70年代末80年代初，邓小平提出了"一个国家、两种制度"的构想，就是在一个中国的前提下，国家的主体坚持社会主义制度；香港、澳门、台湾是中华人民共和国不可分离的部分，它们作为特别行政区保持原有的资本主义制度长期不变。在国际上代表中国的，只能是中华人民共和国。这个构想，是对马克思主义国家学说的创造性发展，为和平时期解决某些相关的历史遗留问题指明了出路。根据"一国两制"的构想，中国政府先后同英国和葡萄牙政府举行谈判，并分别于1984年12月和1987年4月签署了中英《关于香港问题的联合声明》和中葡《关于澳门问题的联合声明》。1997年7月1日，中国和英国两国政府举行了香港交接仪式，宣告中国对香港恢复行使主权，中华人民共和国香港特别行政区正式成立。1999年12月20日，澳门也回归祖国，澳门特别行政区正式成立。香港、澳门的回归，使"一国两制"从科学构想变为现实，标志着祖国统一大业又向前迈出了重要的一步。

中国政府还加强大陆同台湾的经济技术合作与交流，促进双方人员往来。1992年10月，大陆海峡两岸关系协会与台湾海峡交流基金会举行商谈，达成"九二共识"。1993年4月，在新加坡举行"汪辜会谈"，标志着两岸关系发展中迈出了历史性的重要一步。1995年1月30日，江泽民发表《为促进祖国统一大业的完成而继续奋斗》的讲话，提出了发展两岸关系、推进祖国和平统一的八项主张。经过海峡两岸同胞的共同努力，两岸往来日渐频繁，民间交流不断扩大，经贸合作蓬勃发展。

4. 推进党的建设新的伟大工程

中共十四大以后，以江泽民为核心的中央领导集体在继续抓好经济建设的同时，十分重视加强党的建设，坚持党要管党、从严治党的方针，切实解决提高党的领导水平和执政水平、提高拒腐防变和抵御风险能力这两大历史性课题。把以邓小平理论武装全党、教育干部和人民作为一项重要的战略任务，全党贯彻执行党的基本路线的自觉性和坚定性进一步增强。1994年9月，中共十四届四中全会通过《关于加强党的建设几个重大问题的决定》，从推进新的伟大工程的高度，对党的建设面临的一些重大问题做出了具体部署。

1998年11月21日，根据中共十五大的部署，中央决定在县级以上党政领导班子、领导干部中深入开展以讲学习、讲政治、讲正气为主要内容的党性党风教育。这次"三讲"教育历时近两年，使各级领导干部普遍受到了一次深刻的马克思主义教育，党的思想、政治、组织、作风建设明显加强。实践证明，进行"三讲"教育，是加强党的建设特别是领导班子、领导干部思想政治建设的一次创造性探索和成功实践。

5. "三个代表"重要思想的提出

中共十三届四中全会以来，以江泽民为主要代表的中国共产党人，高举邓小平理论伟大旗帜，准确把握时代特征，科学判断中国共产党所处的历史方位，围绕建设中国特色社会主义这个主题，集中全党智慧，以马克思主义的巨大勇气进行理论创新，逐步形成了"三个代表"重要思想这一系统的科学理论。

"三个代表"重要思想作为完整的概念，是2000年2月江泽民在广东考察工作时提出来的。他指出："总结我们党七十多年的历史，可以得出一个重要的结论，这就是：我们党所以赢得人民的拥护，是因为我们党在革命、建设、改革的各个历史时期，总是代表着中国先进生产力的发展要求，代表着中国先进文化的前进方向，代表着中国最广大人民的根本利益。"同年5月，江泽民在江苏、浙江、上海党建工作座谈会的讲话中，

第十章　改革开放与现代化建设

又进一步把"三个代表"重要思想作为中国共产党的立党之本、执政之基、力量之源。2001年7月1日,江泽民在庆祝中国共产党成立80周年大会上发表讲话,系统阐述"三个代表"重要思想的科学内涵和基本内容。

"三个代表"重要思想的提出,在国内外引起强烈反响,全党和全国上下兴起了学习贯彻"三个代表"重要思想的高潮,有力地推动了改革开放和现代化建设的跨世纪发展,也为中共十六大的召开奠定了思想基础。

四　全面建设小康社会

（一）全面建设小康社会行动纲领的制定

2002年11月8日至14日，中国共产党第十六次全国代表大会在北京召开。大会高度评价"三个代表"重要思想的历史地位和重要作用，把"三个代表"重要思想同马克思列宁主义、毛泽东思想、邓小平理论一道确立为中国共产党必须长期坚持的指导思想，并写入党章，实现了党的指导思想的又一次与时俱进。大会对全面贯彻"三个代表"重要思想提出了根本要求。

大会从十个方面总结概括了党领导人民建设中国特色社会主义的基本经验。这十条基本经验，集中体现了中国共产党在中国特色社会主义实践中形成的重大认识和重大方针，同党的基本理论、基本路线、基本纲领一道，对于党和国家事业的发展具有长远的指导作用。

大会明确了全面建设小康社会的奋斗目标。提出要在21世纪头20年，紧紧抓住这一重要战略机遇期，集中力量，全面建设惠及十几亿人口的更高水平的小康社会，使经济更加发展、民主更加健全、科教更加进步、文化更加繁荣、社会更加和谐、人民生活更加殷实。这是实现现代化建设第三步战略目标必经的承上启下的发展阶段，也是完善社会主义市场经济体制和扩大对外开放的关键阶段。

第十章　改革开放与现代化建设

（二）以科学发展观统领经济社会发展全局

1. 树立和落实科学发展观

2003年春，一场"非典"（非典型性肺炎）疫病灾害突然袭来，中共中央和国务院领导全国人民取得了防治"非典"和促进发展的双胜利，积累了应对突发公共事件的经验。同年6月，胡锦涛在全国抗击"非典"总结大会上，阐述了加强经济社会协调发展、统筹城乡经济社会发展的要求。这年10月召开的中共十六届三中全会，正式提出了坚持以人为本、全面协调可持续的科学发展观。

2004年3月10日，胡锦涛在中央人口资源环境工作座谈会上，进一步阐明了科学发展观，指出：坚持以人为本，就是要以实现人的全面发展为目标，从人民群众的根本利益出发谋发展、促发展，不断满足人民群众日益增长的物质文化需要，切实保障人民群众的经济、政治和文化权益，让发展的成果惠及全体人民。全面发展，就是要以经济建设为中心，全面推进经济、政治、文化建设，实现经济发展和社会全面进步。协调发展，就是要统筹城乡发展、统筹区域发展、统筹经济社会发展、统筹人与自然和谐发展、统筹国内发展和对外开放，推进生产力和生产关系、经济基础和上层建筑相协调，推进经济、政治、文化建设的各个环节、各个方面相协调。可持续发展，就是要促进人与自然的和谐，实现经济发展和人口、资源、环境相协调，坚持走生产发展、生活富裕、生态良好的文明发展道路，保证一代接一代地永续发展。

科学发展观是以胡锦涛为总书记的中共中央坚持以邓小平理论和"三个代表"重要思想为指导，从新世纪新阶段党和国家事业发展全局出发提出的重大战略思想。科学发展观同马克思列宁主义、毛泽东思想、邓小平理论、"三个代表"重要思想关于发展的思想一脉相承，是对经济社会发展一般规律的认识的进一步深化，是指导发展的世界观和方法论的集中体现，是推进社会主义经济建设、政治建设、文化建设、社会建设全面发展的指导方针。

2. 构建社会主义和谐社会

2004年9月，中共十六届四中全会提出构建社会主义和谐社会的战略任务。2005年2月，胡锦涛在中央党校省部级主要领导干部专题研讨班上，对构建社会主义和谐社会的重大战略思想作了全面论述，深刻阐明了社会主义和谐社会的主要特征是民主法治、公平正义、诚信友爱、充满活力、安定有序、人与自然和谐相处。构建社会主义和谐社会战略思想的提出，使中国特色社会主义事业的总体布局由社会主义经济建设、政治建设、文化建设三位一体发展为社会主义经济建设、政治建设、文化建设、社会建设四位一体，反映出中国共产党对中国特色社会主义发展战略的理解和把握更加全面、深刻、协调、均衡，丰富和发展了马克思主义关于社会主义社会建设的理论。

2006年10月，中共十六届六中全会审议通过了《中共中央关于构建社会主义和谐社会若干重大问题的决定》（以下简称《决定》）。《决定》指出：社会和谐是中国特色社会主义的本质属性，是国家富强、民族振兴、人民幸福的重要保证。我们要构建的社会主义和谐社会，是在中国特色社会主义道路上，中国共产党领导全体人民共同建设、共同享有的和谐社会。构建社会主义和谐社会，是中国共产党以马克思列宁主义、毛泽东思想、邓小平理论和"三个代表"重要思想为指导，全面贯彻落实科学发展观，从中国特色社会主义事业总体布局和全面建设小康社会全局出发提出的重大战略任务，反映了建设富强民主文明和谐的社会主义现代化国家的内在要求，体现了全党全国各族人民的共同愿望。《决定》首次将"和谐"列入现代化建设的奋斗目标，号召全国各族人民"为把我国建设成为富强民主文明和谐的社会主义现代化国家而奋斗"。

《决定》提出：到2020年，构建社会主义和谐社会的目标和主要任务是：社会主义民主法制更加完善，依法治国基本方略得到全面落实，人民的权益得到切实尊重和保障；城乡、区域发展差距扩大的趋势逐步扭转，合理有序的收入分配格局基本形成，家庭财产普遍增加，人民过上更加富足的生活；社会就业比较充分，覆盖城乡居民的社会保障体系基本建立；基本公共服务体系更加完备，政府管理和服务水平有较大提高；全民族的思想道德素质、科学文化素质和健康素质明显提高，良好道德风尚、和谐

第十章　改革开放与现代化建设

人际关系进一步形成；全社会创造活力显著增强，创新型国家基本建成；社会管理体系更加完善，社会秩序良好；资源利用效率显著提高，生态环境明显好转；实现全面建设惠及十几亿人口的更高水平的小康社会的目标，努力形成全体人民各尽其能、各得其所而又和谐相处的局面。

3. 推动经济又快又好地发展和促进社会全面进步

2003年10月召开的中共十六届三中全会，通过了《关于完善社会主义市场经济体制若干问题的决定》，明确了完善社会主义市场经济体制的目标和任务。《决定》提出要按照统筹城乡发展、统筹区域发展、统筹经济社会发展、统筹人与自然和谐发展、统筹国内发展和对外开放的要求，更大程度地发挥市场在资源配置中的基础性作用，增强企业活力和竞争力，健全国家宏观调控，完善政府社会管理和公共服务职能，为全面建设小康社会提供强有力的体制保障。按照《决定》的部署，大力推进农村税费改革、粮食流通体制改革、国有资产管理体制改革、投资体制改革、金融体制改革等各项改革事业。

第一，推进建设社会主义新农村。

中共十六大后，党和国家按照统筹城乡发展的要求，采取一系列更直接、更有力、更有效的政策措施，加快农业和农村发展。2005年10月召开的中共十六届五中全会，提出了建设社会主义新农村的战略任务，提出了"生产发展、生活宽裕、乡风文明、村容整洁、管理民主"的要求。同年12月，中央发布了《关于推进社会主义新农村建设的若干意见》。2006年1月1日起，正式废除农业税。随后，国务院颁布了《关于解决农民工问题的若干意见》。各地按照中央的部署和要求，从实际出发，尊重农民意愿，扎实推进新农村建设的各项工作，使农村经济和农村面貌发生新的深刻变化。

第二，大力建设创新型国家。

2005年10月，胡锦涛在中共十六届五中全会上的讲话中，明确提出建设创新型国家的任务。2006年1月，他在全国科学技术大会上指出，要坚持走中国特色自主创新道路，用十五年左右的时间把中国建设成为创新型国家，阐述了"自主创新、重点跨越、支撑发展、引领未来"的指导方针，并提出了要突出抓好的重点工作。随后，中央下发了《关于实施科技规划纲要增强自主创新能力的决定》《国家中长期科学和技术发展规划纲要（2006—2020年）》，建设创新型国家的战略正式启动。

第三，进一步加强社会主义民主法制建设。

2003年2月，中共十六届二中全会审议通过了《关于深化行政管理体制和机构改革的意见》，提出形成行为规范、运转协调、公正透明、廉洁高效的行政管理体制的要求。2004年3月，制定了《全面推进依法行政实施纲要》，明确了建设法治政府的目标和任务。2005年1月，提出进一步加强中国共产党领导的多党合作和政治协商制度建设的意见。同年5月，提出进一步发挥全国人大代表作用、加强全国人大常委会制度建设的意见。积极推进基层民主建设，进一步健全村务公开和村民自治制度，继续完善城市社区居民自治和基层管理体制。《行政许可法》等一批法律法规相继制定或修改实施，中国特色社会主义法律体系进一步完善。

第四，繁荣发展社会主义先进文化。

2003年6月，中央召开全国文化体制改革试点工作会议，部署在北京、上海等九个省市和一批文化单位展开试点工作。2005年12月，在总结试点工作成功经验的基础上，中共中央、国务院颁布《关于深化文化体制改革的若干意见》，确定文化体制改革的指导思想、原则要求和目标任务，文化体制改革在全国逐步推开。2006年3月4日，胡锦涛在看望全国政协委员时提出了以"八荣八耻"为主要内容的社会主义荣辱观，即：以热爱祖国为荣、以危害祖国为耻，以服务人民为荣、以背离人民为耻；以崇尚科学为荣、以愚昧无知为耻；以辛勤劳动为荣、以好逸恶劳为耻；以团结互助为荣、以损人利己为耻；以诚实守信为荣、以见利忘义为耻；以遵纪守法为荣、以违法乱纪为耻；以艰苦奋斗为荣、以骄奢淫逸为耻。社会主义荣辱观体现了社会主义道德规范的本质要求，成为社会主义精神文明建设的重要指导方针。

第五，制定和实施"十一五"规划。

2005年，"十五"计划确定的主要发展目标提前实现，经济社会和各项事业的发展迈上了一个新的台阶，使中国站在一个新的历史起点上。2005年10月，中共十六届五中全会通过了《关于制定国民经济和社会发展第十一个五年规划的建议》，为"十一五"发展指明了方向。2006年3

月，十届全国人大四次会议通过了《国民经济和社会发展第十一个五年规划纲要》。

（三）走和平发展的道路

中共十六大以后，党和国家在坚持一贯奉行的独立自主的和平外交政策的同时，提出了坚持走和平发展道路的主张。2004年8月，胡锦涛在纪念邓小平同志诞生一百周年大会上的讲话中提出，要高举和平、发展、合作的旗帜，坚持走和平发展的道路。2005年11月，他在英国伦敦金融城发表演讲，系统地阐述了走和平发展道路的基本内涵和重大意义。坚持走和平发展的道路，就是中国既通过争取和平的国际环境来发展自己，又通过自己的发展来促进世界和平，永远做维护世界和平、促进共同发展的坚定力量；主要依靠自身力量和改革创新来实现发展，同时坚持对外开放的基本国策，在平等互利的基础上同世界各国开展交流合作，努力实现互利共赢。

中国遵循走和平发展道路的要求，按照大国是关键、周边是首要、发展中国家是基础的外交工作部署，全方位开展对外交往，积极参与国际事务，努力为全面建设小康社会争取和平良好的国际环境和周边环境。中国还同国际社会其他成员携手努力，为实现各国和谐相处、全球经济和谐发展、不同文明和谐进步的美好前景发挥积极作用，共同致力于建设一个持久和平、共同繁荣的和谐世界。

（四）加强党的执政能力建设和先进性建设

2004年9月，中共十六届四中全会通过的《关于加强党的执政能力建设的决定》，深刻阐述了加强党的执政能力建设的重要性和紧迫性，全面总结了半个多世纪以来党执政的主要经验，指出当前和今后一个时期加强党的执政能力建设的主要任务是，按照推动社会主义物质文明、政治文明、精神文明协调发展的要求，不断提高驾驭社会主义市场经济的能力、发展社会主义民主政治的能力、建设社会主义先进文化的能力、构建社会主义和谐社会的能力、应对国际局势和处理国际事务的能力。

中共十六届四中全会以后，为进一步加强党的执政能力建设，全面推进党的建设新的伟大工程，中央决定从2005年初开始，用一年半左右的时间，在全党开展以实践"三个代表"重要思想为主要内容的保持共产党员先进性教育活动。活动分三批、每批分三个阶段进行。

2005年1月，胡锦涛发表讲话，全面阐述了党的先进性建设思想，紧密结合新时期党的建设的伟大实践，深刻揭示了党的先进性的科学内涵和本质要求，进一步回答了在新的历史条件下"什么是党的先进性建设、怎样加强党的先进性建设"的重大问题。这次历时一年半的先进性教育活动，是党成立以来党员参加人数最多、规模最大的一次党内马克思主义正面教育、自我教育活动。在中央的高度重视和坚强领导下，各级党组织周密部署、扎实推进，取得了明显成效。

2006年6月30日，胡锦涛在庆祝中国共产党成立85周年暨总结保持共产党员先进性教育活动大会上发表讲话，总结党成立以来保持和发展先进性的丰富经验，系统论述加强党的先进性建设的重大战略思想，全面总结先进性教育活动取得的丰硕成果，并对长期不懈地加强党的先进性建设提出了基本要求。

五 改革开放和社会主义现代化建设的成就

中共十一届三中全会以来,改革开放和现代化建设取得了巨大成就。这是社会主义制度优越性的生动体现,是中华民族发展史上的一个新的里程碑。

①国民经济保持持续健康快速发展,现代化建设事业稳步推进,综合国力和国际竞争力显著提高,人民生活总体上达到小康水平。②社会主义市场经济体制初步建立并不断完善,各项改革事业取得重大进展。③全方位对外开放取得新突破,形成全方位、多层次、宽领域的对外开放格局。④社会主义民主政治建设取得重要进展。⑤社会主义精神文明建设成效显著。⑥民族政策和宗教政策得到全面贯彻。⑦祖国统一大业取得重大进展。⑧国防和军队建设迈出新步伐。⑨积极开展全方位外交。⑩全面推进党的建设新的伟大工程。

六　教学小结

通过本章学习，使学生认识到：邓小平成为党的第二代领导核心后，带领全党和全国人民，重新认识社会主义、资本主义，实行改革开放的政策，找到了一条充满生机的中国特色社会主义的强国之路，并提出了复兴中华的战略构想，形成了邓小平理论，说明马克思主义的与时俱进的品质。中国共产党第十三届四中全会以来，以江泽民为核心的第三代领导集体高举邓小平理论的旗帜，继续深化改革，扩大对外开放，并根据变化了的国际国内新形势和出现的新问题，提出了"三个代表"的重要思想和中国跨世纪发展的新战略。从1989年到2002年的13年间，中国的综合国力大幅提升，经济总量已居世界第六位，人民生活总体上实现了由温饱到小康的历史性跨越。党的十六大后，以胡锦涛为核心的党中央提出科学发展观，建设社会主义和谐社会等，使马克思主义有了新的发展。

越是离当下最近的历史，越是难以弄清楚。因此本章的内容不仅十分繁复，而且由于诸多历史事件的当事人健在，一些历史档案尚未解密。因此对许多问题的认识只能依据官方文献，这就减弱了历史的生动性。因此，本章的教学方法主要是让学生联系当下中国实际去思考，去追寻中国特色社会主义各种现象的来龙去脉。通过自主学习，掌握历史，理解现实，把握未来。